GARANTIAS FUNDAMENTAIS IMPLÍCITAS

FERNANDO F. ROSSI

GARANTIAS FUNDAMENTAIS IMPLÍCITAS

Belo Horizonte

FÓRUM
CONHECIMENTO JURÍDICO

2024

© 2024 Editora Fórum Ltda.

É proibida a reprodução total ou parcial desta obra, por qualquer meio eletrônico, inclusive por processos xerográficos, sem autorização expressa do Editor.

Conselho Editorial

Adilson Abreu Dallari
Alécia Paolucci Nogueira Bicalho
Alexandre Coutinho Pagliarini
André Ramos Tavares
Carlos Ayres Britto
Carlos Mário da Silva Velloso
Cármen Lúcia Antunes Rocha
Cesar Augusto Guimarães Pereira
Clovis Beznos
Cristiana Fortini
Dinorá Adelaide Musetti Grotti
Diogo de Figueiredo Moreira Neto (*in memoriam*)
Egon Bockmann Moreira
Emerson Gabardo
Fabrício Motta
Fernando Rossi
Flávio Henrique Unes Pereira

Floriano de Azevedo Marques Neto
Gustavo Justino de Oliveira
Inês Virgínia Prado Soares
Jorge Ulisses Jacoby Fernandes
Juarez Freitas
Luciano Ferraz
Lúcio Delfino
Marcia Carla Pereira Ribeiro
Márcio Cammarosano
Marcos Ehrhardt Jr.
Maria Sylvia Zanella Di Pietro
Ney José de Freitas
Oswaldo Othon de Pontes Saraiva Filho
Paulo Modesto
Romeu Felipe Bacellar Filho
Sérgio Guerra
Walber de Moura Agra

FÓRUM

CONHECIMENTO JURÍDICO

Luís Cláudio Rodrigues Ferreira
Presidente e Editor

Coordenação editorial: Leonardo Eustáquio Siqueira Araújo / Aline Sobreira de Oliveira
Revisão: Bárbara Ferreira
Capa, projeto gráfico e diagramação: Walter Santos

Rua Paulo Ribeiro Bastos, 211 – Jardim Atlântico – CEP 31710-430
Belo Horizonte – Minas Gerais – Tel.: (31) 99412.0131
www.editoraforum.com.br – editoraforum@editoraforum.com.br

Técnica. Empenho. Zelo. Esses foram alguns dos cuidados aplicados na edição desta obra. No entanto, podem ocorrer erros de impressão, digitação ou mesmo restar alguma dúvida conceitual. Caso se constate algo assim, solicitamos a gentileza de nos comunicar através do *e-mail* editorial@ editoraforum.com.br para que possamos esclarecer, no que couber. A sua contribuição é muito importante para mantermos a excelência editorial. A Editora Fórum agradece a sua contribuição.

Dados Internacionais de Catalogação na Publicação (CIP) de acordo com ISBD

R831g	Rossi, Fernando F.
	Garantias fundamentais implícitas / Fernando F. Rossi. Belo Horizonte: Fórum, 2024.
	249 p. 14,5x21,5cm
	ISBN impresso 978-65-5518-734-2
	ISBN digital 978-65-5518-735-9
	1. Poder político. 2. Limite. 3. Controle. 4. Garantias implícitas. I. Título.
	CDD: 342
	CDU: 342

Ficha catalográfica elaborada por Lissandra Ruas Lima – CRB/6 – 2851

Informação bibliográfica deste livro, conforme a NBR 6023:2018 da Associação Brasileira de Normas Técnicas (ABNT):

ROSSI, Fernando F. *Garantias fundamentais implícitas*. Belo Horizonte: Fórum, 2024. 249 p. ISBN 978-65-5518-734-2.

Você é a minha causa e fizemos esta obra juntos;

Mãe, eu te amo.

AGRADECIMENTOS

De fato, não gostaria de fazer qualquer agradecimento nesta oportunidade e justifico o porquê.

Não é que eu tenha méritos próprios ou seja suficiente em si; muito pelo contrário. A bem da verdade, não tenho como de maneira equivalente compensar, retribuir ou recompensar a tudo e a todos, especialmente no que se refere à oportunidade de participar do programa de doutoramento da Universidade de Ribeirão Preto (UNAERP), cuja presente obra é a versão comercial da tese apresentada para obtenção do respectivo título. Penso assim, justamente porque me sinto um composto, um conjunto de partes unidas por diversas personagens durante a trama da vida. Sinto-me, portanto, um mosaico, um mestiço.

Agradecer a uma ou a algumas pessoas seria certa injustiça. Inúmeros foram os professores, os companheiros de escola, os colegas de academia, os orientadores, os alunos, os amigos e até mesmo os desafetos que me ensinaram; diversos foram os livros, os textos, os filmes, as artes, as fontes, as instituições e incontáveis foram os momentos familiares que forjaram a minha formação. Alguns acertos e certamente vários erros me fizeram chegar até aqui e conseguir apresentar este modesto trabalho. Por isso é injusto selecionar alguns, uma vez que seria impossível nomear todos.

De direito, todavia, para não parecer insolente, direciono meu agradecimento a quem sempre esteve incondicionalmente ao meu lado e, por sua relevância, espero que todos se sintam fraternalmente abraçados. Agradeço, então, em nome daquela à qual dedico essa obra.

Espero permanecer como um singelo catador, apanhando, ali e acolá, tudo o que eu possa aprender e mantendo-me em constante formação sem medo de errar e progredir. A meu sentir trata-se mais de caminhar do que de chegar ao destino. Aqui termino uma etapa da jornada, mas sigo como um catador errante.

"O participar do exercício do poder é um modo de limitá-lo."

R. B. Cunha Campos

LISTA DE ABREVIATURAS E SIGLAS

a.C. – antes de Cristo

ADI – Ação Direta de Inconstitucionalidade

ADPF – Ação de Descumprimento de Preceito Fundamental

AgR – Agravo Regimental

art. – artigo

CDC – Código de Defesa do Consumidor

CF – Constituição Federal

cf. – conforme

CRFB – Constituição da República Federativa do Brasil

d.C. – depois de Cristo

DF – Distrito Federal

e.g. – por exemplo

EC – Emenda Constitucional

et al. – e outros

etc. – e o resto (expressão latina et cetera)

g. a. – grifo do autor

g. n. – grifo nosso

i. e. – isto é (expressão latina id est)

MG – Minas Gerais

n° – número

PEC – Proposta de Emenda à Constituição

RE – Recurso Extraordinário

ss. – seguintes

STF – Supremo Tribunal Federal

Trad. – tradução

v. – volume

SUMÁRIO

INTRODUÇÃO
CIDADANIA PARTIDA 17

CAPÍTULO 1
PREMISSAS GERAIS 25

1.1   Parâmetros básicos 25

1.1.1   A dogmática dos direitos fundamentais como direito de resistência
à intervenção estatal 25

1.1.2   Teoria garantística brasileira 33

1.1.2.1 Garantia jurídica adotada: garantia contra frustração ou garantia
contra-arbítrio? 34

1.1.2.2 Designação adotada: garantismo ou garantística? 36

1.1.2.3 Por uma garantística geral 37

1.2   Soberania como poder ilimitado 39

1.2.1   Aspectos históricos e gerais de um poder ilimitado 40

1.3   Do súdito ao cidadão 44

1.3.1   O súdito e a sua liberdade 44

1.3.2   Cidadania garantida 47

1.4   Constitucionalismo como corolário da limitação do poder 57

1.4.1   As expressões do constitucionalismo e a sua atual situação 58

1.4.2   Poder político 66

1.4.3   Constituição mista (equilibrada) 70

1.4.4   Constituição como matriz dos limites 73

1.4.4.1 Rigidez e analiticidade: mecanismos de preservação
constitucional 80

1.4.4.2 Competência: poder político com seu respectivo limite 81

1.4.5   Diferença entre limite, controle e garantia 84

1.4.6   Controle como elemento inseparável da constituição 87

1.4.7   Arbitrariedade: o desvio a ser combatido 93

CAPÍTULO 2

LIMITES E CONTROLES CONSTITUCIONAIS 97

2.1 A essência constitucional...97

2.1.1 Federalismo: descentralização do poder 98

2.1.2 Voto: alternância do poder..100

2.1.3 Separação dos poderes: fragmentação do poder.....................102

2.1.3.1 Uma nova divisão para além da clássica separação dos poderes.....103

2.1.4 Direitos e garantias fundamentais individuais: resistência
ao poder 110

2.1.4.1 Por que apenas "individuais"?..111

2.1.4.2 Distinção entre os direitos e as garantias fundamentais..................117

2.1.4.3 A autonomia das garantias fundamentais....................................127

2.1.4.4 As garantias fundamentais como direitos subjetivos
condicionados ao arbítrio...131

2.2 Classificação das garantias fundamentais 133

2.2.1 Quanto à localização..133

2.2.1.1 Garantia extraconstitucional...133

2.2.1.2 Garantia intraconstitucional 135

2.2.2 Quanto ao objeto 137

2.2.2.1 Garantia contra-arbítrio 137

2.2.2.2 Garantia compensatória 141

2.2.2.3 Garantia institucional...142

2.2.3 Quanto à função 146

2.2.3.1 Garantia contraestatal 146

2.2.3.2 Garantia contraindividual?..147

2.2.4 Quanto ao exercício..149

2.2.4.1 Garantia individual e coletiva..149

2.2.5 Quanto ao modo 151

2.2.5.1 Garantia expressa 151

2.2.5.2 Garantia ampliada...152

2.2.5.3 Garantia implícita 153

CAPÍTULO 3

GARANTIAS IMPLÍCITAS...157

3.1 Individualização das garantias implícitas 157

3.1.1 A pertinência das garantias implícitas.......................................157

3.1.2 A origem remota e a demarcação das garantias implícitas..............161

3.1.3 Critérios subjetivos dos direitos e das garantias fundamentais.......166

3.1.3.1 A materialidade e a equivalência 166

3.1.4 Critérios objetivos das garantias implícitas...169

3.1.4.1 Primeiro critério: competência imprópria...169

3.1.4.2 Segundo critério: fontes taxativas 173

3.1.4.3 Terceiro critério: fontes textuais..174

3.1.4.4 Quarto critério: concretização..177

3.1.5 Um esclarecimento necessário: a distinção entre o plano jurídico-metodológico e o plano jurídico-positivo adotados...187

3.1.6 Amostragem da criteriologia aplicada...189

3.1.7 Amostragem das garantias implícitas no sistema jurídico brasileiro 192

3.1.7.1 Garantia implícita da resistência 195

3.1.7.2 Garantia implícita da imparcialidade e da independência judicial...197

3.1.7.3 Garantia implícita do promotor natural..198

3.1.7.4 Garantia implícita da proporcionalidade..200

CONCLUSÃO
CIDADANIA PLENA 205

REFERÊNCIAS..211

APÊNDICE I 221

APÊNDICE II...245

APÊNDICE III 249

INTRODUÇÃO

CIDADANIA PARTIDA

Por cidadania partida pensamos analogicamente com a pintura de Cândido Portinari, *O Espantalho* de 1959.[1] A imagem é uma figura sem expressão, um mero instrumento. A perplexidade é um espanto, um assombro. O cidadão fica perplexo quando seus direitos fundamentais são desrespeitados ou quando não encontra garantias fundamentais para contrastar o poder estatal arbitrário, pois isso é o que se espera de modo elementar. Essa perplexidade deve ser sanada pela própria constituição por meio de mecanismos para manter a engenharia constitucional no seu peculiar equilíbrio dinâmico.

A constituição tem por essência a limitação do poder de modo a evitar o arbítrio. O poder instituído pela constituição surge contido, portanto, neutro e equilibrado em forma de uma competência. As cláusulas pétreas demonstram a referida essencialidade. Os elementos contemplados pelo artigo 60, §4º, da CRFB têm uma razão de ser. Eles são mecanismos de limite e de controle do poder tanto no plano horizontal (separação dos Poderes) quanto no plano vertical (federalismo, voto, direitos e garantias individuais). Para fins deste estudo, será dada atenção ao plano vertical, considerando os direitos e as garantias fundamentais individuais. Logo de início será importante estabelecer uma distinção entre eles, a qual pode ser extraída do próprio texto constitucional de 1988.

No que tange aos direitos fundamentais, para facilitar o entendimento da nomenclatura a ser utilizada neste trabalho, vamos abraçar as seguintes terminologias para nos referirmos a eles de modo individual ou em conjunto. As expressões "direitos fundamentais" ou

---

[1] Disponível em: http://www.portinari.org.br/#/acervo/obra/3393.

"direitos e garantias fundamentais" sempre serão utilizadas para se referir ao gênero. Para uma das suas respectivas espécies, utilizaremos as denominações "direito fundamental" ou "direitos fundamentais estritos". E, ainda, para a outra espécie, valer-nos-emos dos termos "garantia fundamental" ou "direito-garantia fundamental", inclusive na forma plural. Em relação ao termo "garantias implícitas" abordaremos da seguinte maneira. As garantias implícitas são aquelas oriundas do artigo 5º, §2º, da CRFB, as quais não se confundem com o que denominaremos de garantias ampliadas. As duas garantias – implícitas e ampliadas – fazem parte de um mesmo gênero que poderíamos chamar de garantia implícita em sentido amplo. Assim pensamos equalizar previamente o sentido que daremos nas oportunas e nas necessárias explicações.

Uma maneira objetiva de distinguir os direitos separados das garantias fundamentais pode decorrer da seguinte leitura. O *caput* do artigo 5º da CRFB elenca cinco direitos fundamentais: a vida, a liberdade, a igualdade, a segurança e a propriedade. O mesmo dispositivo preceitua a garantia da inviolabilidade desses direitos perante os termos dos incisos subsequentes. Além das garantias de inviolabilidade dos direitos, há, nos respectivos incisos, detalhamento dos direitos fundamentais referidos no *caput*. Aliás, é o que normalmente se espera da função de um inciso em relação ao seu respectivo artigo.

A (1) "garantia de inviolabilidade de um direito fundamental", aludida no *caput* do artigo 5º da CRFB, é diferente da (2) "garantia de um direito fundamental". O item (1) significa atacar o ato violador. A inviolabilidade apenas existe depois de verificado o ato ou a tentativa de violação. Sem essas ocorrências, não tem sentido pensar no "inviolável", pois ele só existe diante de um agir. Isso é o que preceitua o *caput* do artigo 5º da CRFB. Assim sendo, o item (2) atua de modo diverso. Nesse caso, a garantia deveria proporcionar meios contínuos para o exercício dos próprios direitos fundamentais.

As garantias dispostas nos incisos do artigo 5º da CRFB visam, então, atacar majoritariamente um ato violador de um direito fundamental, ou seja, um ato arbitrário; e não necessariamente assegurar um direito fundamental, o que pode ser feito, por exemplo, pelo artigo 60, §2º, da CRFB (rigidez constitucional), pelo artigo 60, §4º, IV (cláusula pétrea), e pelo artigo 5º, §1º, da CRFB (aplicabilidade imediata).

Ademais, o direito fundamental individual é sempre exercido independentemente de uma condição, pois ele está disponível em qualquer tempo. Em específico nos casos dos direitos de *status* negativo em que se impõe uma abstenção, eles são incondicionados a quaisquer atos do Estado, por tratar-se de liberdades públicas do cidadão. Por isso o direito de liberdade reflete uma incompetência e, com ela, espera-se uma inação estatal. A garantia fundamental é um direito, porém condicionado a um evento futuro. O acontecimento pode estar subentendido ou expresso no texto da norma que refletirá o caráter repressivo ou preventivo da garantia fundamental. O evento futuro apontado é uma arbitrariedade estatal.

Feitos esses apontamentos, será possível analisar a posição segundo a qual as garantias fundamentais teriam a finalidade exclusiva de assegurar os direitos fundamentais em sentido estrito, os quais se caracterizariam por seu conteúdo declaratório. As garantias, assim, teriam apenas um caráter instrumental. Entretanto é possível apontar uma questão de ordem para criticar a referida distinção e ampliar tal perspectiva. Isso porque, não obstante esse pensamento, será defendido que as garantias fundamentais visam eliminar diretamente uma ação estatal arbitrária ou compensariam uma violação e apenas indiretamente assegurariam um direito fundamental. Essa perspectiva afasta-se daquela que define a garantia fundamental apenas como asseguradora de um direito fundamental. Elimina-se, portanto, a ideia de garantia como sendo apenas um instrumento do direito fundamental, dando-lhe independência e autonomia.

Assim, as garantias fundamentais podem ser isoladas para desenvolvermos uma classificação própria. A autonomia das garantias em relação aos direitos fundamentais estritos é justificável para que, ao final, tenhamos nítida a ideia de garantias fundamentais implícitas.

Os fundamentos constitucionais admitem garantias implícitas como um complemento das garantias explícitas, a fim de manter o equilíbrio da engenharia constitucional idealizada para que todo poder tenha seu respectivo controle. As garantias fundamentais serão consideradas implícitas por seu modo de ser, porém são declaradas sempre em oposição a uma cláusula de poder estatal ou a uma arbitrariedade sem o devido contraste. Entretanto, revela-se pertinente pensar na existência de garantias ampliadas a partir do âmbito de proteção dos próprios direitos fundamentais.

Logo, as garantias implícitas devem ser manifestações republicanas em governos antiautoritários como se espera do Estado brasileiro. No Estado Democrático de Direito, que privilegia a coisa pública por força da soberania popular, um poder tão somente pode ser atribuído a um destinatário estatal se a respectiva garantia do cidadão for anunciada conjuntamente; a despeito disso, diante de um poder incontrastado, sempre subentende existir uma garantia implícita. Essa última trata-se de um reforço em prol da cidadania, tendo essa instituição a sua plenitude na exata medida controladora e fiscalizadora do exercício do poder estatal. Entretanto, o grande desafio desta pesquisa é encontrar critérios seguros para apontar as garantias implícitas.

Apresentados esses aportes preliminares, é preciso esclarecer como agiremos metodologicamente neste trabalho científico. O problema a ser pesquisado pode ser expresso da seguinte maneira: na República Federativa do Brasil, como desvelar as garantias fundamentais implícitas? A justificativa desta pesquisa é a delimitação objetiva de um modo de verificação das garantias fundamentais implícitas. E seu objeto é como dar carga verificadora ou densidade dogmática (modo de operar o Direito) a elas. O objetivo geral desta pesquisa é manter o equilíbrio constitucional decorrente da forma republicana de governo, o que implica a inexistência de arbitrariedades e de poderes estatais sem o devido contraste. Essa premissa é o parâmetro indispensável para identificar garantias fundamentais implícitas decorrentes do regime e dos princípios apontados pelo artigo 5º, §2º, da CRFB. Tais pontos de partida eventualmente serão objeto de críticas e serão passados pelo filtro constitucional, para então se proporem hipóteses a fim de solucionar os problemas visualizados. Na condução da pesquisa, a hipótese preliminar, ou seja, a provável resposta para o problema posto é: se a Constituição da República Federativa do Brasil de 1988 tem por essência a limitação do poder em prol da cidadania, então este equilíbrio constitucional é a base da admissão e da afirmação das garantias fundamentais implícitas como espécie de controle, a fim de contrastar poderes estatais arbitrários sem a devida contenção e direcionamento. A pesquisa será baseada em alguns referenciais teóricos em especial, porém terá como marco a teoria da constituição em Karl Loewenstein.

É preciso esclarecer, antes de tudo, como será conduzida a investigação. A pesquisa irá se preocupar, em primeira ordem, com a apresentação dos pensamentos dos autores, para, em seguida, caso se entenda pertinente, criticar determinadas posições para propor outros elementos que possam ultrapassar e responder à análise. Nesse ponto, ocorre o início de uma transição que objetiva construir uma ponte com outra teoria. Na maior parte das vezes – ou invariavelmente –, o trabalho do pesquisador representa essa junção de conceitos; é como se o resultado fosse a própria "forma do rejunte", que aproximou os diversos

INTRODUÇÃO
CIDADANIA PARTIDA

conceitos e criou uma disposição oportuna que culminará na própria ideia do pesquisador. Nas palavras de Ostrower, é uma "ordenação".[2] Por fim, gostaríamos de apresentar a estrutura da presente obra. O trabalho se divide em três partes. A primeira visa estabelecer um acertamento geral das ideias que fundam a obra ao final. A segunda pretende organizar as referidas premissas gerais situando-as junto à Constituição brasileira de 1988. E, finalmente, apresentamos uma criteriologia própria e primordial para desvelar as garantias fundamentais implícitas.

Na subseção 1.1, é importante oferecer algumas premissas gerais que inauguram o presente estudo. A primeira delas trata da perspectiva de que a obra a ser apresentada baseia-se na dogmática dos direitos fundamentais a partir de uma visão liberal. Este ponto de vista se justifica especialmente pelo fato de que as constituições modernas e o constitucionalismo, em particular, têm sua essência vinculada à contenção do poder estatal. Certamente, a nossa atual Constituição brasileira não apenas possui esse direcionamento – apesar de não poder ser vista apenas sob esse ângulo –, mas trata-se de sua essência. Na sequência, também destacaremos a Constituição brasileira a partir de uma perspectiva garantista, cujos direitos fundamentais serão tratados como mecanismos de limites e de controles.

Na subseção 1.2, destacaremos a soberania. Ela se revela como um poder ilimitado e isso é constatável historicamente. Importa averiguar o resultado da soberania junto ao Estado moderno, devido à influência vigente nos dias atuais do constitucionalismo ligado à dogmática dos direitos fundamentais.

---

[2] Fayga Ostrower, ao enfrentar o problema da criatividade, propõe: "As novas realidades com que nos defrontamos tornam-se inteligíveis para nós à medida que podemos atribuir-lhes algum tipo de ordem. Mesmo quando certas formas nos parecem absurdas, é por suas ordenações manifestas que assim as avaliamos. Ao percebermos em qual sentido as coisas se diferenciam, percebemos ao mesmo tempo o sentido em que se ordenam. É o sentido da significação. Consequentemente, a forma em que se nos apresenta um acontecimento, artístico ou não, nunca constitui apenas uma espécie de veículo para algum conteúdo que independentemente dela pudesse existir. Pelo contrário, a forma incorpora e expõe o conteúdo significativo. Comunicando-nos suas ordenações, a forma nos comunica a razão de seu ser e o sentido. Por isso a proposição matemática 'a ordem dos fatores não altera o produto' nunca se aplica a configurações. Nas configurações, sempre a ordem há de alterar o produto, pois ela própria é o produto. Pela ordenação dada, contexto e conteúdo passam a se interpenetrar e a corresponder-se. A título exemplificativo ordenamos as letras S-A-C-O. Alinhando essas letras de várias maneiras, obtém-se saco ou asco ou ocas ou soca ou caos, configurações entre si diferentes e com significados totalmente díspares" (OSTROWER, Fayga. *Criatividade e processos de criação*. 30. ed. Petrópolis: Vozes, 2014. p. 97).

Na subseção 1.3, apresentaremos a trajetória percorrida pelo indivíduo desde a sua condição de súdito até se tornar cidadão. Inicialmente constatamos que a desigualdade entre o governante e o governado ou entre o Estado e o indivíduo é que caracteriza, em linhas gerais, a condição inicial de submissão. A desigualdade é notoriamente verificada em relação ao poder do primeiro em face do segundo. É fato. Mas, ao contrário, também é apurado que o Estado e o indivíduo se igualam no exercício do controle. O Estado controla a sociedade e também se autocontrola (freios e contrapesos), mas o indivíduo, ao ter assegurado limites e mecanismos de controle contra o Estado, se iguala a ele sob essa perspectiva. Aqui está a chave para a cidadania; é essa a resistência diuturna que deve ser assegurada pelo texto constitucional. E se contra um poder estatal não for evidenciado o seu respectivo controle, o cidadão pode desvelá-lo, pois subentende a sua existência diante de uma engenharia constitucional que tem sua primazia no equilíbrio poder-controle.

Na subseção 1.4, afirmaremos que o poder político está ligado à direção da sociedade. Mas, como tal, não pode ser exercido arbitrariamente. Todo poder estatal situado em um Estado Democrático de Direito deve ser restringível e, portanto, se apresenta limitado em forma de uma competência. Para tanto, destacamos alguns mecanismos limitadores do poder e, intercalando com o fenômeno do constitucionalismo, apresentamos o conceito de constituição mista e a própria concepção de constituição – contemplada por sua rigidez e a sua analiticidade – como contributos para afastar as diversas formas de arbitrariedade. A lógica subjacente em uma república é que todo poder tenha seu respectivo controle, sob pena de sujeitar-se ao arbítrio. Por isso a existência de limites sem controles é inócua; e esses últimos portam-se como elementos indispensáveis e inseparáveis da constituição. Enfim, quando os controles estão à disposição dos indivíduos – mesmo que seu exercício ocorra coletivamente –, temos as denominadas garantias fundamentais.

Na subseção 2.1, trataremos dos limites e dos controles constitucionais. Se os limites e os controles são inerentes à constituição, importa destacar os comandos constitucionais brasileiros que justificam este aporte. Para tanto é possível assinalar uma essência constitucional ligada à limitação do poder representado pelos limites materiais do poder de reforma; e destacar, nesse contexto, as formas individuais de controle, ou seja, as garantias fundamentais de modo autônomo.

A classificação das garantias fundamentais idealizada na subseção 2.2 foi direcionada para delimitar as garantias implícitas como espécies de garantias contra-arbítrio e, assim, possibilitar a criteriologia almejada.

Na subseção 3.1, afirmaremos que as garantias fundamentais implícitas decorrentes são aquelas oriundas do artigo 5º, §2º, da CRFB, as quais não se confunde com as garantias ampliadas ligadas ao âmbito de proteção dos direitos fundamentais. O desvelamento de uma garantia implícita decorre primordialmente de critérios objetivos que afastam a subjetividade do intérprete. Elas apenas são declaradas diante: de uma competência imprópria, ou seja, um ato arbitrário; das fontes enumeradas no artigo 5º, §2º, da CRFB; da descrição (texto) das fontes na Constituição; da sua concretização pela metódica estruturante do Direito.

As garantias implícitas não asseveram uma vantagem frente ao Estado, todavia reequilibram a engenharia constitucional, na qual, em uma república, os poderes políticos são exercidos sempre de modo misto.

CAPÍTULO 1

PREMISSAS GERAIS

1.1 Parâmetros básicos

1.1.1 A dogmática dos direitos fundamentais como direito de resistência à intervenção estatal

Nesta obra, optamos por um estudo dogmático dos direitos fundamentais. A dogmática é regida pelo "princípio da proibição da negação". Isso significa que o estudo do Direito deve ser compreendido e aplicado dentro dos marcos da ordem vigente, aceitos e não negados. É o "ponto de partida inelutável de qualquer investigação". A dogmática é uma espécie de limitação que não impede a exploração da "determinação operacional de comportamentos juridicamente possíveis". No entanto, uma advertência se faz necessária: a dogmática é dependente do princípio da proibição da negação, mas não se reduz a ele. A vinculação aos dogmas significa segui-los, dando-lhes um sentido que permite certa manipulação. A dogmática jurídica não se esgota na afirmação do dogma estabelecido, "mas interpreta sua própria vinculação, ao mostrar que o vinculante sempre exige interpretação, o que é a função da dogmática". Portanto, por exemplo, quando a Constituição brasileira prescreve que ninguém é obrigado a fazer ou deixar de fazer alguma coisa senão em virtude de lei apesar do vínculo com o princípio da legalidade, poderíamos indagar o que significaria "lei" e, assim, criaríamos um âmbito significativo de disponibilidade. Logo, os problemas comportamentais são pensados com base na lei, conforme a lei, para além da lei, mas nunca contra a lei.[3]

---

[3] FERRAZ JR., Tercio Sampaio. *Introdução ao estudo do direito*: técnica, decisão e dominação. São Paulo: Altas, 2003. p. 48-49.

A sistematização teórica é distinta da dogmática. A primeira tem como objetivo a identificação e a descrição do melhor argumento; a segunda está vinculada ao direito positivado, que "impede de aplicar outras soluções, mesmo que elas sejam vistas como as opções, ou decisões, teoricamente mais razoáveis ou racionais". A função da dogmática estabiliza as práticas e expectativas por meio de um modo de proceder. O direito positivo e a prática são pontos de partida, "mas também os instrumentos para operação de um modelo sistemático de controle dessas mesmas práticas". A teoria, em especial a dos direitos fundamentais, "é uma construção livre de um horizonte de significação possível, mas não necessariamente real". Por isso, o teórico reduz toda a complexidade do arcabouço normativo a uma só ideia.[4]

Essa breve exposição serve para justificarmos nossa opção pelo modo de proceder dogmático para aliar-se ao estudo dos direitos fundamentais sob sua perspectiva liberal, como demonstrado na sequência.

O que hoje se apresenta como uma obviedade do Estado de Direito, no passado a dogmática dos direitos fundamentais como direito de resistência à intervenção estatal representou a conquista política da burguesia decorrente da sua luta contra a coroa.

Nessa teoria subjetivista, a liberdade é entendida como negativa, a qual "implica uma construção jurídico-dogmática com restrições claras à atividade de domínio estatal".[5]

Esse modo de proceder concebe a liberdade como pressuposta ao Estado e enxerga como função dos direitos fundamentais a defesa contra intervenções estatais e a imposição de medidas e parâmetros ao Estado, que atribui limites ao uso da liberdade pelo cidadão. E, assim, com fundamento no texto constitucional: "resistidas devem ser intervenções e limitações que não ocorram por meio ou com base na lei. Os limites – que o Estado pode impor à liberdade do cidadão – devem ser limites legais".[6]

Rafael Giorgio Dalla Barba esclarece que, "[n]a discussão da dogmática constitucional alemã, a noção de garantia do indivíduo diante de intervenções do Estado é desenvolvida segundo o conceito

---

[4] LAURENTIIS, Lucas Catib De. *A proporcionalidade no direto constitucional:* origem, modelos e reconstrução dogmática. São Paulo: Malheiros, 2017. p. 38-42.

[5] MARTINS, Leonardo. *Liberdade e Estado constitucional.* São Paulo: Atlas, 2012. p. 9.

[6] SCHLINK, Bernhard. Liberdade mediante resistência à intervenção estatal: reconstrução da função clássica dos direitos fundamentais. Tradução de Leonardo Martins. *Revista de Direito Civil Contemporâneo*, vol. 11, p. 261-297, abr./jun. 2017. p. 3.

de direito de defesa (*Abwehrrecht*)". Ainda segundo Dalla Barba, no contexto jurídico alemão, o direito de defesa tem seu espaço reservado no âmago da exitosa tradição dogmática dos direitos fundamentais, e a jurisprudência consolidada do Tribunal Constitucional Federal alemão afirma que eles são, em primeiro lugar, direitos de defesa do indivíduo contra o Estado e contêm inegavelmente um conteúdo de garantia, pois toda intervenção estatal será obrigatoriamente justificada segundo parâmetros constitucionais.[7] No Brasil, adotou-se a expressão direito de resistência, pois melhor representaria a ideia de "pretensão de resistência à intervenção estatal".[8]

A dogmática dos direitos fundamentais no sentido mais estrito, com base em Ralf Poscher, tem, no direito de defesa ou de resistência, a melhor base para determinar a relação entre o direito constitucional e o direito infraconstitucional.[9]

Para Ernst-Wolfgang Böckenförde, a "liberdade – enquanto liberdade externa de ação – não existe sem o Direito; é somente por meio do Direito que a liberdade de um possa coexistir com a do outro".[10] Por isso, o direito de defesa está ligado à proteção das liberdades individuais.

Bernhard Schlink[11] assegura que, até mesmo na eficácia horizontal dos direitos fundamentais nas relações entre particulares, há

---

[7] Cf. DALLA BARBA, Rafael Giorgio. Se o processo é uma garantia de liberdade, ele é um direito de defesa. *Revista Empório do Direito*. Disponível em: https://emporiododireito.com.br/leitura/46-se-o-processo-e-uma-garantia-de-liberdade-ele-e-um-direito-de-defesa. Acesso em: 9 out. 2023.

[8] DIMOULIS, Dimitri; MARTINS, Leonardo. *Teoria geral dos direitos fundamentais*. 6. ed. São Paulo: Revista dos Tribunais, 2018. p. 63.

[9] "Über diesen auf die Grundrechtsdogmatik im engeren Sinn bezogenen Gewinn hinaus verbindet sich miteiner abwehrrechtszentrierten Grundrechtsdogmatik zum anderen die Erwartung, daß das Abwehrrecht einebessere Grundlage für die Bestimmung des Verhältnisses von Verfassungsrecht und einfachem Recht bietet alsalternative Grundrechtsdogmatiken". POSCHER, Ralf. *Grundrechte als Abwehrrechte*. Tübingen: Mohr Siebeck, 2003. p. 2, tradução nossa.

[10] BÖCKENFÖRDE, Ernst-Wolfgang. Vorwort. *In: Recht, Staat, Freiheit*. Studien zur Rechtsphilosophie, Staatstheorie und Verfassungsgeschichte. Frankfurt am Main: Suhrkamp, 1991. p. 7.

[11] "So kann die Lösung des Drittwirkungsproblems statt am Konflikt zwischen den beiden Bürgern amKonflikt zwischen dem einen Bürger und dem Staat, der durch seine Gerichte die Position des anderen Bürgersschützt und zum Anlaß von Eingriffen und Beschränkungen nimmt, ansetzen. Die Eingriffs-, Abwehr- undSchrankenkategorien können aber auch dann fruchtbar gemacht werden, wenn vom Konflikt zwischen den beidenBürgern ausgegangen wird. Auch das Verhalten eines Bürgers kann als Freiheitsbeschränkung und dasGegenverhalten kann als Eingriffsabwehr gesehen und geprüft warden". SCHLINK, Bernhard. Freiheit durchEingriffsabwehr – Rekonstruktion der klassischen Grundrechtsfunktion. *EuGRZ*, Heft 17, 457-468, 1984, tradução nossa.

estabilidade nas categorias tradicionais, como intervenção, limites e direito de defesa. E, nesse caso, é possível uma reconstrução dogmática dessas relações jurídicas pela ótica do indivíduo em face da intervenção estatal que, por meio de seus tribunais, protege a pretensão de outro indivíduo. Assim, o direito de defesa permanece dirigido ao Estado.

Antes de prosseguir, cumpre ressaltar a posição de Martins, com a qual concordamos, que afirma que "a clássica teoria liberal dos direitos fundamentais não implica necessariamente uma opção político-ideológico, notadamente não a opção por uma política econômica e estatal de marca neoliberal". Logo, não é verdade que o liberalismo político seja antagônico aos modelos sociais e aos modelos de estados solidários. Isso porque a "solidariedade não é adversa da liberdade, nem mesmo da liberdade negativa, pelo menos não no contexto de um Estado Constitucional no qual cada intervenção no seu exercício há de ser justificada pelo Estado".[12]

Ainda, segundo Martins:[13] "Ao contrário dos direitos de liberdade, que asseguram ao seu titular o direito de resistência contra intervenções estatais nas respectivas áreas de proteção, ou seja, contra ações estatais que impossibilitem ou dificultem uma situação ou uma prática do comportamento tutelado pela norma [...], o direito à igualdade segue uma outra lógica. Ele não assegura nenhum comportamento específico, cujo exercício pudesse ser atrapalhado, cuja 'área de proteção' pudesse ser 'invadida' pelo Estado. Por isso, não há que se falar, portanto, em área de proteção e também não em intervenção estatal nesta. O efeito básico da garantia continua, porém, o mesmo: assegurar ao indivíduo uma posição jurídica de natureza público-subjetiva: o direito de resistir, desta vez não à intervenção na área de proteção de seu direito, mas sim de resistir ao tratamento desigual perante a lei (aplicação do direito – pelos Poderes Executivo e Judiciário) ou pela lei (lei discriminatória injustificada)".

Notemos, outrossim, que os direitos fundamentais impõem ao Estado uma competência negativa que constringe seu poder em parte. O art. 5º, §1º, da CRFB[14] é de extrema importância, pois estabelece o vínculo do Estado aos direitos fundamentais, independentemente da geração (Karel Vasak); logo o primeiro apenas pode avançar contra os segundos de modo proporcional e de forma justificada, sob pena de

---

[12] MARTINS, Leonardo. *Liberdade e Estado constitucional*. São Paulo: Atlas, 2012. p. 28.

[13] *Ibid.*, p. 57.

[14] Art. 5º [...] §1º As normas definidoras dos direitos e garantias fundamentais têm aplicação imediata.

caracterizar o arbítrio. As funções legislativa, executiva e jurisdicional devem respeito aos direitos fundamentais.

Segundo Schlink:[15] "Graças ao vínculo do Legislativo aos direitos fundamentais, estes se transformaram de reserva de lei para reserva de lei proporcional (*Vorbehalt des verhältnismässigen Gesetzes*). Como reserva de lei, eles ofereciam e oferecem resistência à ação administrativa que intervenha ou que limite direitos fundamentais sem fundamento legal; como reserva de lei proporcional, eles oferecem, além disso, um meio de resistência contra leis que intervenham nos direitos fundamentais ou os limites desproporcionalmente. Proteção e reconhecimento dos direitos fundamentais como direitos de resistência à intervenção estatal significa justamente isso, sendo que os determinados conteúdos, dos quais a Administração deve manter-se afastada, são regulamentações e atribuições de competência desproporcionais".

É a aplicação imediata que vincula o Estado, inclusive nas obrigações diretivas de fazer atribuídas pelos direitos prestacionais (sociais) e solidários, para além do modelo negativo do constitucionalismo liberal.

Essa leitura também é extraída da doutrina alemã e, nesse sentido, retomamos as lições de Bernhard Schlink:[16] "É claro que não se pode ignorar que alguns direitos fundamentais não são formulados como 'direitos de resistência à intervenção estatal', mas sim como concessão de uma pretensão jurídica (por exemplo: art. 6 IV GG).[17] Nada obstante, o raciocínio pelas categorias da intervenção e do limite à intervenção percebe-os como exceções e tende a explicar o conteúdo das referidas pretensões também a partir das categorias da 'intervenção', da 'resistência à intervenção' e do 'limite à intervenção'".

O direito de resistência não se relaciona apenas a um determinado tipo de direito fundamental, mormente aqueles de primeira geração (Karel Vasak). Todos os direitos fundamentais teriam essa função, pois é possível afirmar que limitam ou direcionam o poder.

Basta sustentar que, por exemplo, diante dos direitos sociais e dos direitos solidários, é possível analisá-los sob uma perspectiva limitante e controlável. Isso porque, a rigor, não deixam de ser textos normativos diretivos; e toda direção indica um limite e um controle.

---

[15] SCHLINK, Bernhard. Liberdade mediante resistência à intervenção estatal: Reconstrução da função clássica dos direitos fundamentais. Tradução de Leonardo Martins. *Revista de Direito Civil Contemporâneo*, vol. 11, p. 261-297, abr./jun. 2017. p. 266-267.

[16] *Ibid.*, p. 263.

[17] Artigo 6º [Matrimônio – Família – Filhos], (4), da Lei Fundamental da República Federal da Alemanha: "Toda mãe tem o direito à proteção e à assistência da comunidade".

Um dos princípios essenciais para a dogmática dos direitos fundamentais no aspecto liberal é o distributivo. Ele obriga o Estado, e a sua peculiaridade em face de outros direitos subjetivos encontra-se em seu nível (hierárquico) constitucional. Ele exige do Estado justificação e, nesse sentido, pressupõe-se a ele, ao que já se cunhou de precedência lógica.[18] Nele, o seu "conteúdo normativo corresponde à obrigação do Estado de justificar intervenções na liberdade e não do titular de justificar a forma de seu exercício da liberdade".[19] O princípio remonta à teoria liberal de Carl Schmitt; vejamos sua posição: "[...] *princípio distributivo*: a esfera de liberdade do indivíduo é assumida como um dado anterior ao Estado, deixando a liberdade do indivíduo *ilimitada em princípio*, enquanto o poder do Estado de invadi-la é limitado em princípio. Em segundo lugar, um *princípio de organização*, que serve para colocar em prática esse princípio distributivo: o poder do Estado (limitado em princípio) é *dividido* e encerrado em um sistema de competências circunscritas. O princípio distributivo – liberdade do indivíduo, ilimitada em princípio; O poder do Estado, limitado em princípio – encontra sua expressão em uma série de direitos chamados fundamentais ou de liberdades;" (g. a.).[20]

Ainda segundo pensamos, é indispensável para a condução desta teoria a aplicação da regra da proporcionalidade como limitação do poder. Portanto, caberia ao Estado uma justificativa de intervenção proporcional.

---

[18] Cf. MARTINS, Leonardo. *Direitos fundamentais:* conceito permanente – novas funções. Rio de Janeiro: Marcial Pons, 2022. p. 66.

[19] MARTINS, Leonardo. *Liberdade e Estado constitucional*. São Paulo: Atlas, 2012. p. 29.

[20] "De la idea fundamental de la libertad burguesa se deducen dos consecuencias, que integran los dos principios del elemento típico del Estado de Derecho, presente en toda Constitución moderna. Primero, un *principio de distribución:* la esfera de libertad del individuo se supone como un dato anterior al Estado, quedando la libertad del individuo *ilimitada en principio,* mientras que la facultad del Estado para invadirla *es limitada en principio.* Segundo, un *principio de organización,* que sirve para poner en práctica ese principio de distribución: el poder del Estado (limitado en principio) se *divide* y se encierra en un sistema de competencias circunscritas. El principio de distribución – libertad del individuo, ilimitada en principio; facultad del poder del Estado, limitada en principio – encuentra su expresión en una serie de derechos llamados fundamentales o de libertad; el principio de organización está contenido en la doctrina de la llamada división de poderes, es decir, distinción de diversas ramas para ejercer el Poder público, con lo que viene al caso la distinción entre Legislación, Gobierno (Administración) y Administración de Justicia – Legislativo, Ejecutivo y Judicial –. Esta división y distinción tiene por finalidad lograr frenos y controles recíprocos de esos «poderes». Derechos fundamentales y división de poderes designan, pues, el contenido esencial del elemento típico del Estado de Derecho, presente en la Constitución moderna". SCHMITT, Carl. *Teoría de la constitución*. Madrid: Alianza Editorial, 1996. p. 138-139, tradução nossa.

CAPÍTULO 1
PREMISSAS GERAIS | 31

Para a dogmática dos direitos fundamentais, existem algumas opções metodológicas que podem ser destacadas para confirmá-la como uma sólida dogmática jurídica. A uma, temos "a rígida separação entre objeto e parâmetro do controle de constitucionalidade [que] reflete a busca da concretização do princípio da separação dos poderes e o respeito à competência legislativa". A duas, como consequência da primeira opção, os direitos fundamentais como direitos de resistência pressupõem "a aludida rígida separação entre o tipo normativo das normas de direito fundamental e os limites potencialmente legitimadores de intervenções estatais nas esferas garantidas de liberdade". A três, "o Estado tem o ônus argumentativo, cujo critério de aferição de cumprimento é a proporcionalidade em sentido lato".[21]

O método próprio da teoria liberal é o jurídico-construtivo, uma vez que trabalha epistemologicamente com "o falseamento de reconhecimento sempre heurístico [...], pois falsear um reconhecimento sempre implica afirmar ou verificar um equívoco".[22] [23]

---

[21] MARTINS, Leonardo. *Liberdade e Estado constitucional*. São Paulo: Atlas, 2012. p. 31-33.

[22] *Ibid.*, p. 39.

[23] Na filosofia, a título de esclarecimento, é Karl Popper quem desenvolve a teoria da falseabilidade. O processo ou a atividade de compreensão, para Popper, é essencialmente uma sequência de estados de compreensão. Ainda esclarece o autor que "ser ou não um deles um estado 'final' pode depender muitas vezes, subjetivamente, de algo nada mais interessante do que um sentimento de exaustão". A atividade de criticar o estado alcançado pode ser representada por um esquema geral. A estrutura de pensamento popperiano, na maioria das vezes, é apresentada em sua forma básica e elementar. É um esquema de solução de problemas, também denominado de "método de conjectura e refutação", assim descrito: P1→TT→EE→P2 (Problema 1→Teoria experimental→Eliminação de erro→Problema 2). Segundo o filósofo, P1 é o problema do qual partimos, TT (teoria experimental) é a solução conjectural imaginativa que alcançamos primeiro, ou seja, nossa primeira interpretação experimental. A EE (eliminação de erro) consiste de um severo exame crítico de nossa conjectura, nossa interpretação experimental: consiste, por exemplo, do uso crítico de evidência documentária e, se tivermos nesta etapa inicial mais de uma conjectura ao nosso dispor, consistirá também de uma discussão crítica e da avaliação comparativa das teorias concorrentes. P2 é a situação de problema tal como emerge de nossa primeira tentativa crítica de solucionar nossos problemas. Leva à nossa segunda tentativa – e assim por diante. Uma compreensão satisfatória será alcançada se a interpretação, a teoria conjectural, encontrar apoio no fato que esperávamos; ou se achar apoio no fato de explicar muitos subproblemas, alguns dos quais não foram vistos no começo. Assim podemos dizer que podemos avaliar o progresso que fizemos comparando P1 com alguns de nossos problemas posteriores (Pn, digamos). Pensamos que a compreensão propriamente dita ocorre durante o movimento de P1→TT (conjectura). Aqui está a solução de um problema. A EE (refutação) decorre, a nosso ver, da falta de solução de um subproblema formulado para testar a TT, pois, em sentido contrário, essa última se manteria intacta. A EE está diretamente ligada ao conceito de falseamento, elemento essencial do racionalismo crítico popperiano. O P2, então, é o subproblema sem solução que se apresenta importante para estabelecer um novo ciclo. O esquema de Popper funciona por meio da eliminação de erros e "no nível científico através da

A grande vantagem do método da falseabilidade está em sua racionalidade, pois afasta "qualquer ponderação de bens jurídicos". Em seu lugar (ponderação), instaura-se "o controle de constitucionalidade das intervenções estatais baseado na análise da legitimidade de fins perseguidos e meios utilizados e da relação de adequação e necessidade destes em face daqueles", por isso que seria vedado ao Judiciário interferir no valor ou na importância de bens jurídicos tutelados e compará-lo com a intensidade da restrição imposta à liberdade, tal conduta "cabe somente aos mandatários do Poder Legislativo e aos mandatários governantes (Executivo), eleitos majoritariamente pelo povo, pois somente eles *respondem* politicamente" (g. a.). No método da teoria liberal, temos um modelo jurídico-dogmático e metodológico rigoroso considerando o "parâmetro aprovado pela instância político-legislativa e subsequente séria tentativa de falsear a descoberta feita

---

crítica consciente sob a ideia reguladora da procura da verdade". A crítica popperiana é a própria eliminação das contradições. Logo, o contraditório é condição de possibilidade dessa crítica. O P2 é a dificuldade surgida frente à eliminação da contradição. A estrutura quádrupla não é cíclica. O P2 é diferente do P1. Ademais, cumpre esclarecer que o esquema não conta necessariamente com uma única TT. Outras diversas teorias podem se apresentar e a referida estrutura terá "múltiplas soluções experimentais" (TTn). Dito isso, conclui-se que "a eliminação do erro leva ao crescimento objetivo de nosso conhecimento – de conhecimento no sentido objetivo. Leva ao crescimento de verossimilitude objetiva: torna possível a aproximação da verdade (absoluta)". É interessante pensar que a liberdade de pensamento se mostra valorizada. Não há limites *a priori* para apresentar uma teoria, entretanto ela deverá se submeter a críticas posteriores. Se, ao contrário, a justificativa fosse a melhor opção, significaria que a verdade já deveria ser de antemão conhecida, e a liberdade estaria constrangida por essa limitação. A filosofia de Popper percebeu que um enunciado singular existencial não poderia ser utilizado para assegurar a veracidade de um enunciado universal; o filósofo entendeu que o enunciado singular poderia ser utilizado para demonstrar a falsidade de um enunciado universal. Como isso, Popper defendeu que a falseabilidade contraporia a indução. Karl Popper acreditava que a veracidade da teoria científica não é aferível pela constatação da sua previsão. A teoria seria apenas provisória, uma vez que apresentaria uma estabilidade momentânea até ser contrariada pelos fatos. Na sua visão, é a prova da falsidade da teoria que deve ser buscada, através de experiências e de observações da realidade. Logo, diante da teoria falsa, outra deveria ser posta em marcha para explicar o evento. A refutação da teoria ocorreria por uma única negação, em detrimento das incontáveis constatações positivas. Em uma das passagens fundadoras de sua filosofia, Popper considera que as teorias são oferecidas como soluções para determinados problemas. Ademais, o criador da teoria da falseabilidade enfatizou que a busca da justificação da alegação de que uma teoria é verdadeira deve ser abandonada. Para Popper, todas as teorias são hipóteses, por isso todas podem ser derrubadas. Aliás, segundo o filósofo, para se descobrir em que momento uma teoria se esfacela, a teoria nova deve: (1) apresentar uma informação teoricamente interessante; (2) propor um problema novo e importante; (3) ter êxito em situações em que sua predecessora refutada o teve; (4) ter êxito em momentos em que sua predecessora falhou. Se a teoria for exitosa nesses aspetos, será melhor do que a anterior. Em síntese, tem-se uma breve noção da teoria do falseamento (POPPER, Karl Raimund. *Conhecimento objetivo:* uma abordagem evolucionária. Belo Horizonte: Itatiaia, 1999. p. 126-127, 159-160).

pelo operador do direito, notadamente pelo juiz do feito cuja decisão produzirá norma concreta vinculante".[24] Portanto, "uma teoria, uma dogmática, uma simples hipótese jurídica ou uma decisão judicial não podem ter sua correção verificada, mas podem somente fracassar junto a parâmetros predeterminados (instâncias de falsificação)", ou seja, "somente podem ser falseadas".[25]

Enfim, as limitações não bastam em si e elas exigem meios de controle que as garantam para torná-las efetivas. E, a fim de evitar arbitrariedades e abusos, essas disposições devem ser escritas em um documento, para dar-lhes força legal para serem obedecidas.[26] E, quanto ao eventual descumprimento dos limites, estão disponíveis as garantias constitucionais, cuja leitura dogmática dos direitos fundamentais adotada se enquadra a este modo de proceder.

1.1.2 Teoria garantística brasileira

Nesta subseção, destacamos a ideia fundamental de garantia a ser desenvolvida no presente estudo. No âmbito internacional, semelhante pretensão tem sido adotada pelos juristas Alvarado Velloso (Argentina), Eugenia Arieano Deho (Peru), Franco Cipriani (Itália), Juan Montero Aroca (Espanha) e Luís Correia de Mendonça (Portugal). No Brasil, os seus principais defensores, contudo numa vertente processual (garantística processual), têm sua representatividade entre os autores Antônio Carvalho, Diego Crevelin, Glauco Gumerato Ramos, Igor Raatz, Júlio Cesar Rossi, Lúcio Delfino, Mateus Costa Pereira, Natascha Anchieta e William Galle Dietrich. Os estudos desses ilustres pensadores são capitaneados em linhas gerais pela doutrina de Eduardo José da Fonseca Costa, o qual expande a análise processualística do fenômeno para uma garantística geral, que, por sua vez, é decorrente da constitucionalística. Essa é a razão que nos faz optar por uma interlocução efetiva com esse último jurista, não obstante, quando necessário, apresentaremos nossos pontos de divergência.

---

[24] MARTINS, Leonardo. *Liberdade e Estado constitucional.* São Paulo: Atlas, 2012. p. 40.

[25] *Ibid.* p. 41.

[26] "Pero las limitaciones en sí no son suficientes, sino que requieren de medios de control que las garanticen, haciéndolas efectivas. Es preciso entonces establecer qué funciones corresponden a qué funcionarios, determinar quién será el responsable de ejercer qué competencia. Y para evitar la arbitrariedad y el abuso, deben dejarse esas disposiciones escritas en un documento, así como darles fuerza legal para que sean obedecidas". OCHOA, Carla Huerta. *Mecanismos constitucionales para el control del poder político.* 3. ed. México: Universidad Nacional Autónoma de México, 2010. p. 16.

1.1.2.1 Garantia jurídica adotada: garantia contra frustração ou garantia contra-arbítrio?

A garantia jurídica pode ser pensada como uma forma de tutela contra a frustração. Normalmente, tal modo é verificado nos direitos das obrigações e no direito das coisas, especificamente aquela que tutela o direito de crédito. Mas, de modo específico, existe uma garantia de proteção contra a insatisfação de direitos subjetivos.[27]

Enquanto uma teoria normativa do Direito, uma teoria crítica do Direito e uma filosofia política, a garantia de proteção contra a insatisfação de direitos subjetivos foi cunhada por Luigi Ferrajoli no fim do século XX. No Brasil, o garantismo ferrajoliano tem sua aplicação majoritária na seara penal e processual penal, agindo negligentemente a doutrina pátria junto aos outros ramos do Direito.[28]

Para Ferrajoli, sob o risco de inefetividade, "a todo direito subjetivo deve corresponder – mas não corresponde necessariamente – uma garantia, que o assegure". Portanto, para o jusfilósofo, "garantir é *neutralizar a frustração de expectativa imperativa*", ou seja, "[é] *proteger contra ofensa e decepção*" (g. a.).[29]

Por outro lado, há uma perspectiva diferente do garantismo jurídico: a garantia como tutela contra o arbítrio. Essa visão decorre ontologicamente da teoria constitucional, cujo modelo dogmático alinhado ao constitucionalismo é a limitação do poder.[30]

As direções limitantes do poderio estatal são averiguadas na constituição, ao apresentar os controles verticais (federalismo e direitos fundamentais) e horizontais (separação dos poderes), como bem-posto por Loewenstein.[31]

A garantia contra o arbítrio, estrategicamente denominado de garantismo não ferrajoliano, propõe que "a todo poder corresponde uma garantia do cidadão, que o limite, ainda que implícita. Se assim não fosse, surgiria poder incontrastável e, por conseguinte, déficit de republicanidade". Portanto, nesse sentido, "garantia significa situação

---

[27] Cf. COSTA, Eduardo José da Fonseca. Garantia: dois sentidos, duas teorias. *Empório do Direito*, São Paulo, 23 dez. 2019. Disponível em: https://emporiododireito.com.br/leitura/44-garantia-dois-sentidos-duas-teorias. Acesso em: 6 jan. 2020.

[28] Cf. FERRAJOLI, Luigi. *Direito e Razão*: teoria do garantismo penal. Tradução de Ana Paula Zomaer Sica e outros. São Paulo: Revista dos Tribunais, 2006.

[29] COSTA, *op. cit.*

[30] Cf. COSTA, *ibid.*

[31] Cf. LOEWENSTEIN, Karl. *Teoría de la Constitución*. 2. ed. Barcelona: Arial, 2018. 619 p.

jurídica ativa cujo exercício pelo cidadão tende a evitar, mitigar ou eliminar os efeitos nocivos do arbítrio estatal".[32]

Ao nosso sentir, o denominado garantismo não ferrajoliano não é alheio do garantismo ferrajoliano. Ao contrário, possuem inúmeros pontos de contato de base, apesar das distinções colocadas. Como defenderemos adiante, as garantias fundamentais visam combater diretamente o arbítrio e apenas indiretamente asseguram os direitos fundamentais estritos com base na leitura que faremos do texto constitucional de 1988. A passagem a seguir é uma amostra, entre tantas outras, da riqueza do garantismo ferrajoliano, que poderia ser apropriada para a presente obra, em que Luigi Ferrajoli defende o paradigma denominado de constitucionalismo garantista:[33] "O constitucionalismo positivista e garantista diferencia-se do constitucionalismo não-positivista e principialista pela rejeição de todos aqueles que são os seus três elementos principais: (1) a conexão entre direito e moral; (2) a contraposição entre princípios e regras e a centralidade conferida à sua distinção qualitativa; (3) o papel da ponderação, em oposição à subsunção, na prática jurisdicional. Estes são os três elementos que submeterei à análise, identificando outros tantos riscos a eles conexos: (1) uma espécie de dogmatismo moral conexo ao constitucionalismo conhecido como cognitivismo ético; (2) o enfraquecimento do papel normativo das Constituições e, portanto, da hierarquia das fontes; (3) o ativismo judicial e o enfraquecimento da submissão dos juízes à lei e da certeza do direito, que colocam em xeque, por sua vez, as fontes de legitimação da jurisdição".

A título de arremate, ainda na trilha aberta por Eduardo José da Fonseca Costa, (1) a corrente ferrajoliana não é o único tipo de garantismo, pois é possível extrair no mínimo dois significados fundamentais: proteção antifrustracional (corrente ferrajoliana) e proteção antiarbitrária (corrente não ferrajoliana); (2) as críticas ao garantismo não ferrajoliano – apesar de bem-vindas – devem ser feitas a partir desse modelo e não pelo garantismo ferrajoliano. Caso contrário, nunca se acertará o alvo e teremos um "diálogo de surdos"; (3) o garantismo não ferrajoliano não é tributário do garantismo ferrajoliano. Por isso

---

[32] COSTA, Eduardo José da Fonseca. Garantia: dois sentidos, duas teorias. *Empório do Direito*, São Paulo, 23 dez. 2019. Disponível em: HYPERLINK "https://emporiododireito.com.br/leitura/abdpro-179-principio-nao-e-norma-1-parte" https://emporiododireito.com.br/leitura/44-garantia-dois-sentidos-duas-teorias. Acesso em: 6 jan. 2020.

[33] FERRAJOLI, Luigi; STRECK, Lenio Luiz; TRINDADE, André Karam (org.). *Garantismo, hermenêutica e (neo)constitucionalismo*: um debate com Luigi Ferrajoli. Porto Alegre: Livraria do Advogado, 2012. p. 27.

constatam-se, em sua quase totalidade, críticas fantasmagóricas ao primeiro modelo.[34]

Portanto, apesar da riqueza e da importância do garantismo ferrajoliano, assumiremos o embasamento das nossas investigações pela perspectiva do garantismo não ferrajoliano, sem descartar a sólida base dos ensinamentos do primeiro modelo, desde que compatível com as ideias do garantismo jurídico do segundo modelo como tutela contra-arbítrio.

1.1.2.2 Designação adotada: garantismo ou garantística?

A confusão corrente entre o denominado garantismo antifrustracional e o garantismo antiarbitrário, apesar da destacada distinção, em grande medida, está no fato de o primeiro ser a corrente doutrinária ferrajoliana e de ter na palavra "garantismo" a sua própria identidade e, consequentemente, a apropriação do termo. Nesse sentido, ao tentar derivar outra posição teórica de garantia a partir do mesmo léxico, ter-se-ia uma batalha inglória, cujo resultado seria a derrota ou uma vitória pírrica. O melhor seria, então, demarcar semanticamente as duas teorias, como será desenvolvido na sequência e, assim, deixar clara nossa escolha pela garantia contra-arbítrio.

A saída alternativa para o imbróglio é nos valermos do sufixo "-ística" ao invés do sufixo "-ismo", o qual possui igual desenvoltura e até mesmo maior precisão semântica; isso porque ele pode desempenhar a função de "sufixo de ciência", inclusive para caracterizar ramos do Direito, tais como a civilística, a agrarística, a tributarística, a penalística, a constitucionalística. Segundo Costa, "na formação de substantivos, «-ística» traz muito mais precisão semântica que «-ismo». Melhor: essa precisão é ainda maior quando se designam os ramos dogmáticos do direito". Portanto sugere, em relação ao "garantismo antiarbitrário", que "a dogmática jurídica desenvolvida pelos garantistas seja renomeada pelo produto lexical da junção «garantia» + «-ística»".[35] A garantística apresenta-se como o sub-ramo da dogmática constitucional especializada nas garantias dos cidadãos.

---

[34] Cf. COSTA, Eduardo José da Fonseca. Garantia: dois sentidos, duas teorias. *Empório do Direito*, São Paulo, 23 dez. 2019. Disponível em: HYPERLINK "https://emporiododirei to.com.br/leitura/abdpro-179-principio-nao-e-norma-1-parte" https://emporiododireito. com.br/leitura/44-garantia-dois-sentidos-duas-teorias. Acesso em: 6 jan. 2020.

[35] COSTA, Eduardo José da Fonseca. Garantismo ou garantística? *Empório do Direito*, São Paulo, 7 set. 2020. Disponível em: https://emporiododireito.com.br/leitura/78-garantismo-ou-garantistica. Acesso em: 23 jan. 2020.

CAPÍTULO 1
PREMISSAS GERAIS | 37

Portanto, com base nesses parâmetros, não é exagero afirmar que, no Brasil, o garantismo está para Luigi Ferrajoli assim como a garantística está para a doutrina desenvolvida por Eduardo José da Fonseca Costa e seus adeptos. Prosseguimos com este último jurista.

1.1.2.3 Por uma garantística geral

O constitucionalismo conta a história da limitação jurídica do poder. Ela é a "essência" do fenômeno constitucional; a constrição normativa do poder não é mais a única função de um texto constitucional, mas é a principal.[36]

Um detalhe importante que nos interessa nas ponderações de Eduardo Costa sobre a garantística é "a especificidade metodológica da hermenêutica constitucional" que ela exige. Conforme Costa, "não raro confundida com um niilismo metodológico, que no STF tem degenerado a marcha do texto à norma num vale-tudo voluntarista, imune a controle objetivo-racional".[37] É-nos cara tal passagem, pois, no controle objetivo-racional do texto até a norma estará diante de nossas investigações, quando tratarmos diretamente dos critérios objetivos das garantias implícitas.

A limitação e o controle do poder ocorrem de modo horizontal e vertical. No plano horizontal, a limitação do poder se faz fracionando-o e sendo desenvolvido pelas funções legislativa (criação do Direito), jurisdicional (aplicação do Direito por terceiro imparcial) e administrativa (aplicação do Direito por terceiro parcial ou pela própria parte), bem como pelo intercontrole trilateral com o Legislativo, o Judiciário e o Executivo controlando-se reciprocamente sob um modelo de freios e contrapesos.[38] Segundo Paulo Fernando Silveira:[39] "A doutrina dos freios e contrapesos foi formulada, à vista da Constituição americana, em desenvolvimento do princípio da separação dos poderes. O *balance* originou-se na Inglaterra, pela qual a Câmara dos Lordes (os nobres) passou a equilibrar (balancear) os projetos de leis advindos da Câmara dos Comuns (originários do povo), a fim de evitar que leis demagogas,

---

[36] Cf. COSTA, Eduardo José da Fonseca. Notas para uma garantística. *Empório do Direito*, São Paulo, 4 jul. 2018. Disponível em: http://emporiododireito.com.br/leitura/abdpro-40-notas-para-uma-garantistica. Acesso em: 5 dez. 2018.

[37] *Ibid.*

[38] Cf. *Ibid.*

[39] SILVEIRA, Paulo Fernando. *Freios e contrapesos (check and balances)*. Belo Horizonte: Del Rey, 1999. p. 99-100.

ou formuladas pelo impulso momentâneo de pressões populares, fossem aprovadas. Nas Repúblicas, o Senado, além de representar os interesses dos Estados-Membros, também exerce essa função. Já o *check*, por sua vez, surgiu quando o *Justice Marshal* declarou em sua *opinion*, lançada no famoso caso *Marbury x Madison*, em 1803, que o Poder Judiciário tinha a missão constitucional de declarar a inconstitucionalidade – e portanto tornar nulos – dos atos do Congresso, quando, a seu exclusivo juízo, tais leis não guardassem harmonia com a Carta Política. Pela doutrina do *Judicial Review* o Judiciário passa a controlar o abuso do poder dos outros ramos governamentais".

A teoria dos freios e contrapesos, no Brasil, pode ser exemplificada como a investigação do Judiciário por comissão parlamentar de inquérito, o julgamento anual das contas presidenciais, o controle de constitucionalidade das leis, o controle judicial dos atos administrativos, o veto presidencial a projeto de lei de iniciativa do Legislativo, o veto presidencial a projeto de lei de iniciativa do Judiciário.[40]

No plano vertical, a limitação do poder se faz outorgando-se garantias aos cidadãos. Afinal de contas, na relação Estado-cidadão, o exercício do poder pode dar-se de maneira excessiva, desviada ou arbitrária.[41]

Para tanto, concebe-se garantia como "toda e qualquer situação jurídica ativa, simples ou complexa atribuída aos cidadãos por norma constitucional, cujo exercício tende a prevenir ou a eliminar os efeitos nocivos do abuso de poder cometido pelo Estado ou por quem lhe faça às vezes". Nessa seara, afirma Costa:[42] "o princípio republicano prescreve que «a cada poder deve corresponder uma garantia, que o limite». Onde há poder-do-Estado [+], ali deve haver o respectivo «contrapoder»-do-cidadão [-]. Logo, o *duo* poder-garantia é a pedra fundamental sobre a qual se edifica uma República. Sem ela, o indivíduo reduz-se a um mero titular passivo de estados de sujeição".

A República, com vistas ao modelo da garantística, estrutura-se em três pilares: (1) "o poder não pertence ao Estado, não é coisa estatal, dele, mas *res publica* para ele"; (2) "a garantia não pertence aos cidadãos, não é coisa privada, deles, mas *res publica* para eles"; (3) "porque *res publica* para os cidadãos, a garantia é inexpropriável pelo Estado e,

---

[40] Cf. COSTA, Eduardo José da Fonseca. Notas para uma garantística. *Empório do Direito*, São Paulo, 4 jul. 2018. Disponível em HYPERLINK "https://emporiododireito.com.br/leitura/abdpro-179-principio-nao-e-norma-1-parte" http://emporiododireito.com.br/leitura/abdpro-40-notas-para-uma-garantistica Acesso em: 5 dez. 2018.

[41] Cf. *Ibid.*

[42] *Ibid.*

portanto, não se pode enfraquecer ou converter em instrumento, ferramenta ou método a serviço do poder".[43]

As garantias também podem ser pensadas sob o ponto de vista analítico, hermenêutico e pragmático. No primeiro caso, as garantias podem ser classificadas em face da função estatal, sendo elas as garantias contra-administrativas, as garantias contralegislativas, as garantias contrajurisdicionais. No segundo caso, temos como diretrizes interpretativas o princípio da intangibilidade da garantia ("[t]itular de poder não pode interferir em garantia correlata"), o princípio da maximização da garantia ([t]exto sobre garantia se interpreta para fortalecer a garantia, não o poder correlato"), o princípio da expansão da garantia ("[t]exto sobre garantia se interpreta ampliativamente e, por correlação, texto sobre poder se interpreta restritivamente", no qual uma teoria das garantias implícitas se apresenta em defesa da forma de governo republicano). No terceiro caso, "permite elaborar-se uma orientação metódica para a implantação prática garantista".[44] Essas três perspectivas são de grande serventia para analisar, interpretar e aplicar as garantias implícitas.

Enfim, "[o] garantista será o constitucionalista das garantias".[45] Pensar deste modo está aliado à dogmática dos direitos fundamentais de estirpe liberal, visto que a limitação do poder é a pedra de toque e a base que sustenta o edifício constitucional. Por certo, não é apenas disso que se trata. Uma constituição serve a diversas funções perante a sociedade plural e complexa em que nos situamos. Contudo, se devemos iniciar nossa jornada para concretizar a constituição, pensamos ser adequado começar por este ponto: a liberdade garantida.

1.2 Soberania como poder ilimitado

Na subseção anterior, tivemos a perspectiva a partir da qual a obra será conduzida, tanto pela dogmática dos direitos fundamentais, a partir de uma visão liberal, quanto por um ponto de vista de um modelo de garantística antiarbitrária. Doravante, prosseguiremos abordando a visão inicial da soberania, considerada como um poder ilimitado, porém a ser superado historicamente.

---

[43] COSTA, Eduardo José da Fonseca. Notas para uma garantística. *Empório do Direito*, São Paulo, 4 jul. 2018. Disponível em http://emporiododireito.com.br/leitura/abdpro-40-notas-para-uma-garantistica Acesso em: 5 dez. 2018.

[44] *Ibid.*

[45] *Ibid.*

Utilizamo-nos nesta ocasião da referência à pintura *Bolhas de sabão*, de Jean Siméon Chardin (1733–34).[46] O tema das brincadeiras infantis era inspirador para Chardin. Na figura em referência, o pintor pretendia que a imagem da bolha de sabão transmitisse a alusão da transitoriedade da vida. Aqui nos valemos dela para apontar o absolutismo da soberania. A bolha de sabão é sensível e não admite rompimentos; o mais tênue toque proporciona o seu estouro. A soberania é como uma bolha de sabão e não admite influências, sob pena de deixar de ser o que é.

1.2.1 Aspectos históricos e gerais de um poder ilimitado

Inicialmente é importante fazermos um corte investigativo para pensarmos sobre a soberania a partir do século XVI. Interessa-nos pensar a soberania ao lado da criação do Estado moderno, que se inicia com o fim da idade das trevas. Aliás, é no final do século XVI que o termo "soberania" aparece, "juntamente com o de Estado, para indicar, em toda sua plenitude, o poder estatal". O rei na Idade Média, de modo primordial, administrava "a justiça com base nas leis consuetudinárias do país. O rei, além de estar *sub Deo*, estava também *sub lege, quia lex facit regem*". Com a finalidade de concentrar o poder, o Estado moderno nasceu ainda absolutista com o declínio do feudalismo. A teoria da soberania moderna muda o cenário instituído pela Idade Média. Nessa nova perspectiva, "o novo rei é soberano na medida em que faz a lei e, consequentemente, não é por ela limitado, encontra-se *supra legem*". O Estado moderno é caracterizado pela unificação e pela concentração do poder. O soberano da Idade Moderna é o único centro de poder. Ele tem, como tarefas exclusivas, que "garantir a paz entre os súditos de seu reino e a de uni-los para a defesa e o ataque contra o inimigo estrangeiro".[47]

O estudo da soberania pode ser guiado por sua dupla face: a soberania interna e externa. No âmbito interno, a soberania se estabelece contra a estrutura medieval de poder. Por isso, afirma-se que o termo soberania é um "conceito político-jurídico que possibilita ao Estado moderno, mediante sua lógica absolutista interna, impor-se à organização medieval do poder". Com a soberania interna, "o soberano

---

[46] Disponível em: https://commons.wikimedia.org/w/index.php?curid=21979861.

[47] BOBBIO, Norberto; MATTEUCCI, Nicola; PASQUINO, Gianfranco. *Dicionário de Política*. v. 2. 13. ed. Brasília: UNB, 2016. p. 1.180.

moderno procede à eliminação dos poderes feudais, dos privilégios dos Estados e das categorias, das autonomias locais". Na baixa Idade Média, o poder era difuso ou mesmo distribuído anarquicamente entre os feudos, as tribos, a Igreja, os reinados. A soberania interna surgiu em "decorrência de uma notável necessidade de unificação e concentração de poder, cuja finalidade seria reunir numa única instância o monopólio da força num determinado território e sobre uma determinada população". No âmbito externo, a função do soberano se contrapunha à dos outros soberanos em condição de igualdade. Na soberania externa, destarte, a posição era de igualdade, enquanto no nível interno "o soberano se encontra numa posição de absoluta supremacia, uma vez que tem abaixo de si os súditos, obrigados à obediência". Ao soberano, no nível externo, caberia "decidir acerca da guerra e da paz".[48]

Na Idade Moderna, o Estado soberano desapareceu com "a complexa organização social medieval, bem como a sociedade corporativista, que interpunha um vasto conjunto de mediações políticas entre o rei e o súdito". Contudo é importante destacar que restou permanente "a necessidade dessas mediações", que tinham a virtude de "frear e reduzir o poder soberano, mediante sua força niveladora". Portanto algo da herança medieval acabou permanecendo, mesmo que modificado e renovado. A lei, na Idade Moderna, ganhou grande destaque; sedimentou-se como "o principal instrumento de organização da sociedade". Todavia isso não impediu que a preocupação do medievo com a justiça e com a proteção dos direitos individuais se fizesse novamente presente. Por conseguinte, duas situações se destacaram na Idade Moderna. Inicialmente a preocupação com a garantia dos direitos individuais teve amparo nas "grandes doutrinas jusnaturalistas, que, defendendo a existência de um direito pré-estatal ou natural, procuravam salvaguardar a exigência de racionalidade". Aqui o fundamento considerava que a legitimidade da lei se dava pela *"veritas"* e não pela *"auctoritas"*. Na sequência, a preocupação com a defesa dos direitos individuais se fez "através das grandes constituições escritas na época da revolução democrática que puseram um freio jurídico à Soberania, proclamando os direitos invioláveis do cidadão".[49]

Nesse contexto, destacam-se as paradigmáticas constituições do final do século XVIII: a Constituição americana de 1787 e a Constituição

---

[48] BOBBIO, Norberto; MATTEUCCI, Nicola; PASQUINO, Gianfranco. *Dicionário de Política.* v. 2. 13. ed. Brasília: UNB, 2016. p. 1.180.

[49] *Ibid.*, p. 1.182.

francesa de 1791; ambas dispuseram de características inovadoras para a época. A primeira constituição citada deflagrou a ideia de supremacia formal sobre as demais leis. Foi uma constituição rígida e sintética, tendo implantado um sistema de governo presidencialista e, com base em Montesquieu, propôs a tripartição de poderes. Ademais, as colônias norte-americanas foram unidas formando um país com estados relativamente autônomos e criou-se, portanto, o conceito de federação por agregação.

A segunda constituição, editada em 1791, tem a ideia de assembleia constituinte inspirada em Emmanuel Joseph Sieyès. Apesar de não afirmar formalmente a sua supremacia em face das demais leis, encerrou com a monarquia absolutista, transformando-a numa monarquia constitucionalista. O fim do *Ancien Régime* se mostrou presente, sobretudo com a previsão da soberania popular. O artigo 1º dizia que "[a] Soberania é una, indivisível, inalienável e imprescritível. Ela pertence à Nação e nenhuma parte do povo nem indivíduo algum pode atribuir-se o exercício".[50] Ademais, prescreveu o princípio da legalidade no artigo 3º, no qual "[n]ão existe na França autoridade superior à da Lei. O Rei reina por ela e não pode exigir a obediência senão em nome da lei".[51]

Na França do *Ancien Régime*, portanto anterior à Revolução Francesa, havia aqueles que consideravam o poder divino dos reis. Paulo Bonavides nos empresta uma passagem que caracteriza bem essa posição. Desse modo, temos a "declaração do clero galicano, segundo a qual 'os reis não existem apenas pela vontade de Deus senão que eles mesmos são Deus: ninguém poderá negar ou tergiversar essa evidência sem incorrer em blasfêmia ou cometer sacrilégio'".[52]

A França, como visto, ilustra bem o drama histórico que gerou o conceito de soberania. Aliás a expressão soberania (*souveraineté*) é francesa; e o seu grande teórico é Jean Bodin. Para esse publicista, o pensamento que lhe afigura essencial ao conceito de Estado é o de soberania.[53]

---

[50] UNIVERSIDADE FEDERAL DE MINAS GERAIS. Disponível em: https://www.fafich.ufmg.br/~luarnaut/const91.pdf. Acesso em: 3 out. 2022.

[51] UNIVERSIDADE FEDERAL DE MINAS GERAIS. Disponível em: https://www.fafich.ufmg.br/~luarnaut/const91.pdf. Acesso em: 3 out. 2022.

[52] BONAVIDES, Paulo. *Ciência política*. 25. ed. São Paulo: Malheiros, 2018. p. 139.

[53] Cf. *Ibid.*, p. 135.

O jurista francês Jean Bodin, em 1576, estabeleceu o conceito moderno de soberania na obra "Os seis livros da República", abordando suas principais características. Segundo o autor, a soberania é o poder absoluto. E na soberania absoluta, o soberano deve ser livre para legislar como quiser, sem consenso dos súditos, sem ser limitado pelas decisões dos predecessores e sem se restringir às próprias leis. No que tange à soberania perpétua, ela não é dada ao soberano pelo povo, mas pelo direito natural e pelo direito divino. Nesse caso, o monarca está abaixo desses dois direitos e acima do direito positivo. Bodin acrescenta que a soberania é perpétua, pois, pelo contrário, "pode acontecer que se dê poder absoluto a um ou vários por um certo tempo que, uma vez expirado, faz com que estes não sejam nada mais do que súditos". Importante que se diga: "o povo não se desfaz da soberania quando estabelece um ou vários lugares-tenentes com poder absoluto por um certo tempo limitado, o que é muito mais que se o poder fosse revogável ao arbítrio do povo, sem prefixação de tempo". Ainda se o povo outorga seu poder a alguém, enquanto este viver, "não é soberano, mas simples oficial, ou lugar-tenente, ou regente, ou governador, ou guardião e depositário do poder de outrem". A soberania é ilimitada, porquanto "não é limitada nem em poder, nem em responsabilidade, nem por tempo determinado". A soberania é incondicionada, vez que "soberania dada a um Príncipe com encargos e condições não é propriamente soberania nem poder absoluto, a menos que as condições apostas à criação do Príncipe sejam da lei de Deus ou da natureza". Portanto, os soberanos não estão "de forma alguma sujeitos aos comandos de outrem e que possam dar a lei aos súditos e cassar ou anular as leis inúteis para fazer outras, o que não pode fazer aquele que está sujeito às leis ou que tem comando sobre ele".[54]

Refletir sobre a soberania é pensar em termos absolutos. A soberania não admite interferências ou mesmo pequenos e breves obstáculos. Ela se porta como um poder ilimitado. Esse poder em estado bruto, com o passar do tempo, foi esmerilhado e viu-se diante de alguma contenção, como a ideia de constituição mista e da própria constituição como um aparato indispensável para um Estado de direito e democrático, como será disposto na sequência.

---

[54] BODIN, Jean. *Os seis livros da república*. São Paulo: Icone, 2011. p. 107, 199-198, 202, 203, 206.

1.3 Do súdito ao cidadão

Na subseção anterior, destacamos a soberania. Ela se revela como um poder ilimitado e isso foi constatável historicamente. Destacamos a soberania junto ao Estado moderno, devido à influência vigente nos dias atuais do constitucionalismo ligado à dogmática liberal dos direitos fundamentais.

Interessa a nós nesta oportunidade desenvolver a cidadania com um resultado de superação da desigualdade em face do Estado. Essa luta parece-nos como o resultado dos painéis *Guerra e Paz*[55] (1952-56) que foram concebidos para a sede da ONU em Nova York por Cândido Portinari. Ele buscou uma interpretação da guerra e da paz a partir de elementos alegóricos. O simbolismo desta imagem para a presente subseção representa a posição dos súditos frente ao soberano para livrar-se do medo e da guerra em busca da paz.

1.3.1 O súdito e a sua liberdade

Em *Leviatã*, capítulo XXI ("Da liberdade dos súditos"), Hobbes defende que "um homem livre é aquele que, naquelas coisas que graças a sua força e engenho é capaz de fazer, não é impedido de fazer o que tem vontade de fazer".[56] O referido entendimento merece ser detalhado de modo a promover uma distinção necessária entre poder e liberdade considerando o pensamento do autor, cujos apontamentos apresentaremos doravante. Faremos isso sob a perspectiva de Quentin Skiner.

Hobbes, em *Do cidadão*, define liberdade como a "ausência de impedimentos ao movimento" e, depois, em *Leviatã*, define como a "ausência de impedimentos externos ao movimento".[57]

Essa mudança de pensamento é radical. Hobbes altera a primeira definição, na qual a liberdade humana pode ser eliminada por impedimentos absolutos, que impossibilitam o exercício do nosso poder à vontade, e por impedimentos arbitrários, que inibem a própria vontade. A ideia de impedimento arbitrário é posteriormente abandonada. Assim a liberdade seria afetada apenas pelos impedimentos "que têm o efeito

---

[55] Disponível em: https://en.wikipedia.org/w/index.php?curid=68844383.

[56] HOBBES, Thomas. *Leviatã ou matéria, forma e poder de um estado eclesiástico e civil.* 4. ed. São Paulo: Martins Fontes, 2019. p. 139.

[57] SKINNER, Quentin. *Hobbes e a liberdade republicana.* São Paulo: Unesp, 2010. p. 126.

de deixar um corpo fisicamente impotente". Por isso a "única forma de liberdade humana que 'é propriamente chamada de liberdade' consiste na ausência de tais impedimentos absolutos ao movimento (HOBBES, 1996, p. 147)". A liberdade, então, seria a ausência de impedimentos externos, pois "'liberdade é a ausência de quaisquer impedimentos à ação que não estão contidos na natureza e na qualidade intrínseca do agente envolvido' (HOBBES, 1840a, p. 273)".[58]

No conceito anterior de liberdade, não havia uma perspectiva clara de "liberdade de agir" e "poder de executar a ação em causa". Mas isso ficou superado quando Hobbes conseguiu diferenciar claramente liberdade de poder, ao distinguir os "impedimentos externos" das "limitações intrínsecas".[59]

A primeira tentativa de Hobbes para articular a citada distinção assim é proposta: enquanto os impedimentos intrínsecos tiram o poder, somente os impedimentos externos tiram a liberdade. Dessa forma, quando o movimento é impedido por conta da constituição da própria coisa, falta-lhe poder de locomoção e não liberdade. Nesse sentido, Hobbes *apud* Skinner:[60] "[a]ssim, também dizemos que quem está amarrado carece da liberdade de partir, por estar o impedimento fora dele, nos laços que o prendem; ao passo que não dizemos o mesmo de quem está doente ou paralítico, por estar o impedimento nele próprio".

Enfim, se houver um impedimento extrínseco para realizar uma ação que dependa do indivíduo, haverá a privação da capacidade normal de agir. Portanto, a liberdade foi perdida. Por outro lado, se a sua *performance* for impedida unicamente por uma fraqueza intrínseca à sua constituição, o indivíduo carece de poder, mas não de liberdade. O indivíduo é simplesmente incapaz e a questão da liberdade não pode ser considerada, pois se está diante de uma questão relacionada ao poder.[61] A falta de poder é ocasionada por um impedimento interno, e a falta de liberdade é provocada por um impedimento externo.

A segunda questão para pensar a ideia de poder e de liberdade está na necessidade ou não de separar "agir sob compulsão" (agir por medo) e "agir voluntariamente". Essa distinção mostrou-se equivocada, pois as práticas obtidas pelo medo são realizadas voluntariamente.

---

[58] SKINNER, Quentin. *Hobbes e a liberdade republicana*. São Paulo: Unesp, 2010. p. 126-128.
[59] *Ibid.*, p. 129.
[60] *Ibid.*, p. 130.
[61] Cf. *Ibid.*, p. 130-131.

O que Hobbes imaginou inicialmente foi que o impedimento arbitrário tiraria a "liberdade de ação, e que o medo constitui um exemplo desse tipo de impedimento" e, por isso, o medo tiraria a liberdade. Mas se o agir é voluntário, mesmo por medo, ele está ligado a um elemento individual interno. Dessa maneira, constata-se um conflito em razão da nova perspectiva de liberdade.[62]

Foi apenas com a distinção entre impedimentos externos e intrínsecos que essas divergências foram afinal resolvidas. A liberdade, no seu conceito atual, somente é restringida por impedimentos externos, e o medo não é um exemplo desse tipo de obstáculo. Pelo contrário, como Hobbes o define na obra *Leviatã*, o medo é um dos "começos interiores do movimento voluntário (HOBBES, 1996, p. 37, 41)".[63] O medo é "[a] opinião, ligada à crença de dano proveniente do objeto".[64] Portanto o medo afeta o poder e não a liberdade.

Hobbes introduz pela primeira vez uma distinção sem ambiguidade entre os agentes. Os indivíduos podem agir livre ou não (poder); e as suas ações podem ser executadas livremente ou não (liberdade). Os agentes são livres para agir enquanto não forem impedidos de modo externo. Se as ações forem voluntariamente executadas, elas foram executadas de forma livre, pois aqui vontade e liberdade são equivalentes.[65]

Portanto, Hobbes argumenta que, quando o indivíduo delibera e decide executar uma ação, põe fim à sua liberdade – ele foi livre. Mas, ao mesmo tempo, quando executa uma ação, é porque ele pode dentro de seus poderes; também é livre se, no momento em que decide agir, sua ação não for obstruída por qualquer impedimento externo. Embora ponha um fim à sua liberdade, ele o faz agindo livremente. As duas considerações enfim reúnem-se. Por um lado, "permanecemos livres enquanto continuamos a deliberar; mas, por outro, permanecemos livres a menos que sejamos impedidos de executar uma ação dentro de nossos poderes".[66]

Era polêmico o argumento de que o homem livre é aquele que não era impedido de exercer seus poderes segundo sua vontade. Então, um homem livre viveria independentemente da vontade de outrem

---

[62] SKINNER, Quentin. *Hobbes e a liberdade republicana*. São Paulo: Unesp, 2010. p. 131.

[63] *Ibid.*, p. 131-132.

[64] HOBBES, Thomas. *Leviatã ou matéria, forma e poder de um estado eclesiástico e civil*. 4. ed. São Paulo: Martins Fontes, 2019. p. 47.

[65] Cf. SKINNER, *op. cit.*, p. 132-133.

[66] *Ibid.*, p. 134.

e seria livre da possibilidade de ser impedido de modo arbitrário de perseguir os fins escolhidos. Nesse caso, importante destacar que não é o exercício do poder arbitrário que impede o indivíduo de agir, mas a liberdade deixaria de se fazer presente com a mera existência do poder arbitrário.[67] Contudo, de modo diverso, é o exercício do poder arbitrário que impede externamente o agir de alguém e, assim, castra a sua liberdade.

Como visto, o conceito de homem livre ocupa o centro da nova análise da liberdade humana de Hobbes. Segundo Skinner, o homem livre não é impedido de agir conforme sua vontade, ele o faz graças a sua força e capacidade.[68] Em outras palavras, ser privado de liberdade e, consequentemente, perder o *status* de homem livre significa ser detido por algum impedimento externo para exercer seus poderes, sua força e sua inteligência.[69]

Por isso o efetivo exercício do poder arbitrário configura um impedimento externo que tira a liberdade, porém a sua existência latente pode gerar medo, ideia que se relaciona ao poder. É ingênuo pensar que, na realidade, não existe poder arbitrário e que não convivemos com ele de fato. Mas é certo que a liberdade individual é violada por seu exercício.

1.3.2 Cidadania garantida

Segundo Hobbes, cada homem tem esperança quanto "a sua segurança e autoconservação". Logo "não basta um homem compreender corretamente as leis naturais" para garantir a sua obediência quanto a elas. É necessário algo mais. O homem deve ter a "garantia contra a agressão cometida por outros homens"; caso contrário, cada homem "conserva seu direito primitivo à autodefesa por todos os meios que ele puder ou quiser utilizar, isto é, um direito a todas as coisas, ou direito de guerra".[70]

Para estabelecer a paz entre os homens, segundo Hobbes, é preciso união, consentimento, sendo esse último "a convergência de muitas vontades rumo ao mesmo fim". Para a paz e a autodefesa, é preciso "uma vontade única de todos os homens"; é necessário que cada homem

---

[67] SKINNER, Quentin. *Hobbes e a liberdade republicana*. São Paulo: Unesp, 2010. p. 145.

[68] Cf. *Ibid.*, p. 144.

[69] Cf. *Ibid.*, p. 145.

[70] HOBBES, Thomas. *Do cidadão*. 3. ed. São Paulo: Martins Fontes, 2002. p. 91.

"submeta sua vontade a algum outro (seja este um só ou um conselho) que tudo o que for vontade deste, naquelas coisas que são necessárias para a paz comum, seja havido como sendo vontade de todos em geral, e de cada um em particular". Para Hobbes, a "união" está na submissão às vontades de todos à de um homem, e ela "se produz quando cada um deles se obriga, por contrato, ante cada um dos demais, a não resistir à vontade do indivíduo (ou conselho) a quem se submeteu". Entretanto conservando "o uso de sua riqueza e força contra quaisquer outros (pois supõe-se que ainda conserve um direito a defender-se contra a violência)". Notamos que, na união, o direito de todos os homens é transferido a um só. O homem "que submete sua vontade à vontade de outrem transfere a este último o direito sobre sua força e suas faculdades". Ao fim deste processo, quando todos os homens tiverem feito o mesmo, "aquele a quem se submeteram terá tanto poder que, pelo terror que este suscita, poderá conformar as vontades dos particulares à unidade e à concórdia". A cidade, a sociedade civil ou a pessoa civil é essa união. No momento em que há uma só vontade, "esta deve ser considerada como uma pessoa". Uma cidade, nos termos hobbesianos, "é uma pessoa cuja vontade, pelo pacto de muitos homens, há de ser recebida como sendo a vontade de todos eles". A cidade ou a pessoa civil utiliza "todo o poder e as faculdades de cada pessoa particular, para a preservação da paz e a defesa comum".[71]

Dito isso, podemos compreender o conceito de súdito em Hobbes. Como visto, do "homem ou conselho a cuja vontade cada particular submeteu a sua" "diz-se que tem o poder supremo, ou o comando-em-chefe, ou o domínio" da cidade. É preciso destacar que "[e]sse poder e direito de comando consiste em que cada cidadão transfira toda a sua força e poder àquele homem ou conselho". Nas palavras de Hobbes, o poder não é transferido de forma natural; por isso o cidadão deveria "abrir mão de seu direito de resistência". A conclusão é: "todo cidadão, assim como toda pessoa civil subordinada, é súdito daquele que detém o comando supremo".[72]

Aqui estamos diante de uma forma de dominação. Segundo Max Weber, a "submissão" "pode fundar-se em diversos motivos" diante da "dominação". Por dominação, entende Weber "a probabilidade de encontrar obediência a um determinado mandato". Nas relações entre dominantes e dominados, "a dominação costuma apoiar-se

---

[71] HOBBES, Thomas. *Do cidadão*. 3. ed. São Paulo: Martins Fontes, 2002. p. 95-97.

[72] *Ibid.*, p. 98.

internamente em *bases jurídicas*, nas quais se funda a 'legitimidade'". Weber destaca três bases de legitimidade da dominação totalmente pura: a dominação legal, a tradicional e a carismática. Interessante pensar na legitimidade pela dominação legal. Nela, afirma Weber que se obedece "não à pessoa em virtude de seu próprio direito, mas à *regra* estatuída, que estabelece ao mesmo tempo a *quem e em que medida* se deve obedecer" (g. n.). Ademais, nesse tipo de legitimidade, "quem ordena obedece, ao emitir uma ordem, a uma regra; à 'lei' ou 'regulamento' de uma norma *formalmente* abstrata".[73] É importante destacar a quem deve se obedecer. Em uma democracia, isso é uma escolha popular, não obstante a lei acertar previamente a função e as competências a serem desempenhadas pelo eleito. Os atos dos agentes políticos são legítimos, pois estão vinculados ao princípio da legalidade (legitimidade legal). No Estado Democrático, *a priori*, importa "quem" é o escolhido, e tal atitude complementa a ideia de legitimidade (democrática). Aqui há um duplo limite a ser considerado: a legalidade e a escolha.

O magistério de José Alfredo de Oliveira Baracho[74] ensina que "[o]s homens passaram da situação de sujeitos para a de cidadãos, sendo que, na França, somente em 1830 a palavra 'sujeito' desapareceu dos documentos oficiais. [...] O cidadão não aparece de um momento para outro, nos Estados Unidos em 1776, ou em Paris em 1789. Em séculos precedentes, em determinadas sociedades, as pessoas adquirem progressivamente os componentes de certo estatuto, que limita o posicionamento do poder: os do diálogo, os da participação e sobretudo os da proteção contra o arbítrio".

A renúncia aos próprios direitos é fundamentada por Hobbes no medo, no temor da desordem do estado de natureza.[75] Devemos, portanto, concordar com o autor que a origem de todas as grandes e duradouras sociedades não provém da boa vontade mútua que os homens têm uns para com os outros, mas do medo recíproco que uns tinham dos outros.[76]

---

[73] Cf. WEBER, Max. *Die drei reinen Typpen der legitimem Herrschaft. In: Wirtschaft und Gesellschaft.* 4. ed. organizada e revisada por Johannes Winkelmann. Tubingen, J.C. B. Mohr (Paul Siebeck), 1956. v. II, p. 551-58. Trd. Por Gabriel Cohn. *In:* WEBER, Max. *Sociologia. Coleção grandes cientistas sociais,* n. 13. São Paulo: Ática, 1979. p. 128-129.

[74] BARACHO, José Alfredo de Oliveira. *Teoria geral da cidadania:* a plenitude da cidadania e as garantias constitucionais e processuais. São Paulo: Saraiva, 1995. p. 1.

[75] Cf. GARCIA, Maria. *Desobediência civil:* direito fundamental. 2. ed. São Paulo: Revista dos Tribunais, 2004. p. 128.

[76] HOBBES, Thomas. *Do cidadão.* 3. ed. São Paulo: Martins Fontes, 2002. p. 28.

Mas a ideia de resistência em Hobbes persiste. O autor afirma que "ninguém está obrigado, por qualquer contrato que seja, a não resistir a quem vier matá-lo, ou ferir ou de qualquer modo machucar seu corpo".[77] Ademais, na obra *Leviatã,* Hobbes ressalta que a resistência é um direito de liberdade dos súditos, assim "ninguém pode renunciar ao direito de resistir a quem o ataque pela força para lhe tirar a vida, pois é impossível admitir que com isso vise algum benefício próprio".[78]

Bobbio traz à tona o argumento de que "o direito à vida irrenunciável deriva da própria lógica do sistema". Segundo o jusfilósofo, "os indivíduos instituem o Estado para escapar da permanente ameaça de morte que caracteriza o estado de natureza, ou seja, para salvar a vida". Por isso "não podem deixar de se considerar livres dos vínculos de obediência quando a sua vida for posta em perigo por culpa do soberano".[79]

A resistência pressupõe um contrapoder. Eduardo Costa, com razão, pontua que a previsão de contrapoderes é uma condição da cidadania. De acordo com o jurista, "[a] constrição jurídica do político se pode fazer de diversas maneiras. Uma delas é prever para cada poder do Estado o respectivo contrapoder do cidadão (que é – a propósito – o que o retira da condição de súdito (*subditus,* particípio passado de *subdo,* que significa «por embaixo», «submeter», «sujeitar»), quando não de coisa)".[80]

A resistência assume uma pretensão de igualdade do cidadão para com o Estado. Se para cada poder do Estado é garantido ao cidadão um contrapoder, eles estão no mesmo patamar. A ascensão do súdito a uma posição de igualdade para controlar o Estado o torna um cidadão.

O cidadão, portanto, é aquele que tem direitos de resistência que podem ser descritos como sendo aqueles de liberdade e de participação. O poder de resistir limita a arbitrariedade estatal através de seus direitos e garantias fundamentais e, especificamente, quando participa mediante direitos cívicos e políticos.

A dimensão política não é algo distinto da dimensão da liberdade, pois as duas têm em vista a limitação do poder. Os direitos fundamentais de liberdade e os direitos políticos almejam uma abstenção estatal, mas

---

[77] HOBBES, Thomas. *Do cidadão*. 3. ed. São Paulo: Martins Fontes, 2002. p. 48.

[78] HOBBES, Thomas. *Leviatã ou matéria, forma e poder de um estado eclesiástico e civil.* São Paulo: Martins Fontes, 2003. p. 115.

[79] BOBBIO, Norberto. *Thomas Hobbes.* Tradução de Carlos Nelson Coutinho. Rio de Janeiro: Campus, 1991. p. 47.

[80] COSTA, Eduardo José da Fonseca. *Processo e garantia.* Londrina: Thorth. 2021. p. 75-76.

os primeiros atuam visando a uma inação e controle dos atos estatais e os segundos apostam em uma ação cidadã (participação).

Aqui cabe uma menção aos dois sentidos principais de liberdade apontados por *sir* Isaiah Berlin no ensaio *Two Concepts of Liberty* de 1958, onde diferencia a liberdade negativa da positiva.

As lições vêm das respostas às seguintes questões formuladas pelo autor: (1) "Qual é a área em que o sujeito – um indivíduo ou um grupo de indivíduos – está livre, ou se deveria permitir que fosse, da interferência dos outros?" e (2) "O que ou quem é a fonte de controle ou de interferência que pode determinar que alguém faça, ou seja, uma coisa e não outra?".[81]

José Guilherme Melquior, ao comentar sobre a referida conferência de 1958 em Oxford, "Dois Conceitos de Liberdade", de Isaiah Berlin, aborda a "liberdade negativa como estar livre de coerção" e a liberdade positiva como "um anseio de autonomia". No prefácio dessa obra de Melquior, Roberto Campos sumariza liberdade negativa como "ausência de coerção" e a liberdade positiva como "presença de opções". Segundo Melquior:[82] "Em sua famosa conferência de 1958 em Oxford, 'Dois Conceitos de Liberdade', Isaiah Berlin opôs liberdade *negativa* a liberdade *positiva*. Ele definiu a liberdade negativa como estar livre de coerção. A liberdade negativa é sempre liberdade *contra* a possível interferência de alguém. São exemplos disso a autonomia de fruir intitulamentos (contra possíveis abusos); a autonomia de expressar crenças (em oposição à censura); a liberdade de satisfazer pessoalmente gostos e a livre procura de objetivos individuais (em oposição a padrões impostos). A liberdade positiva, por outro lado, é essencialmente um desejo de governar-se, um anseio de autonomia. Contrariamente à liberdade negativa, não é liberdade *de*, porém liberdade *para*: a aspiração ao autogoverno, a decidir com autonomia em vez de ser objeto de decisão. Enquanto a liberdade negativa significa independência de interferência, a liberdade positiva está relacionada à incorporação do controle".

A liberdade negativa é a liberdade política. Nela "ninguém ou nenhum grupo de indivíduos interfere" nas atividades individuais. A liberdade política "é simplesmente a área em que [...] [podemos]

---

[81] BERLIN, Isaiah. *Quatro ensaios sobre a liberdade*. Tradução de Wamberto Hudson Ferreira. Brasília: UNB, 1981. p. 133-145.

[82] MERQUIOR, José Guilherme. *O liberalismo:* antigo e moderno. São Paulo: É Realizações, 2016. p. 37.

agir sem sofrer limitações de terceiros". Ao contrário, "[n]ão se possui liberdade política quando se está sendo impedido por outros de alcançar um objetivo". A liberdade negativa trata-se de "não sofrer interferência de terceiros" e "[q]uanto maior a área sobre a qual não há interferência, mais ampla a [...] liberdade".[83]

Berlin chama atenção para o pensamento hobbesiano em determinado ponto das suas considerações. Segundo o filósofo, Hobbes canalizava suas respectivas ideias para "evitar que os indivíduos se destruíssem uns aos outros e transformassem a vida social em uma selva, [...] [sendo] necessário instituir maiores salvaguardas para mantê-los em seus lugares. Isto é, aumentar o controle e reduzir a área de liberdade do indivíduo".[84]

Entretanto, tanto os liberais quanto os conservadores, aqui incluído Hobbes, "concordavam que uma parcela da existência humana precisa continuar independente da esfera de controle social". Assim sendo, não importa como será traçada a "área de não-interferência". A liberdade nesse sentido significa liberdade *de*: ou seja, ausência de interferência além da linha traçada.[85] A liberdade negativa, portanto, impõe limites.

O sentido positivo da palavra liberdade, por outro lado, tem origem no "desejo de se autogovernar".[86] Berlin é crítico a tal categoria de liberdade e na sua opinião "o que dificulta as concepções de 'liberdade positiva' é que, tentando reformular todos os valores como aspectos de uma dada 'liberdade racional', elas recaem no monismo moral – e, muitas vezes, em seu nome, resultam em práticas autoritárias, por mais nobre que seja o seu objetivo original".[87]

Com essas análises, Isaiah Berlin "igualou a liberdade negativa à ausência de constrangimento, e a liberdade positiva à procura de fins racionais – o que, em sua opinião, abre o caminho para outra igualdade decisiva, a da liberdade com a razão".[88]

Enfim, "[e]sse conceito 'negativo' de liberdade situa-se no polo oposto dos propósitos daqueles que acreditam em liberdade no sentido 'positivo'". Isso porque a liberdade negativa quer "limitar a autoridade

---

[83] BERLIN, Isaiah. *Quatro ensaios sobre a liberdade*. Tradução de Wamberto Hudson Ferreira. Brasília: UNB, 1981. p. 133-145.

[84] *Ibid.*, p. 133-145.

[85] *Ibid.*, p. 133-145.

[86] *Ibid.*, p. 133-145.

[87] MERQUIOR, José Guilherme. *O liberalismo*: antigo e moderno. São Paulo: É Realizações, 2016. p. 167.

[88] *Ibid.*, p. 167.

como tal"; e os detentores da liberdade positiva "a querem posta em suas próprias mãos". Essa constatação é de fundamental importância, pois "[n]ão se trata de duas interpretações diferentes de um só conceito, mas de duas atitudes profundamente distintas e irreconciliáveis quanto às finalidades da vida".[89]

Hobbes nos serviu para caracterizar os súditos como um conjunto de indivíduos unidos em um propósito para superar o medo da morte e, por seu livre-arbítrio, sujeita-se a um homem (ou conselho) contratualmente. Contudo, Hobbes admite a possibilidade de resistência ao pacto, pois há direitos preexistentes ao contrato que permanecem com o seu titular, o homem. Nesse sentido, podemos fazer referência à liberdade negativa, ou seja, à "liberdade *de*" ausência de interferência além da linha traçada.

Mas a limitação da autoridade como tal não afasta a possibilidade de participação no poder, sem que isso se confunda com a liberdade positiva, a fim de evitar os problemas que decorrem dela, como nos ensina Isaiah Berlin. A participação é ação ou efeito de tomar parte em alguma coisa. Ela supõe que a ação será realizada em conjunto; participada; portanto dividida.

Neste contexto, com razão, Cunha Campos acentua que "participar do exercício do poder é um modo de limitá-lo". É por isso que não há contradição em querer participar e ao mesmo tempo pretender limitar o poder. A participação não significa autogoverno, o que ao final pressupõe arbitrariedade pela concentração de poder. A participação, o que é diferente, pressupõe exercício do poder dividido. Segundo Cunha Campos:[90] "Na medida em que estas garantias constitucionais se mostrem mais efetivas, vê-se que o predomínio do interesse em limitar o poder se revela mais pronunciado. Dissemos anteriormente que a participação no processo é a manifestação de predomínio de interesse da sociedade. Aqui não há contradição entre interesse em limitar poder e participar de seu exercício (participar do processo) porquanto o participar do exercício do poder é um modo de limitá-lo".

A liberdade política garante ao indivíduo a participação na vida política do país em que reside. As liberdades individuais e as liberdades políticas têm raízes comuns e caminham pela história paralelamente,

---

[89] BERLIN, Isaiah. *Quatro ensaios sobre a liberdade.* Tradução de Wamberto Hudson Ferreira. Brasília: UNB, 1981. p. 133-145.

[90] CAMPOS, Ronaldo Benedicto Cunha. *Garantias constitucionais no processo civil no Brasil e na Itália.* Dissertação de Mestrado, Belo Horizonte, 1985. Faculdade de Direito da UFMG. p. 113.

aproximam-se e garantem-se mutuamente. A liberdade que concebe resistência ao poder arbitrário está ao lado da participação ativa do indivíduo nas decisões políticas.

Na Constituição Federal de 1988, são representativas destas categorias de liberdades aquelas situadas no artigo 5º ("Dos direitos e deveres individuais e coletivos") e no artigo 14 ("Dos direitos políticos"). E ambos indubitavelmente atendem um dos fundamentos da República brasileira: a cidadania.

José Afonso da Silva[91] aponta a nova ideia de cidadania na Constituição de 1988: "A cidadania, assim considerada, consiste na consciência de pertinência à sociedade estatal como titular dos direitos fundamentais, da dignidade da pessoa humana, da integração participativa no processo do poder, com igual consciência de que essa situação subjetiva envolve também deveres de respeito à dignidade do outro, de contribuir para o aperfeiçoamento de todos".

Não obstante os argumentos postos, é possível ter uma visão moderna e pragmática da cidadania. Friedrich Müller[92] coloca que "[a] Constituição é a casa do *demos*. Não como a massa dos súditos, o que se denominou historicamente também como "povo" – *"notre bon peuple"* do Antigo Regime na França. Mas, sim, como o povo deste Texto Magno: o povo ativo, o povo legitimante, o povo destinatário e o povo participante" (g. a.).

Müller reclama um novo tratamento ao povo, como grupo de cidadãos. E assim afasta a versão de "povo" como sendo apenas dos indivíduos com direito à eleição e ao voto. Segundo o jurista alemão:[93] "Tradicionalmente, entendemos por 'povo' somente os cidadãos com direito à eleição e ao voto. Chamo esse grupo de cidadãos de 'povo ativo', legitimado pelo legislativo. [...] Por isso, desenvolvi outros aspectos de relevância: o povo imputável, ou seja, todos os cidadãos, 'em cujo nome' o executivo e a justiça tomam suas decisões – o procedimento do executivo e da justiça também constitui uma prática de domínio. Existe ainda um terceiro aspecto relevante – o povo destinatário: 'todos a quem se diz respeito', isto é, todos os envolvidos na Constituição, leis e em

---

[91] SILVA, José Afonso. *Comentário contextual à Constituição*. 2. ed. São Paulo: Malheiros, 2006. p. 36.

[92] MÜLLER, Friedrich. Vinte anos da Constituição: reconstruções, perspectivas e desafios. *Revista da Escola Superior da Magistratura do Estado do Ceará*, Fortaleza, ano 2008, n. 2, p. 63-78, ago./dez. 2008. p. 78.

[93] MÜLLER, Friedrich. Democracia e República. *Revista Jurídica da Presidência da República*, Brasília, v. 7, n. 77, p. 1-7, fev./mar. 2008. p. 5.

sua implementação prática no dia a dia. Esse aspecto de 'povo' abrange toda a população – por exemplo, também as crianças ou estrangeiros, que vivem no país. Sua legitimação de *output* é indispensável para o novo pensamento de Democracia. [...]. Consequentemente, abandona-se o antigo discurso de domínio tradicional. O novo conceito de 'povo' é normativo (no sentido de um parâmetro)".

As dimensões desse povo mülleriano servem para completar nosso propósito, uma vez que, consoante diz o autor, situá-lo trata-se de uma questão fundamental da democracia.

Nos termos apontados pelo jurista, "[o]s cidadãos revelam ser *sujeitos práticos* justamente pela *práxis*" (g. a.). É uma luta diária pela "honestidade e pelo tratamento materialmente igual das pessoas no Estado e na sociedade", como se estivesse em "uma oficina permanente, um canteiro de obra". Mas se as instituições estatais não zelam pela planta de construção, ou seja, a constituição, "os cidadãos devem defender-se: *resistência democrática por meio da sociedade civil*". Dessa forma, haveria uma participação popular para "dificultar a sua dominação por meio de uma democracia como mecanismo de um controle e decisão de baixo para cima".[94]

Ralph Christensen revela que a análise dos quatro modos de utilização desse conceito de povo está ligada ao problema da legitimidade. E continua: "[o]nde a invocação do povo é apenas metáfora em uma retórica ideológica, erra-se de alvo na busca do problema da legitimidade ou encobre esse problema".[95] É o que Friedrich Müller denomina de utilização icônica do conceito de povo, o povo ícone. O ícone é intocável e não representa qualquer pessoa real.

As modalidades de utilização do conceito de povo mülleriano não são metafóricas, mas invadem a *práxis*. O (3) povo ativo na Constituição brasileira são os "titulares de nacionalidade" (CRFB, art. 14, §2º e §3º), ou seja, os que podem eleger. São os eleitores; "[e]ntretanto, só se pode falar enfaticamente de povo ativo quando vigem, são praticados e respeitados os direitos fundamentais individuais e, por igual [nicht zuletzt], também os direitos fundamentais políticos". O (4) povo legitimante, enquanto instância de atribuição de legitimidade, é "destinatário das prescrições, em conexão com deveres, direitos e funções de proteção". Isso ocorre para além da "estrutura de legitimidade". Ainda conforme Müller:[96]

---

[94] MÜLLER, Friedrich. *Quem é o povo?* A questão fundamental da democracia. 4. ed. São Paulo: Revista dos Tribunais, 2009. p. 100.

[95] *Ibid.*, p. 35.

[96] *Ibid.*, p. 49, 51.

"O povo ativo elege os seus representantes; do trabalho dos mesmos resultam (entre outras coisas) os textos das normas; estes são, por sua vez, implementados nas diferentes funções do aparelho de Estado; os destinatários, os atingidos por tais atos são potencialmente todos, a saber, o 'povo' enquanto população. Tudo isso forma uma espécie de ciclo [Kreislauf] de atos de legitimação, que em nenhum lugar pode ser interrompido (de modo não-democrático). Esse é o dado democrático do que foi denominado *estrutura de legitimação*".

Entretanto o povo, "como instância de atribuição de legitimidade, o povo legitimante, não se refere ao mesmo aspecto do 'povo' enquanto povo ativo. É por isso que "a figura da instância de atribuição justifica – embora de maneira *sui generis* – somente onde está dada ao mesmo tempo a figura do povo ativo".[97] Ele são os cidadãos do respectivo país. O (5) povo-destinatário é reconhecido "como totalidade dos efetivamente atingidos pelo direito vigente e pelos atos decisórios do poder estatal – totalidade entendida aqui como a das pessoas que se encontram no território do respectivo Estado".[98] E, finalmente, o (6) povo participante, por sua vez, "consiste em todos os que se engajam politicamente. Além do papel do povo ativo, numa cidadania consciente e ativa".[99] O povo mülleriano, o conjunto de cidadãos ativos, legitimantes, destinatários e participantes, o são na vida real, como construtores e preservadores da sua própria liberdade.

A história apresenta o caminho percorrido pelo indivíduo submisso até uma pretensão de liberdade-igual assegurada pela constituição frente ao Estado. A bem da verdade não se trata de um ponto de chegada, mas uma luta incessante para respeitar e manter esta posição.

O recorte feito neste tópico através dos autores selecionados é uma das possibilidades de chegar à conclusão de que a cidadania é garantida pela constituição, pois ela reserva textualmente mecanismos para os indivíduos resistirem contra as arbitrariedades estatais e, assim, controlá-las. Para afastar a concepção de cidadão de segunda classe, devemos percorrer o caminho da transformação do súdito em cidadão e preservar essa condição. Segundo Streck, "[a]liás, em determinadas circunstâncias, corre-se o risco de 'criar' cidadãos de segunda classe, que, em vez de reivindicarem seus direitos no campo da política,

---

[97] MÜLLER, Friedrich. *Quem é o povo?* A questão fundamental da democracia. 4. ed. São Paulo: Revista dos Tribunais, 2009. p. 51.

[98] *Ibid.*, p. 61.

[99] *Ibid.* p. 64.

apostam no paternalismo juridicista. Igualmente não se pode apostar em uma 'república de juízes'".[100]

O referido trânsito está essencialmente ligado à ideia de controle, cuja participação – o que se diferencia de autogoverno – é o instrumento que possibilita a contenção do poder político e, portanto, faz o cidadão permanecer em condição de igualdade.

A igualdade entre o titular (povo, cidadão) e os detentores do poder (Legislativo, Executivo e Judiciário) não está na possibilidade da mera participação do primeiro, mas no controle que ele exerce através dessa participação. A elevação do súdito à condição de cidadão cinge a possibilidade de um real controle. O legislador, o administrador, o juiz e o cidadão se igualam porque todos exercem o controle do poder e não em virtude do seu exercício. Porquanto, a execução do poder ocorre de maneira diferente em relação à função oriunda de cada competência estatal e da capacidade individual.

1.4 Constitucionalismo como corolário da limitação do poder

Apresentamos a trajetória percorrida pelo indivíduo desde a sua condição de súdito até se tornar cidadão. Inicialmente constatamos que a desigualdade entre o governante e o governado ou entre o Estado e o indivíduo é que caracteriza, em linhas gerais, a condição inicial de submissão. A desigualdade é notoriamente verificada em relação ao poder do primeiro em face do segundo. Mas, ao contrário, também é apurado que o Estado e o indivíduo se igualam no exercício do controle. O Estado controla o indivíduo e também se autocontrola (freios e contrapesos), mas o indivíduo, ao ter assegurado limites e mecanismos de controle contra o Estado, iguala-se a ele sob essa perspectiva. Aqui está a chave para a cidadania; é essa a resistência diuturna que deve ser assegurada pelo texto constitucional. Se contra um poder estatal não for evidenciado o seu respectivo controle, o cidadão pode desvelá-lo, pois subentende a sua existência diante de uma engenharia constitucional que tem sua primazia no equilíbrio poder-controle. Agora importante pensar no poder político desenvolvido no Estado Democrático de Direito como sendo uma competência constitucional.

---

[100] STRECK, Lenio Luiz. *Hermenêutica jurídica e(m) crise:* uma exploração hermenêutica da construção do Direito. 11. ed. Porto Alegre: Livraria do Advogado, 2014. p. 64.

Aliás, Vincent van Gogh, em 1888, reproduziu uma paisagem cuja nominação conta a sua história, ou seja, um caminho através de um campo com salgueiro. Este caminho representa um limite entre as propriedades. Segundo a etimologia, "[a] palavra limite vem do latim 'limes', cujo genitivo é *limitis* (fronteira, borda). Originalmente referia-se a um caminho que separava uma propriedade da outra. Assim, 'ultra-passar o limite' significaria entrar na propriedade de outra pessoa. O caminho era 'terra de ninguém' onde ambas as partes podiam viajar" (tradução nossa).[101] O constitucionalismo é o limite do poder, tal como o caminho pintado pelo artista na obra denominada *Caminho através de um campo com salgueiro*.[102]

1.4.1 As expressões do constitucionalismo e a sua atual situação

O constitucionalismo é "concebido como o conjunto de doutri-nas que, aproximadamente a partir de meados do século XVII, se dedicaram a resgatar o aspecto de limites e de garantias no horizonte da constituição moderna".[103] Para Del Negri, o constitucionalismo é "um movimento reivindicativo-político-jurídico de alta complexidade, que não nasceu democrático, mas vai se democratizando aos poucos com o objetivo de desenhar a limitação do poder de Estado e as garantias dos direitos fundamentais".[104] Adolfo Posada, visando a uma melhor compreensão do constitucionalismo, aponta para uma parte dogmática das constituições. Ela contém um sistema de limitações da ação do Poder Público, que surge e se afirma historicamente, pelo processo de lutas políticas entre os governados e os governantes.[105] Ele surge essencialmente com o intuito de conter o poder do governante. Com o

---

[101] Diccionario Etimológico Castellano en línea. Disponível em: http://etimologias.dechile. net/?li.mite. Acesso em: 5 jan. 2023.

[102] Disponível em: https://uploads8.wikiart.org/images/vincent-van-gogh/path-through-a-field-with-willows-1888.jpg!Large.jpg.

[103] "El constitucionalismo es concebido como el conjunto de doctrinas que aproximadamente a partir de la mitad del siglo XVII se han de dicado a recuperar en el horizonte de la constitución de los modernos el aspecto del límite y de la garantía". FIORAVANTI, Maurizio. *Constitución*: de la antigüedad a nuestros días. Madrid: Editorial Trota, 2001. p. 85, tradução nossa.

[104] DEL NEGRI, André. *Direito constitucional e teoria da constituição*. 4. ed. Belo Horizonte: D'Plácido, 2018. p. 53.

[105] Cf. POSADA, Adolfo. *Tratado de Derecho Político*: Derecho Constitucional comparado de los principales Estados de la Europa y América. Tomo segundo. 5. ed. Madrid: Librería General de Victoriano Suárez, 1935. p. 11.

CAPÍTULO 1
PREMISSAS GERAIS | 59

surgimento do Estado moderno e, por conseguinte, com a caracterização da constituição a partir das revoluções burguesas do final do século XVIII, resta justificada a denominação, pois o conceito atual está ligado ao fenômeno da limitação do poder do Estado através de uma constituição.

Para Fioravanti,[106] nunca existiu uma história do constitucionalismo, porquanto "[...] nunca houve *um* constitucionalismo, mas houve *várias* doutrinas da constituição, com o intuito, sempre recorrente, de representar, a nível teórico, a existência, ou a necessidade, de uma constituição, de um ordenamento geral da sociedade e de seus poderes".

Gérmán J. Bidar Campos assevera que o constitucionalismo tem sido um esforço para racionalizar juridicamente o exercício do poder político, submetendo sua organização a um ordenamento normativo. Nesse sentido, a intenção de subordinar o poder ao direito é constante e pode-se falar em um constitucionalismo antigo, um constitucionalismo medieval e até em um constitucionalismo moderno. E cada um deles tem as suas particularidades.[107] O constitucionalismo foi constatável nas diversas formas ou expressões, a depender do lugar em que se identificou o fenômeno. Por isso afirma-se, por exemplo, que existe o constitucionalismo inglês, o constitucionalismo americano, o constitucionalismo francês, o constitucionalismo brasileiro. Todavia, apesar dos tipos, a essência permanece, ou seja, há limitação do poder. Apesar da diversidade do movimento constitucionalista, é possível identificar períodos com características próprias. Os vários tipos de constitucionalismo surgem por fatores culturais e em virtude da historicidade de cada povo. Então, em cada período histórico, é plausível identificar elementos que individualizem uma determinada ocasião do constitucionalismo.

Nessa trilha, inicialmente, deparamo-nos com o constitucionalismo antigo, que é identificado com a antiguidade. Os historiadores costumam considerar a idade antiga entre o ano 4000 a.C. até 476 d.C. No constitucionalismo antigo, é averiguada uma outra tipologia; assim é crível identificar no constitucionalismo antigo: (1) o constitucionalismo hebreu, representado pela conduta dos profetas controlando atos do

---

[106] "[...] nunca ha existido un constitucionalismo, sino que han existido varias doctrinas de la constitución, con la intención, siempre recurrente, de representar en el plano teórico la existencia, o la necesidad, de una constitución, de un ordenamiento general de la sociedad y de sus poderes". FIORAVANTI, Maurizio. *Constitución*: de la antigüedad a nuestros dias. Madrid: Editorial Trota, 2001. p. 12, tradução nossa.

[107] Cf. CAMPOS, Germán J. Bidart. *Manual de Historia Política*. Buenos Aires: Ediar Sociedad Anónima Editora, 1970. p. 336-337.

poder a partir do discurso. Os profetas de destaque neste período foram Natã (século X a.C.), Amós, Oseias e Miqueias (século VIII a.C.), João Batista (século II a.C. até 27 d.C.); (2) o constitucionalismo grego caracterizado (i) especialmente pela participação dos cidadãos por meio do ajuizamento do *graphe paranomon* (ação legal pública),[108] que promovia o controle dos assuntos públicos e, assim, a limitação do poder político (Atenas) ou, ainda, (ii) pela previsão de direitos aos cidadãos e os consequentes limites aos poderes dos reis, a exemplo da lei de Licurgo criada no ano 1000 a.c. (Esparta); (3) o constitucionalismo romano, que é assinalado pela Lei das XII Tábuas, cuja causa foi a luta dos plebeus para limitar o poder dos poderosos patrícios; (4) o constitucionalismo egípcio, que era marcado pelas leis as quais limitavam os poderes do rei, também denominado de faraó (ano 1550 a.C. até o ano 1070 a.C.). Nesse período, justificaram os limites, uma vez que houve a separação entre Maat (ou Ma'at) – a deusa da verdade, da justiça, da retidão e da ordem da qual emanava a legislação – e o faraó, ainda considerado um deus, mas derivado de outros; (5) o constitucionalismo mesopotâmico, cuja base principal foi o Código de Hammurabi (ano 1690 a.C.). Essa codificação dispôs de vários direitos considerados fundamentais, apesar de paradoxalmente tratar cruelmente de suas violações. Esse códex estipulava a supremacia das leis sobre os governantes; (6) o constitucionalismo hindu, que fixou os deveres do rei e afastou os poderes absolutos através do Código de Manu (século II a.C.).

Como visto, o conceito moderno ou liberal de constituição não estava presente na antiguidade, e a diversidade de elementos catalogados no transcorrer da história antiga é justificada na atualidade como parte do que se convencionou denominar constitucionalismo, todavia menos pela existência de uma constituição do tipo moderna e mais pela ideia de limitação do poder.

---

[108] Conforme Cicero Araujo: "O *graphe paranomon* é 'um procedimento ateniense introduzido no decurso do séc. V a.C., através do qual qualquer cidadão poderia processar outro por este haver feito uma 'moção ilegal' na Assembleia, mesmo que a Assembleia soberana a tivesse aprovado" (FINLEY, 1997, p. 71; grifos do autor citado). Feito num tribunal separado da Assembleia, uma pessoa condenada por ele poderia ser obrigada a pagar uma multa ou mesmo receber a pena capital (cf. BOEGEHOLD, p. 208-9). Contudo, segundo Finley, "dos 39 casos conhecidos (alguns deles incertos) [...] talvez metade tenha terminado em absolvição" (p. 87, n. 9). Bernard Manin, por outro lado, dá grande peso, em sua análise das instituições atenienses, ao *graphe paranomon* como mecanismo de revisão legislativa, porém não atenta para essa sua baixa efetividade (MANIN, 1997, cap. 1) (ARAUJO, Cicero Romão Resende. *A forma da república*: da constituição mista ao Estado. São Paulo: WMF Martins Fontes, 2013. p. 30).

Os historiadores cravam a Idade Média entre o ano de 476 d.C. e 1453 d.C., ou seja, entre a queda do Império Romano do Ocidente e a queda de Constantinopla. Por certo, o constitucionalismo medieval é distinguido pela *Magna Carta Libertatum* de 1215. O referido documento foi o efeito de um acordo entabulado entre o rei e seus súditos – mas que fique bem entendido: representado pela burguesia na pessoa dos barões, que certamente não se confundia com o povo miserável em si, que estava descontente com as políticas fiscais e com o tratamento dado a muitos pelos mais poderosos nobres ingleses.

Neste ponto, cumpre ressaltar a posição de Carl Schmitt a respeito da Magna Carta de 1215, sobretudo por entender a constituição como uma decisão política fundamental. Para o jurista alemão, esse documento não poderia ser considerado uma moderna constituição liberal ou democrática. Isso porque, historicamente, uma Carta Magna nada mais é do que um acordo entre uma aristocracia feudal e um senhor territorial, que renova sua homenagem em troca de direitos garantidos.

Segundo Carl Schimtt:[109] "[...] a Carta Magna de 1215 não é, na sua consideração histórica, mais do que um dos muitos exemplos de estipulações medievais entre príncipes e senhores feudais. Trata-se de um *stabilimentum* entre D. João e os seus barões, constante de documento probatório (Carta). Sua natureza jurídica tem sido entendida de formas muito diversas. [...] O facto de estar escrito não demonstra nada a favor de uma Constituição, nem algumas voltas de aparente generalidade principal. [...] Mas seria um erro histórico ver nela, mesmo que apenas por aproximação, algo análogo a uma Constituição liberal ou democrática moderna. [...] Assim, historicamente, a Carta Magna nada mais é do que um acordo entre uma aristocracia feudal e

---

[109] "Pero, aparte esto, la Magna Carta de 1215 es, en su consideración histórica, no más que uno de los muchos ejemplos de estipulaciones medievales entre Príncipe y señores feudales. Es un *stabilimentum* entre el Rey Juan y sus Barones, fijado en un documento probatorio (Carta). Su naturaleza jurídica ha sido entendida de muy distintas maneras. [...] El que se encuentre escrita no demuestra nada en favor de una Constitución, así como tampoco algunos giros de aparente generalidad principal. [...] Pero sería un error histórico ver en ella, aunque sólo fuera por aproximación, algo análogo a una Constitución moderna liberal o democrática. Si se garantiza en esa Magna Carta a todo «hombre libre» (*freeman*) ciertos derechos protegidos contra el abuso del poder real, eso es muy otra cosa que una moderna Declaración de derechos del Hombre y del Ciudadano. «Hombre libre» era entonces sólo el Barón; sólo él pasaba por homo liber o, incluso, sólo como homo (MCKECHNIE, p. 115). Así, pues, la Magna Carta históricamente no es más que un convenio de una aristocracia feudal con un señor territorial, al que renueva su homenaje como contraprestación por los derechos garantizados". SCHMITT, Carl. *Teoría de la Constitución*. Madrid: Alianza Editorial, 1996. p. 67-68, tradução nossa.

um senhor territorial, a quem renova a sua homenagem em troca dos direitos garantidos".

Chegamos ao constitucionalismo relacionado à Idade Moderna, essa última situada entre os fatos históricos da tomada de Constantinopla (ano de 1453 d.C.) e a Revolução Francesa (ano de 1789 d.C.). O constitucionalismo moderno, obviamente, tem sua relação com o Estado moderno, que surgiu no final do século XVI. Notemos que o Estado moderno nasce absolutista, sendo prevalente a ideia de que a monarquia era designada por um direito divino. Vários documentos podem caracterizar o constitucionalismo moderno. Na Inglaterra (século XVII), são exemplos de documentos e ações resultantes de uma disputa entre o rei e o parlamento, a *Petition of Rights* (ano de 1628 d.C.), a *Bill of Rights* (ano de 1689 d.C.) e as revoluções dos anos de 1648 d.C. e 1688 d.C. Todavia, apesar da importância histórica dos referidos documentos justificadores do constitucionalismo moderno sempre idealizados como limites, talvez uma advertência é válida em face dos contratos de colonização, entre os quais se destaca o *Compact*. Esse último foi elaborado pelos imigrantes que seguiam rumo à América do Norte a fim de ocupar as colônias britânicas. Aqui, ao invés de conter, a discussão girou em torno da distribuição equitativa do poder para a sobrevivência na nova terra, o que, ao final, não deixa de ser uma forma de limitação.

Maurizio Fioravanti reforça o entendimento de que, "[e]m meados do século XVIII, e, mesmo depois, o constitucionalismo foi capaz de se expressar de forma forte e autoritária".[110] O constitucionalismo moderno desponta estreitamente ligado à ideia de Direito liberal, de liberdade política e de limitação do poder. O Estado só é Estado constitucional desde que os indivíduos usufruam de liberdade, segurança e propriedade e desde que o poder seja distribuído por diversos órgãos.[111]

É no constitucionalismo moderno que a definição do fenômeno é efetivamente fundada. Isso porque a Constituição americana (ano de 1787 d.C.) e a Constituição francesa (ano de 1791 d.C.), ambas originadas das revoluções marcadas no final do século XVIII, tiveram cada uma a seu modo uma importância capital. Basta citar que a Constituição americana inaugurou a ideia de supremacia formal quanto às demais leis, à criação da federação por agregação, à efetivação da tripartição

---

[110] "[a] mediados del siglo XVIII, e incluso después, el constitucionalismo era capaz de expresarse de manera fuerte y autorizada". FIORAVANTI, Maurizio. *Constitución*: de la antigüedad a nuestros dias. Madrid: Editorial Trota, 2001. p. 100, tradução nossa.

[111] Cf. MIRANDA, Jorge. *Teoria da constituição*. Coimbra: Almedina, 2020. p. 13.

de poderes, à inserção de um sistema de governo presidencialista e, posteriormente, através das *amendments*, estabeleceu um rol de direitos fundamentais.

José Alfredo de Oliveira Baracho informa que "[a] Constituição Federal dos Estados Unidos de 1787 abre nova fase no uso da palavra 'Constituição', que passa a significar lei escrita, estabelecida por um órgão específico – *the convention* – que determina os limites da ação governamental".[112]

Por sua vez, a Constituição francesa (ano de 1791 d.C.) teve por objetivo eliminar o absolutismo da monarquia e afastar o *Ancien Regime*. Esse documento destacou a soberania popular e o princípio da legalidade, e o resultado foi a submissão do rei à constituição (monarquia constitucionalista).

Ainda segundo Baracho:[113] "[a] noção de Constituição é de grande importância entre os constituintes franceses. A maneira de criação do novo entendimento sobre Constituição estava ausente da noção tradicional. Seu caráter criador e renovador estava assentado no próprio entendimento sobre o órgão constituinte".

Segundo Campos, o desenvolvimento do constitucionalismo moderno está ligado à racionalização do Estado e à despersonalização do poder. Nesse sentido, uma constituição deve (7) ser escrita em um código sistemático e único; (8) ter sua reforma dificultada por procedimentos especiais; (9) declarar uma série de direitos individuais (parte dogmática ou direito constitucional da liberdade); (10) organizar o poder, seus órgãos, suas funções, suas relações, tendo como princípio fundamental a divisão de poderes ou de funções (parte orgânica ou direito constitucional do poder).[114]

Miranda apresenta elementos caraterizadores do constitucionalismo independente dos regimes políticos. Eles se ligam à constituição (11) como fundação ou refundação do ordenamento estatal, (12) como sistematização racionalizadora das normas estatais do poder e da comunidade, (13) como lei e não fonte consuetudinária ou jurisprudencial e (14) como suprema em face dos demais atos legislativos do ordenamento jurídico.[115]

---

[112] BARACHO, Jose Alfredo de Oliveira. Teoria geral do constitucionalismo. *Revista de Informação Legislativa*. Brasília, vol. 23, n. 91, p. 12, jul./set. 1986.

[113] *Ibid.*, p. 12.

[114] Cf. CAMPOS, Germán J. Bidart. *Manual de Historia Política*. Buenos Aires: Ediar Sociedad Anónima Editora, 1970. p. 334.

[115] Cf. MIRANDA, Jorge. *Teoria da constituição*. Coimbra: Almedina, 2020. p. 10-11.

O constitucionalismo moderno restou assente desde então e diversas constituições foram influenciadas e passaram a limitar o poder estatal nesses moldes.

Não obstante é forte a doutrina que sustenta um novo tipo de constitucionalismo após a Segunda Guerra Mundial: o neoconstitucionalismo ou constitucionalismo contemporâneo. A nosso ver, se realmente estamos diante de um cenário diferente, ele ainda estaria em construção. É sintomático que o neoconstitucionalismo, mesmo apresentado como uma novidade, não descola do constitucionalismo moderno, ou seja, não o ultrapassa. Um dos básicos pontos para justificar o neoconstitucionalismo, por exemplo, é a normatividade dos princípios constitucionais. Robert Alexy enfatiza que "[p]rincípios exigem que algo seja realizado na maior medida possível dentro de possibilidades jurídicas e fáticas existentes".[116] No Brasil, aliás, a força normativa dos princípios ressoa atualmente na jurisprudência do STF. Para tanto, basta citar a ADPF 132 – equiparação da união homoafetiva à união estável – e a ADPF 54 – permissão da interrupção da gravidez do feto anencéfalo.

Entretanto, a nosso ver, a posição alexyana foi combatida de modo exitoso por Ralf Poscher.[117] O jurista refuta a teoria dos princípios enquanto dogmática especial da teoria dos direitos fundamentais. Segundo sua posição, a teoria dos princípios, na roupagem que ela recebeu de Alexy, postula uma vinculação ainda mais forte entre Direito e Moral, segundo a qual o Direito não pode estar em grande desconformidade com a Moral correta sem que perca sua validade. Tal tese não decorre, entretanto, do argumento de princípio. E, assim, o giro teórico-argumentativo da teoria dos princípios já demonstra onde reside o seu equívoco de autocompreensão como teoria dos direitos fundamentais. A teoria dos princípios se movimenta no nível da teoria geral da aplicação jurídica, da teoria da argumentação jurídica. A teoria dos princípios, ontologicamente, está situada em outro nível de abstração: ela pertence ao campo da teoria geral da aplicação jurídica, não ao nível da dogmática concreta. A colocação da ponderação de princípios e da dogmática no mesmo nível se equivoca, em primeiro lugar, quanto à função da argumentação jurídica e, com isso, também

---

[116] ALEXY, Robert. *Teoria dos direitos fundamentais*. São Paulo: Malheiros, 2008. p. 104.

[117] Cf. DALLA-BARBA, Rafael Giorgio (organizador/tradutor). *Princípios jurídicos:* o debate metodológico entre Robert Alexy e Ralf Poscher. Belo Horizonte: Casa do Direito, 2022. 244 p.

com relação à função que os princípios têm neste mesmo espaço, qual seja, a de fundamentar as dogmáticas; em segundo lugar, uma dogmática que se limite à ponderação de princípios não pode ser assim considerada. A dogmática surge por meio da formação de estruturas normativas no caminho da argumentação jurídica na qual, ao lado de casos julgados, tradições, história, gênese, circunstâncias fáticas, reflexões analíticas e sistemáticas, podem entrar também ponderações otimizadoras. Mas ponderação de princípios não é dogmática. Ela oferece apenas uma estrutura argumentativa, dentre outras, no interior da qual se pode argumentar acerca de uma determinada dogmática dos direitos fundamentais. Da perspectiva de uma teoria da aplicação jurídica, constitui um erro de categoria da teoria dos princípios ontologizar diferentes técnicas de aplicação de uma norma e considerá-las como diferentes tipos de norma. Em sua forma teórico-argumentativa, a teoria dos princípios destaca não que princípios são normas com determinada estrutura ou métodos de aplicação, mas sim que são normas que possuem uma determinada função no âmbito da argumentação. Desse modo, a conclusão de Poscher é que, medida pelos seus próprios parâmetros ontologizantes, a teoria dos princípios é uma teoria sem objeto. Em resumo, a teoria dos princípios é multifacetada. Sua expressão inicial contém um importante argumento contra as teorias positivistas de aplicação do Direito. Como teoria do Direito, ela falha em seu esforço de reivindicar uma diferença estrutural entre regras e princípios. Ela também falha como teoria metodológica que reduz a aplicação jurídica à subsunção e à ponderação. Ela se autocompreende de forma equivocada quando concebida como dogmática especial dos direitos fundamentais. Seu aspecto mais promissor poderia ser sua contribuição para uma teoria da argumentação mais abrangente.[118] Portanto, esse posicionamento indicado nos obriga a pensar de modo divergente daquilo que defendeu Alexy.

Lara Freire Bezerra de Sant'Anna sintetizou o constitucionalismo contemporâneo como (15) uma resposta às experiências autoritárias do século XX, (16) um avanço do Poder Judiciário em razão de um recuo da política, (17) um controle judicial como um fator de aprimoramento da democracia e (18) a teorização da força normativa da constituição e da nova hermenêutica constitucional. A autora concluiu

---

[118] Cf. POSCHER, Ralf. Acertos, erros e equívocos de autocompreensão da teoria dos princípios. *Cadernos do Programa de Pós-Graduação em Direitos PPGDir./UFRGS*, Porto Alebre, v. 10, n. 3, p. 3-38, dez. 2015.

que o constitucionalismo proposto como novo é um retrato velho do passado, porém com sérios déficits democráticos.[119] O discurso do constitucionalismo contemporâneo gira em torno da legitimação da proeminência do Poder Judiciário no cenário das democracias contemporâneas. Nele é proposto o esgotamento do Estado de Direito e a sua superação por um modelo supostamente novo, o Estado constitucional. Mas a novidade não é o modelo de Estado constitucional, pois já existe desde o século XVIII. A bem da verdade, a inovação está na maior restrição das regras democráticas feita pelo Poder Judiciário sob a premissa de que ele, ao controlar a legislação e guardar a constituição, aprimoraria a democracia por proteger as minorias contra abusos da maioria e, assim, garantir uma justiça substantiva. Contudo, esse cenário não encontra consenso nem mesmo dentro do Poder Judiciário. E, certamente, não há como garantir que o juiz realizará a justiça da escolha entre as diversas possibilidades interpretativas.[120]

Por todo o exposto, entendemos que o neoconstitucionalismo ou constitucionalismo contemporâneo ainda não falseou – nos moldes popperrianos – o constitucionalismo moderno e, por isso, pensamos correto sustentar nossa posição e nossa pesquisa junto a esse último paradigma.

1.4.2 Poder político

O poder nasce da necessidade humana e se desenvolve a partir de vários elementos, entre eles o desejo e a capacidade. O estudo do poder é tema recorrente na história; inúmeros pensadores o sistematizaram, cada um sob sua perspectiva, criando várias teorias do poder. A cratologia tem íntima ligação com a humanidade e, assim, mostra-se de extrema importância compreendê-la.

No Brasil, com o devido respeito a todos os demais estudiosos, a nosso ver, Diogo de Figueiredo Moreira Neto foi quem melhor sistematizou o assunto. A sua premissa antropológica inicial chama atenção e com seu autor seguiremos todo o percurso deste tópico.[121]

---

[119] Cf. SANT'ANNA, Lara Freire Bezerra de. *Judiciário como guardião da constituição*: democracia ou guardiania? Rio de Janeiro: Lumen Juris, 2014. p. 13.

[120] Cf. *Ibid.*, p. 71, 73.

[121] Cf. MOREIRA NETO, Diogo de Figueiredo. *Teoria do poder*: sistema de direito político – estudos juspolítico do poder. São Paulo: Revista dos Tribunais, 1992.

Moreira Neto define poder como "uma relação na qual a vontade tem capacidade de produzir os efeitos desejados".[122] Nesse conceito, destacam-se os seguintes elementos: relação, vontade, capacidade e efeitos.

A compreensão dos elementos do poder facilita o domínio do conceito e, portanto, possibilita revelar outros desdobramentos, tais como a definição de poder político, o que se fará mais adiante.

Seguindo com Moreira Neto, o poder é sempre uma relação entre o homem e a natureza ou entre os homens. A sua direção e o seu sentido nascem de um desejo, de uma vontade. Mas o desejo não teria condições de produzir efeitos sem capacidade, pois a vontade sempre necessitará desta última para prevalecer sobre o meio físico e o meio social.

É possível traçar uma sequência lógica do surgimento dos elementos do poder e de como eles se entrelaçam. Feito isso, o conceito de poder se tornará claro.

A origem do poder tem sua gênese na necessidade humana. O homem é um ser vivente e convivente. A vida supõe ter necessidades que se mostram como demandas vivenciais de um ser e são satisfeitas pelo próprio ambiente situacional do homem. Entretanto, a convivência humana apresenta necessidades especiais, que são satisfeitas apenas por outros homens. As necessidades vitais de relação físico-biológica estão ao lado das necessidades culturais de relação psicossociologias, que, derivadas da convivência, desdobram-se em exigências cada vez mais complexas.

É no processo cultural que a necessidade se qualifica como interesse. O poder como um fenômeno cultural, apesar de se originar da necessidade, tem no interesse a sua compreensão. O interesse ocorre quando a necessidade se torna consciente. Desse momento, surge a motivação, pois a satisfação passou a ser desejada. Não há limites para o interesse humano; ele é a projeção consciente da necessidade, mesmo que não seja sua reprodução fiel. Por isso o interesse não pressupõe o necessitar, mas o desejar.

E, desse momento, surge a vontade. O necessitar pressupõe o sentimento; e o interessar, o desejo. Em suma: a vontade é a consciência do desejo; o desejo é a consciência do interesse; o interesse é a consciência da necessidade; e a necessidade é uma demanda vivencial de um ser (vital ou cultural).

---

[122] MOREIRA NETO, Diogo de Figueiredo. *Teoria do poder*: estudo juspolítico do poder – sistema de direito político. São Paulo: Revista dos Tribunais, 1992. p. 99.

A vontade e a capacidade são consideradas os elementos essenciais do poder. A vontade age para satisfazer o desejo, que é pressuposto do interesse. É o impulso de agir – a ação propriamente dita. Ela é a expressão final da consciência que deseja satisfazer um interesse. Sistematizando, há duas etapas a considerar: a primeira passa pelo desejo, que é a consciência do interesse, e a segunda atravessa a vontade, que é a consciência do desejo. Dito isso, a vontade é o primeiro elemento essencial do poder e o torna um fenômeno genuinamente humano; a capacidade é um complemento externo para a vontade tornar-se eficaz.

A ação, para ser eficaz, além da vontade, que é um elemento subjetivo, reclama um elemento objetivo que atue sobre o meio natural ou social. Apenas assim os efeitos desejados pelo agente produzirão efeitos.

A capacidade pressupõe uma vantagem capaz de alterar ou de manter o meio (natural ou social). Logo, a capacidade é uma vantagem (biológica, psicológica ou sociológica) que possibilita a um agente ter condições de impor sua vontade sobre o meio físico ou social. Por isso, sem a capacidade não há que se falar em poder, mas em mero desejo.

Por sua vez, o objetivo equivale ao resultado da aplicação do poder ao satisfazer um interesse. Esse último distingue-se do objetivo, pois o primeiro é a interpretação (consciência) da necessidade e o segundo é o resultado da adequação do poder disponível ao interesse pretendido. Atingir um objetivo, portanto, não significa necessariamente a satisfação de um interesse. Na medida em que o interesse é uma determinação subjetiva da manifestação do poder – motivação de sua ação –, o resultado projetado deve considerar as possibilidades de eficácia. Por isso a necessidade de fixar o objetivo.

Nesse encadeamento de elementos estruturantes do poder, há que se considerarem os seus impedimentos. Eles são obstáculos que bloqueiam os resultados desejados pelo agente; tais impedimentos são interpostos contra os objetivos. O poder não atua no vácuo (físico ou social) e sempre haverá impedimentos das mais variadas espécies.

Os impedimentos físicos são interpostos pela natureza (óbice); os sociais são interpostos pela convivência (antagonismo). O antagonismo é sempre um fenômeno sociológico; é uma relação interpessoal entre o agente e o objetivo que outro agente interpõe, opondo vontade contra vontade, capacidade contra capacidade, poder contra poder.

Dito de outro modo: as necessidades e os interesses implicam os motivos; a vontade e a capacidade, poder e; os óbices e os antagonismos, impedimentos.

CAPÍTULO 1
PREMISSAS GERAIS | 69

Assim, a sequência lógica do poder integral pode ser expressa deste modo: necessidade => interesse => vontade => capacidade => óbice => antagonismo => objetivo.

O conceito de poder político é derivado do conceito de poder. Segundo Moreira Neto, na obra já citada, é possível derivar definições de poder a partir da matriz conceitual ("uma relação na qual a vontade tem capacidade de produzir os efeitos desejados").

Para atingir o conceito sociológico de poder, é suficiente qualificar a relação social e excluir a relação com a natureza. Teríamos a seguinte definição: "[p]oder, no sentido sociológico, é uma relação social na qual a vontade tem capacidade de produzir efeitos desejados" (g. a.). E, por sua vez, qualificando os efeitos dessa definição no campo da direção da sociedade, haveria por bem uma definição de poder político nos seguintes termos: "[p]oder, no sentido político, é uma relação social na qual a vontade tem capacidade de produzir os efeitos desejados sobre a direção da sociedade"[123] (g. a.).

Como características essenciais do conceito de poder político, podemos discriminar aquelas elencadas por Cristina Queiroz. Segundo a jurista portuguesa, "o poder político encontra-se subordinado ao Direito, devendo respeitar as leis por si editadas", bem como ele "deve dotar-se dos órgãos e funções essenciais ao funcionamento de um Estado, designadamente, órgãos legislativos, executivos e judiciais, que exercem, a título principal, as respectivas funções".[124]

A nosso ver, a vontade, em um Estado constitucional, é limitada. Portanto o poder de dirigir a sociedade não é livre e nasce contido ao ser detalhado em uma constituição. E a capacidade seria apenas a sociológica, sendo que a biológica e a psicológica são alheias ao controle do Estado; teríamos, então, um poder que denominamos "lapidado", para se mostrar oposto a uma conjuntura "bruta".

Feitos esses apontamentos, resta minimamente detalhado o conceito de poder e, por consequência, de poder político. É preciso entender que o poder é neutro, e a manipulação inadequada dele é que gera abusos, e efeitos perversos e autoritários. O poder e a liberdade caminham juntos: liberdade se entrelaça ao poder. Entretanto, importante destacar a neutralidade do poder, nos termos da posição de

---

[123] MOREIRA NETO, Diogo de Figueiredo. *Teoria do poder*: estudo juspolítico do poder – sistema de direito político. São Paulo: Revista dos Tribunais, 1992. p. 99.

[124] QUEIROZ, Cristina. *Direito constitucional*: as instituições do estado democrático e constitucional. São Paulo: Revista dos Tribunais, 2009. p. 30.

Moreira Neto:[125] "O *poder individual* é uma expressão ativa da liberdade, aqui entendida como atributo ôntico exclusivo da pessoa humana. [...] A liberdade, conatural ao homem, só se exercita na medida do poder. Por isso se afirmou que o poder individual é a expressão ativa da liberdade mas, acresça-se, também é a sua *medida*: quanto maior o poder individual mais amplamente exercerá a liberdade. Não basta assim, ao homem em sociedade, ter liberdade *in potentia*; é necessário que as instituições assegurem-lhe um mínimo de possibilidade de seu exercício, igualando, pelo poder coletivo, aquilo que a natureza desigualou a nível de poder individual. Quanto ao *poder coletivo*, que age dentro dos espaços abertos como resultado da convergência do poder dos membros do grupo, não se lhe pode reconhecer qualquer liberdade. [...] Em suma, o poder, como instrumento do indivíduo e da sociedade, é *neutro* e, como observou Romano Guardini, a iniciativa de quem o exerce é que o dota de um sentido".

No campo jurídico, para além de uma cratologia, uma instituição de poder não é diferente de uma instituição de liberdade; o que importa é a eterna vigília (controle) do seu exercício para que não haja abusos.

1.4.3 Constituição mista (equilibrada)

Políbio foi o grande teórico do governo misto. A teoria da constituição polibiana é a ideia de um governo misto. A constituição mista é extremamente relevante para pensar a limitação do poder, compondo o fenômeno do constitucionalismo.

O conceito de governo misto tem estreita relação com a teoria dos ciclos de Platão, a qual demonstra que as constituições comuns são instáveis, e a estabilidade garante a ordem. Na parte do livro VIII de *A República* Platão tratou das formas de governo. O filósofo grego afirmou que existem, a princípio, quatro formas de governo possíveis. Ele as chama de constituições inferiores. Elas seriam suas quatro formas de governo inferiores, na ordem da melhor para a pior: timocracia, oligarquia, democracia e tirania. Segundo Platão:[126] "[...] Não será difícil saberes. Aquelas a que me refiro têm nome, a saber: a constituição, tão elogiada por muita gente, de Creta, e da Lacedemônia; a segunda é também elogiada em segundo lugar, a chamada oligarquia, que é

---

[125] MOREIRA NETO, Diogo de Figueiredo. *Teoria do poder*: estudo juspolítico do poder – sistema de direito político. São Paulo: Revista dos Tribunais, 1992. p. 211-213.

[126] PLATÃO. *A República*. 3. ed. São Paulo: Martin Claret, 2012. p. 240.

um estado repleto de males sem conta; a seguir vem aquela que lhe é oposta, a democracia; e a altaneira tirania, antagônica a todas estas, que é a quarta e última das enfermidades do Estado".

Na teoria dos ciclos, está em evidência a circunstância pela qual todas as formas simples de governo têm uma duração breve, porque têm por destino transformarem-se em uma forma diferente. "Em Políbio (*Polibius*, de Megalopolis, nascido cerca de 200 a.C.), reaparece a ideia do ciclo, combinada com a da mistura dos tipos".[127]

O ponto central da discussão está na estabilidade do governo, ou seja, no equilíbrio. Nesse contexto, todas as constituições sofrem de um vício: a falta de estabilidade. Assim, quanto mais estável uma constituição, melhor ela é.

Se um dos objetivos de uma constituição é estabelecer quem deve governar e quais as funções dos poderes constituídos, em um sistema político que sofre alterações contínuas é instável e certamente decairia.

Logo a "ordem" tem uma importância capital em um sistema político, não obstante a indispensabilidade de pensar a "liberdade".

A grande vantagem da teoria polibiana é que ela torna possível uma forma de governo ser estável; é a estabilidade que gera a preferência em face das demais.

No contexto da teoria polibiana, é importante destacar que as constituições mistas pretendem ser estáveis. Isso significa que elas não são eternas. A bem da verdade, as constituições mistas são mais duradouras do que as constituições simples, motivo pelo qual estas são preferíveis àquelas.

Políbio afirmou que todas as constituições simples são más, exatamente em razão dessa "simplicidade". A solução dada é que a constituição deverá combinar as três formas clássicas de governo; dessa união surgirá o governo misto. Nesse contexto, o rei representaria o princípio monárquico; o povo o princípio democrático; e o senado a aristocracia. Nessa nova forma de governo, o rei estaria sujeito ao controle popular; o povo participaria adequadamente do governo; e este último seria controlado pelo senado. O controle, portanto, mostra-se imprescindível.

Segundo Políbio: "A maioria daqueles que querem nos ensinar sobre o assunto das constituições, quase todos sustentam a existência de três tipos delas: chamam uma de "realeza", outra de "aristocracia"

---

[127] SALDANHA, Nelson. Por uma constituição mista. *Revista de Informação Legislativa*, Brasília, ano 31, n. 212, p. 111-116, jan./mar. 1994. p. 111.

e a terceira de "democracia". Mas acho que seria muito apropriado perguntar-lhes se eles propõem essas constituições como as únicas possíveis, ou então, por Zeus!, apenas como as melhores. Parece-me que em ambos os casos eles estão errados. De fato, é evidente que devemos considerar ótima a constituição que integra as três características mencionadas".[128]

O governo misto, na visão de Políbio, está intimamente ligado ao mecanismo de controle recíproco dos poderes, o que pode ser chamado de princípio do equilíbrio. Assim, é possível concluir que o tema referente ao equilíbrio dos poderes, que na modernidade foi enunciado por Montesquieu, não deve ser confundido com a teoria do governo misto. Entretanto é inegável que a teoria do governo misto e a teoria do equilíbrio entre os poderes caminham juntas. Portanto, o conceito de controle recíproco dos poderes e o resultante equilíbrio que decorre dessa função estão estreitamente ligados à ideia de governo misto.

A constituição mista, a fim de melhor promover a estabilidade, pode conter um sistema de agências que se contrapõem e cooperam entre si, como um sistema de freios e contrapesos, para usar a imagem mecânica popular de nossos dias, que Políbio mesmo não emprega. Mas a indicação está lá.[129]

Segundo Bobbio, o controle recíproco dos três poderes "preserva as constituições mistas da degeneração a que estão sujeitos os governos simples, porque impede aqueles excessos que, por reação, desencadeiam a oposição e provocam mudanças". Mas as constituições mistas também decaem; e a explicação "consiste num tal deslocamento do equilíbrio entre as três partes, em favor de uma delas, que a Constituição deixa de ser mista para se tornar simples".[130]

A constituição mista propriamente dita é "um equilíbrio de poder político entre duas ou mais classes sociais", na medida em que os elementos que a compõem "estão balanceados uns contra os

---

[128] "La mayoría de los que quieren instruirnos acerca del tema de las constituciones, casi todos sostienen la existencia de tres tipos de ellas: llaman a una «realeza», a otra «aristocracia» y a la tercera «democracia». Pero creo que sería muy indicado preguntarles si nos proponen estas constituciones como las únicas posibles, o bien, ¡por Zeus!, solamente como las mejores. Me parece que en ambos casos yerran. En efecto, es evidente que debemos considerar óptima la constitución que se integre de las tres características citadas". POLIBIO. *Historias: libros V-XV* Editorial Gredos, Madrid, 1981. p. 151, tradução nossa.

[129] Cf. ARAUJO, Cicero Romão Resende. *A forma da república*: da constituição mista ao Estado. São Paulo: WMF Martins Fontes, 2013. p. 26.

[130] BOBBIO, Norberto. *A teoria das formas de governo*. São Paulo: Edipro, 2002. p. 81.

outros"; "uma constituição mista sempre será um sistema de freios e contrapesos".[131]

Já se pode concluir, em primeiro plano, a importância da constituição de um povo; ela será a principal causa que determinará o seu êxito ou o seu insucesso. A lição resume-se na pretensão de estabilidade que a constituição mista propõe, o que ocorre pela divisão governamental, como pode ser visto nas constituições contemporâneas. A nosso ver, em essência, temos a limitação através da divisão como um mecanismo próprio contra o poder absoluto. E manter o equilíbrio da engenharia da constituição de um povo é indispensável.

1.4.4 Constituição como matriz dos limites

O homem, descobrindo-se como um indivíduo livre, passou a duvidar dos critérios mitológicos do poder e, assim, exigiu uma base racional para a obediência à autoridade política. O homem racional desconfia por natureza de todo poder ilimitado, e com razão.[132]

Em uma perspectiva histórica, como visto, o constitucionalismo tem sido a busca do meio mais eficaz para moderar e limitar o poder político, primeiro do governo e depois de todos e de cada um dos detentores do poder. Segundo McIlwain, "o verdadeiro constitucionalismo, dos tempos medievais ao nosso, [...] sempre significou governo limitado pelo Direito".[133] Carl Friedrich enfatiza que "[o] constitucionalismo, ao dividir o poder, proporciona um sistema de limitações efetivas à ação governamental. [...] Colocando de um modo mais familiar, embora menos exato, é um corpo de regras asseguradoras do *fair play* que torna o governo 'responsável'".[134]

Rafael Tomaz de Oliveira *et al.* enfatizam que o constitucionalismo no Estado de Direito liberal representa o ideal de limitação do poder

---

[131] Von Fritz *apud* ARAUJO, Cicero Romão Resende. *A forma da república*: da constituição mista ao Estado. São Paulo: WMF Martins Fontes, 2013. p. 26.

[132] Cf. LOEWENSTEIN, Karl. *Teoría de la Constitución*. 2. ed. Barcelona: Arial, 2018. p. 68.

[133] "True constitutionalism, from medieval times to our own, [...] has meant government limited by law". McILWAIN, Charles Howard. *Constitutionalism and the changing world*: collected papers. 2. ed. Cambridge: Cambridge University Press, 1969, p. 282, tradução nossa.

[134] "Constitutionalism by dividing power provides a system of effective restraints upon governmental action. [...] Putting it another, more familiar, but less exact way, it is a body of rules ensuring fair play, thus rendering the government 'responsible'". FRIEDRICH, Carl Joachim. *Limited government*: a comparison. Englewood Cliffs, N. J.: Prentice-Hall, 1974, p. 13, tradução nossa.

político pela separação dos poderes.[135] Na realidade, é possível afirmar que o constitucionalismo se desenvolveu por séculos, tendo como mote principal coibir os excessos do Poder público. É o fenômeno político-jurídico do constitucionalismo que coloca freios e racionaliza o poder.[136]

A limitação do poder, para propiciar a liberdade humana, triunfou indubitavelmente no constitucionalismo a partir do final do século XVIII. As próprias revoluções desse período foram as primeiras a obedecer à inspiração do constitucionalismo. A premissa era estabelecer um governo de leis e não um governo de homens. Com efeito, a primeira limitação pelo direito que se exprime no movimento constitucionalista é a afirmação da existência de direitos de titularidade do ser humano em razão de sua natureza. A segunda grande limitação vem da constituição que se estabelece para institucionalizar o poder. Nesse caso, toda ação que pretende contrariar essa instituição será anulada por suas normas. A terceira forma de limitação já se escreve na própria constituição ao ordenar o exercício da governança, segundo o direito que a constituição consagra.[137]

Ontologicamente, a limitação e o controle do poder político são a essência de uma constituição e isso se faz através da criação de outras instituições com essa finalidade. As constituições têm um duplo sentido ideológico: (1) a libertação dos titulares do poder do controle social absoluto de seus dominadores; (2) a atribuição de uma participação legítima no processo de poder aos seus titulares.[138]

Como visto, uma das instituições centrais da limitação do poder político é a constituição. Ela teve sua origem modernamente no final do século XVIII, tendo sido fruto das revoluções burguesas em face do absolutismo. O constitucionalismo moderno tem como herança a supremacia das constituições. E, no seu manto protetor, estão garantidas as liberdades destinadas aos cidadãos, verdadeiras reservas de poder sob a denominação de direitos fundamentais.

Ao discorrer sobre a função primária de qualquer lei básica normativo-constitucional, segundo Canotilho, trata-se de colocar a questão "para que serve uma Constituição?". O jurista responde que ela

---

[135] Cf. ABBOUD, Georges; OLIVEIRA, Rafael Tomaz de. O Supremo Tribunal Federal e a nova separação de poderes: entre a interpretação da constituição e as modificações na engenharia constitucional. *Revista de Processo*, São Paulo, v. 233, p. 13, jul. 2014.

[136] Cf. *Ibid.* p. 13.

[137] Cf. FERREIRA FILHO, Manoel Gonçalves. *Curso de direito constitucional.* 41. ed. Rio de Janeiro: Forense, 2020. p. 243.

[138] Cf. LOEWENSTEIN, Karl. *Teoría de la Constitución.* 2. ed. Barcelona: Arial, 2018. p. 150.

serve para prevenir perigos já provados. Logo, a politização do direito ocorre diante de uma função preventiva e libertadora da constituição. A função preventivo-libertadora desdobra-se em dois segmentos: (3) um virado para as experiências passadas e (4) outro direcionado ao futuro, justificando-se a existência de normas programaticamente preceptivas das dimensões básicas da democracia política, econômica e social. O mestre lusitano chama a atenção para a função libertadora que, em primeiro lugar, conduz a uma função de garantia da liberdade e da autodeterminação dos indivíduos e dos povos. Especificamente no que tange à função de proteção da liberdade, segundo Canotilho:[139] "[...] tornou-se activamente operante através da *legitimação do poder* e da *limitação do poder* e da *defesa* contra o poder". [...] "Com a *legitimação* pretende-se a justificação constitucional do título do poder e do exercício do poder. Por seu turno, a *limitação* articula-se com a sujeição do poder ao *direito* (ideia do estado de direito) e com a separação dos poderes, pois, 'poder pára o poder'. Por fim, a garantia de *defesa contra* o poder postula a ideia do acesso e disponibilidade por parte do indivíduo a instrumentos ou remédios de protecção jussubjectiva contra actos agressivos (por ação e por omissão) dos titulares de poderes públicos".

Em uma república democrática, o poder é essencialmente limitado. As limitações impostas ao poder estão asseguradas por determinadas regras fixas, as quais são reguladoras do processo político. Nesse modelo, a finalidade é alcançada quando o exercício do poder político é distribuído entre os vários representantes políticos, ao invés de se concentrar em apenas um agente. Onde o poder foi distribuído, o domínio é limitado e essa limitação o restringe e o controla.[140]

Nesse contexto para haver uma teoria constitucional adequada, o controle é um elemento inseparável da constituição e do seu próprio conceito. Sem o controle, simplesmente, não há constituição. Manuel Aragón afirma que: "Para uma teoria constitucional adequada à única Constituição normativa possível, que é a Constituição democrática, o controle é o elemento que, ao colocar em conexão precisamente o duplo caráter instrumental e legitimador da Constituição, impede que ambos caráteres possam se dissociar. O controle passa a ser assim um elemento inseparável da Constituição, do conceito mesmo de Constituição. Quando não há controle, não ocorre que só a Constituição

---

[139] MENDES, Gilmar Ferreira; MUDROVITSCH, Rodrigo de Bittencourt (coord.). *Assembleia Nacional Constituinte de 1987-1988:* análise crítica. São Paulo: Saraiva, 2017. p. 22-24.

[140] Cf. LOEWENSTEIN, Karl. *Teoría de la Constitución.* 2. ed. Barcelona: Arial, 2018. p. 150.

veja debilitadas ou anuladas suas garantias, ou que se faça difícil ou impossível sua 'realização'; ocorre, simplesmente, que não há Constituição".[141]

É por isso que o exercício do poder deve ser submetido a determinadas regras e procedimentos para serem respeitados pelos poderes constituídos.[142] E a supremacia constitucional marcada no final do século XVIII e o consequente sistema escalonado de normas, cuja ordenação assim disposta equaliza o poder em sociedade.

A primeira e genuína tarefa da constituição, repetimos, é limitar o poder, pois, ilimitado, o seu titular tende a dele abusar, assujeitando os cidadãos de modo excessivo ou desviado. Segundo Christian Winterhoff, "[n]a sua função de instrumento de limitação do poder, a constituição serve para limitar legalmente o poder do Estado e, assim, proteger a liberdade individual e social".[143]

A constituição, como uma instituição de limite do poder, pode ser fundamentada na doutrina de Karl Loewenstein. Nesse sentido, segue a posição do jurista alemão: "A classificação de um sistema político como democrático-constitucional depende da existência ou da inexistência de instituições efetivas por meio das quais o exercício do poder político seja distribuído entre os detentores do poder e por meio das quais os detentores do poder estão sujeitos ao controle dos destinatários do poder, constituídos como detentores supremos do poder. Sendo a natureza humana o que é, não se pode esperar que os detentores do poder sejam capazes, por autolimitação voluntária, de libertar os destinatários do poder e a si próprios do trágico abuso de poder. As instituições de controle do poder não existem ou funcionam por si mesmas, mas devem ser criadas de maneira ordenada e conscientemente incorporadas ao processo de poder. Muitos séculos

---

[141] "Para una teoría constitucional adecuada a la única Constitución «normativa» posible, que es la Constitución democrática, el control es el elemento que, al poner en conexión precisamente el doble carácter instrumental y legitimador de la Constitución, impide que ambos caracteres puedan disociarse. El control pasa a ser así un elemento inseparable de la Constitución, del concepto mismo de Constitución. Cuando no hay control, no ocurre sólo que la Constitución vea debilitadas o anuladas sus garantías, o que se haga difícil o imposible su «realización»; ocurre, simplemente, que no hay Constitución". ARAGÓN, Manuel. El control como elemento inseparable del concepto de Constitución. *Revista Española de Derecho Constitucional*, Madrid, v. 19, n. 7, p. 52, abr. 1987, tradução nossa.

[142] Cf. LOEWENSTEIN, Karl. *Teoría de la Constitución*. 2. ed. Barcelona: Arial, 2018. p. 151.

[143] "In Ihrer Funktion als instrument zur Herrschaftsbeschränkung dient die Verfassung der rechtlichen Begrenzung staatlicher Macht und damit dem Schutz individueller wie gesellschatlicher Freiheit". WINTERHOFF, Christian. *Verfassung – Verfassunggebung Verfassungsänderung: zur Theorie der Verfassung und der Verfassungsrechtserzeugung.* Tübingen: Mohr Siebeck, 2007. p. 177, tradução nossa.

se passaram até que os políticos tenham aprendido que a sociedade justa, que outorga e garante seus direitos individuais, depende da existência de limites impostos aos detentores do poder no exercício, independentemente da legitimação de seu domínio, de fundamentos fáticos, religiosos ou jurídicos. Com o tempo, reconheceu-se que a melhor forma de atingir esse objetivo será declarando as restrições que a sociedade deseja impor aos detentores do poder na forma de um sistema de regras fixas – 'a Constituição' – destinada a limitar o exercício do poder político. A Constituição tornou-se assim o dispositivo fundamental para o controle do processo de poder".[144]

Essa visão é relevante, porquanto mostra a constituição como um sistema de regras fixas destinado a limitar o exercício do poder político. Loewenstein tem a percepção correta da dificuldade de os próprios agentes políticos autolimitarem o poder voluntariamente. Por essa razão, o poder e sua respectiva limitação são atributos necessários de uma sociedade situada em um Estado Democrático de Direito. Os direitos e as garantias fundamentais de liberdade são algumas formas de limites próprios contra os poderes atribuídos aos representantes do povo.

O conceito de constituição, especialmente pós-Revolução Francesa, liga-se a ideia de "lei fundamental, organizadora dos poderes do Estado e expressadora dos direitos e das respectivas garantias". Essa lei escrita "constitui" as formas de Estado, notadamente "de direito", que por sua vez estabelece a sua estrutura jurídica. Importante destacar que, aproximadamente até a Revolução Francesa, o termo constituição

---

[144] "La clasificación de un sistema político como democrático constitucional depende de la existencia o carencia de instituciones efectivas por medio de las cuales el ejercicio del poder político esté distribuido entre los detentadores del poder, y por medio de las cuales los detentadores del poder estén sometidos al control de los destinatarios del poder, constituidos en detentadores supremos del poder. Siendo la naturaleza humana como es, no cabe esperar que el detentador o los detentadores del poder sean capaces, por autolimitación voluntaria, de liberar a los destinatarios del poder y a sí mismos del trágico abuso del poder. Instituciones para controlar el poder no nacen ni operan por sí solas, sino que deberían ser creadas ordenadamente e incorporadas conscientemente en el proceso del poder. Han pasado muchos siglos hasta que el hombre político ha aprendido que la sociedad justa, que le otorga y garantiza sus derechos individuales, depende de la existencia de límites impuestos a los detentadores del poder en el ejercicio de su poder, independientemente de si la legitimación de su dominio tiene fundamentos fácticos, religiosos o jurídicos. Con el tiempo se ha ido reconociendo que la mejor manera de alcanzar este objetivo será haciendo constar los frenos que la sociedad desea imponer a los detentadores del poder en forma de un sistema de reglas fijas -«la constitución»- destinadas a limitar el ejercicio del poder político. La constitución se convirtió así en el dispositivo fundamental para el control del proceso del poder". LOEWENSTEIN, Karl. *Teoría de la Constitución*. 2. ed. Barcelona: Arial, 2018. p. 149, tradução nossa.

designava o próprio governo existente em tal ou qual Estado (em tal ou qual nação), o governo como uma forma de se organizarem os poderes. A acepção constituição era a conexão entre governo e sociedade. Segundo Nelson Saldanha:[145] "A doutrina jurídico-política moderna consagrou, com pequenas variantes, um conceito de Constituição que proveio principalmente da Revolução Francesa: a Constituição como lei fundamental, organizadora dos poderes do Estado e expressadora dos direitos e das respectivas garantias. Uma lei: forma escrita de *dizer-se* quais as formas assumidas pelo Estado, marcadamente o Estado 'de direito'. Estas formas 'constituem' uma estrutura, a estrutura (jurídica) do Estado; mas a lei, que *diz* tudo isto, *constitui* tais formas, movimento pelo direito escrito, criando o movimento chamado constitucionalismo, criou, também os códigos escritos e estruturou as relações modernas entre o direito e o Estado. Mas até mais ou menos a Revolução Francesa o termo constituição não designava determinada lei. Aludia-se com ele ao próprio governo existente em tal ou qual Estado (em tal ou qual nação), o governo como uma forma de se organizarem os poderes".

Com esse esclarecimento, estamos em sintonia com Jorge Miranda, quando afirma que em qualquer Estado, independente da época e do lugar, existe um conjunto de normas fundamentais estritas ou não, que o estrutura, o organiza, inclusive em sua atividade. Segundo o jurista português há sempre uma constituição como expressão jurídica da relação entre poder e comunidade política ou entre governantes e governados.[146]

O conceito de constituição equilibrada, como visto, deve-se à ideia da especialização de funções e de divisão de poderes, o que já se encontra no modelo de governo misto, especialmente na Grã-Bretanha, a partir do século XIII. No Estado absoluto, a conformação dos poderes do rei solidifica-se em torno dos conceitos de *gubernaculum* e da *iurisdictio*. A ideia de limitação do poder por exemplo, na Inglaterra, está muito mais ligada a um controle exercido pelo parlamento sobre a atuação do monarca do que, propriamente, a uma concepção de divisão de funções ou de separação de poderes – algo que será decisivo, por outro lado, para a experiência constitucional estadunidense.[147]

---

[145] SALDANHA, Nelson. Por uma constituição mista. *Revista de Informação Legislativa*, Brasília, ano 31, n. 212, p. 111-116, jan./mar. 1994. p. 112-113.

[146] Cf. MIRANDA, Jorge. *Teoria da constituição*. Coimbra: Almedina, 2020. p. 5.

[147] Cf. ABBOUD, Georges; OLIVEIRA, Rafael Tomaz de. O Supremo Tribunal Federal e a nova separação de poderes: entre a interpretação da constituição e as modificações na engenharia constitucional. *Revista de Processo*, São Paulo, v. 233, p. 13, jul. 2014. p. 13.

CAPÍTULO 1
PREMISSAS GERAIS | 79

Aqui podemos destacar uma classificação das constituições adequada ao constitucionalismo moderno. Segundo Jorge Miranda uma das classificações mais representativas é proposta pelo citado Karl Loewenstein, isso porque (5) ontologicamente se averigua a adequação das normas constitucionais com a realidade do processo do poder e (6) o fato de que uma constituição é o que os detentores do poder dela fazem na prática.[148]

Para Loewenstein existem constituições normativas, nominais e semânticas. Elas se diferenciam, pois, (7) nas normativas o processo de poder se adapta às normas constitucionais e se submete a elas; (8) nas nominais não se consegue adaptar as suas normas à dinâmica do processo político, pelo que ficam sem realidade existencial e, finalmente, (9) as semânticas têm a realidade ontológica formalizada em benefício exclusivo dos detentores de poder. Dito de outra forma, quanto ao poder, as primeiras o limitam, as segundas pretendem limitá-lo, enquanto as últimas servem aos seus detentores.[149]

O atual entendimento de constituição e de constitucionalismo é fruto do século XVIII, assim não é anterior a esse momento histórico.[150] A constituição garante de modo amplo uma limitação do poder político e de modo estrito é possível constatar tal desiderato em outras garantias constitucionais, tais como os direitos fundamentais, as garantias fundamentais e o voto. É inexorável que, no Estado Democrático de Direito, o exercício do poder político também tenha o seu respectivo controle pelo titular do poder, o povo. Para José Alfredo de Oliveira Baracho, a "Constituição opera como coordenadora das relações materiais. Desse entendimento deriva a possibilidade teórica de um sistema de garantia constitucional".[151] Portanto, a constituição é o corolário do constitucionalismo e o arcabouço legítimo das instituições de garantia em face do poder político arbitrário.

---

[148] Cf. MIRANDA, Jorge. *Teoria da constituição*. Coimbra: Almedina, 2020. p. 15.

[149] Cf. LOEWENSTEIN, Karl. *Teoría de la Constitución*. 2. ed. Barcelona: Arial, 2018. 619 p, p. 216-218.

[150] Cf. BERCOVICI, Gilberto. *Soberania e constituição*: para uma crítica do constitucionalismo. 3. ed. São Paulo: Quartier Latin, 2020. p. 15.

[151] BARACHO, José Alfredo de Oliveira. *Direito processual constitucional*. Belo Horizonte. Fórum, 2008, p. 6.

1.4.4.1 Rigidez e analiticidade: mecanismos de preservação constitucional

É clássica a distinção das constituições como rígidas ou flexíveis – essa classificação provavelmente decorre de *Lord* Bryce. As constituições rígidas são aquelas que não podem ser modificadas da mesma maneira que as leis ordinárias, pois demandam um processo de reforma mais solene e difícil. A totalidade de quase todos os Estados modernos adere a essa forma de constituição. O que irá distingui-los é o grau de rigidez. Duas das principais finalidades da rigidez de uma constituição são dificultar a sua reforma e afastar aportes oportunistas e comandos arbitrários contra ela. Por sua vez, as constituições flexíveis têm, no seu procedimento de alteração, uma semelhança em relação às leis infraconstitucionais.

Lado outro, no que tange à extensão do texto, as constituições são classificadas como sintéticas ou analíticas. As constituições sintéticas abrangem apenas a principiologia geral e apresentam as regras básicas de organização e o funcionamento do Estado. Nessas constituições, a pormenorização cabe à legislação ordinária. Nelas serão apenas abordadas as matérias constitucionais em sentido estrito. As constituições sintéticas contêm uma maior estabilidade no sistema constitucional, certamente, pois elas apresentam uma maleabilidade que permite sua adaptação às novas situações impostas pela realidade social. Nesse caso, a rigidez dos obstáculos constitucionais seria deixada de lado, permitindo novas soluções no transcurso do tempo.[152] A Constituição americana é um exemplo paradigmático. Ainda estão nessa relação a Constituição da França de 1946, as Constituições do Chile de 1833 e de 1925 e a Constituição da República Dominicana de 1947.

No que refere às constituições analíticas, elas parecem ser uma tendência, visto que surgem em maior número atualmente. A sua principal característica é trazer no seu contexto matérias de naturezas diversas ao direito constitucional propriamente dito. Nelas, haverá regulamentações detalhadas que poderiam ser perfeitamente destinadas ao campo das leis ordinárias. Portanto, fazem parte do texto por uma questão meramente formal em face da escolha do legislador constituinte. Isso porque entende o legislador que a constituição

---

[152] Cf. BONAVIDES, Paulo. *Curso de direito constitucional*. 35. ed. São Paulo: Malheiros, 2020. p. 91.

proporciona mais garantias por conta da sua rigidez. A justificativa dessas constituições volumosas tem como causa "a preocupação de dotar certos institutos de proteção eficaz, o sentimento de que a rigidez constitucional é anteparo ao exercício discriminatório da autoridade".[153] Nesse contexto, são constituições prolixas ou extensas, por exemplo, a Constituição do México de 1917, seguida da Constituição da Índia de 1950 e da Constituição espanhola de Cádiz.

A Constituição brasileira de 1988 não foge ao modelo da rigidez e da analiticidade. De modo geral, a estrutura da sua parte permanente é composta por dez títulos, em que garante, nas suas primeiras posições, a liberdade do cidadão por meio dos direitos e das garantias fundamentais e, na sequência, estabelece a organização do Estado e a organização do Poder, também focada na respectiva limitação.

A rigidez e a analiticidade da Constituição brasileira de 1988 também estão ligadas ao bloco constitucional, isso porque o seu artigo 5º, §2º, é uma cláusula de abertura para os direitos e as garantias fundamentais implícitos e expressos fora do texto constitucional, materialmente considerados, aliado ao procedimento informado pelo respectivo §3º.

Ao situar a Constituição Federal de 1988 como rígida e analítica, reforça-se a decisão política fundamental detalhada pelo poder constituinte brasileiro assegurando as instituições e os procedimentos de limite e de controle do poder e formulada inclusive pelas garantias fundamentais implícitas, objeto de nossas preocupações.

1.4.4.2 Competência: poder político com seu respectivo limite

O termo competência tem a seguinte etimologia, conforme De Plácido:[154] "do latim *competentia*, de *competere* (estar em gozo ou no uso de, ser capaz, pertencer ou ser próprio), possui, na técnica jurídica, uma dupla aplicação: a) tanto significa a *capacidade*, no sentido de aptidão, pela qual a pessoa pode exercitar ou fruir um direito; b) como significa a *capacidade*, no sentido de poder, em virtude do qual a autoridade possui legalmente atribuição para conhecer de certos atos jurídicos e deliberar a seu respeito" (g. a.).

---

[153] BONAVIDES, Paulo. *Curso de direito constitucional*. 35. ed. São Paulo: Malheiros, 2020. p. 92.

[154] SILVA, De Plácido e. *Vocabulário jurídico*. 32. ed. Rio de Janeiro: Forense, 2016. p. 321. 1514 p.

O termo em análise, então, quer dizer "ter o poder de tomar certas decisões", seja para (1) "ter a faculdade de agir em determinado âmbito (o que inclui a faculdade de não agir, se entender conveniente)" ou (2) "ter o dever de agir em determinado âmbito (o que, portanto, não inclui a possibilidade de não agir)".[155]

A restrição do âmbito de ação dos governantes ou dos titulares do poder político é um limite à possibilidade de abuso estatal destes, a razão pela qual são obrigados a agir nos termos que são expressamente permitidos por lei.[156] A rigor essa é a finalidade da competência.

No Estado Democrático de Direito, "os poderes [constituídos] são sistemas ou *complexos de órgãos* aos quais a Constituição atribui certas competências para o exercício de certas funções"[157] (g. a.). Note que "[a] função é sempre uma relação de referência entre uma norma de competência e os fins desta mesma norma".[158] E "[o] estudo das estruturas organizatório-funcionais exige uma análise perfunctória das formas de revelação de competências".[159] Portanto, competência e função caminham juntas para o desempenho adequado do poder (limitado) no Estado constitucional.

O instituto da competência funda-se na necessidade da divisão do trabalho para cada uma das funções básicas (legislativa, administrativa ou jurisdicional) entre os vários agentes estatais e é por esse motivo que o instituto é estudado dentro dos três Poderes de Estado.[160]

Nos termos do artigo 2º da CRFB, "[s]ão Poderes da União, independentes e harmônicos entre si, o Legislativo, o Executivo e o Judiciário". Para cada um desses Poderes, foi atribuída determinada função, preponderantemente, a função legiferante, a função administrativa e a função jurisdicional, que serão exercidas nos limites de suas respectivas competências. Nessa regra, a "separação de competências legislativa, executiva e judicial pressupõe apenas a existência de órgãos do poder

---

[155] SILVA, Virgílio Afonso da. *Direito constitucional brasileiro*. São Paulo: USP, 2021. p. 359.

[156] "La restricción del ámbito de acción de los gobernantes o detentadores del poder público es un límite a la posibilidad de abuso de éste, por lo cual quedan obligados a actuar en los términos en que les sean expresamente permitidos por la ley". OCHOA, Carla Huerta. *Mecanismos constitucionales para el control de poder político*. 3. ed. México: Universidad Nacional Autónoma de México, 2010. p. 15, tradução nossa.

[157] CANOTILHO, José Joaquim Gomes. *Direito constitucional e teoria da constituição*. 7. ed. Coimbra: Almedina, 2003. p. 543.

[158] *Ibid.* p. 544.

[159] *Ibid.* p. 546.

[160] Cf. CARVALHO FILHO, José dos Santos. *Manual de direito administrativo*. 31. ed. São Paulo: Atlas, 2017. p. 111.

CAPÍTULO 1
PREMISSAS GERAIS | 83

político aos quais são atribuídas competências destinadas à prossecução das tarefas de legislar, governar/administrar e julgar".[161]

Quanto à função administrativa, a lição extraída do Direito Administrativo mostra que há certos requisitos para formação do respectivo ato. Ao lado da finalidade, da forma, do motivo e do objeto, encontra-se a competência. A prática do ato administrativo requer competência, sob pena de invalidade. Nenhum ato, discricionário ou vinculado, "pode ser realizado validamente sem que o agente disponha de poder legal para praticá-lo". A competência administrativa é "o poder atribuído ao agente da Administração para o desempenho específico de suas funções. A competência resulta da lei e por ela é delimitada". Logo todo "ato emanado de agente incompetente, ou realizado além do limite de que dispõe autoridade incumbida de sua prática, é inválido, por lhe faltar um elemento básico de sua perfeição, qual seja, o poder jurídico para manifestar a vontade da Administração".[162]

Segundo Carvalho Filho:[163] "O elemento da competência administrativa anda lado a lado com o da *capacidade* no direito privado. Capacidade, como não desconhecemos, é a idoneidade de atribuir-se alguém a titularidade de relações jurídicas. No direito público há um *plus* em relação ao direito privado: naquele se exige que, além das condições normais necessárias à capacidade, atue o sujeito da vontade *dentro da esfera que a lei traçou*. Como o Estado possui, pessoa jurídica que é, as condições normais de capacidade, fica a necessidade de averiguar a condição específica, vale dizer, a competência administrativa de seu agente" (g. a.).

A natureza, o conteúdo e a forma dos atos administrativos diferenciam-se daqueles que emanam do Legislativo (leis) e do Judiciário (decisões). Entretanto, em razão da legalidade, a competência se torna comum entre os Poderes da União.

Quanto ao Judiciário, segundo Câmara, a competência é "o conjunto de limites dentro dos quais cada órgão do Judiciário pode exercer legitimamente a função jurisdicional", pois o seu exercício, "em desacordo com os limites traçados por lei, será ilegítimo, sendo de se considerar, então, que aquele juízo é incompetente".[164]

---

[161] CANOTILHO, José Joaquim Gomes. *Direito constitucional e teoria da constituição*. 7. ed. Coimbra: Almedina, 2003. p. 546.

[162] MEIRELLES, Hely Lopes. *Direito administrativo brasileiro*. 42. ed. São Paulo: Malheiros, 2016. 968 p. 175.

[163] CARVALHO FILHO, José dos Santos. *Manual de direito administrativo*. 31. ed. São Paulo: Atlas, 2017. p. 111.

[164] CÂMARA, Alexandre Freitas. *Manual de direito processual civil*. Barueri: Atlas, 2022. p. 173.

Em linhas gerais é o que ocorre também com o ato legiferante. A função legislativa para a produção da lei está restrita ao devido processo legislativo que tem suas balizas delineadas no artigo 59 até o 69, todos da CRFB.

O controle de uma competência estabelecida pode ocorrer de modo simétrico; é o controle recíproco exercido em um plano horizontal. Aqui a referência é o controle recíproco entre os chamados Poderes constituídos citados no artigo 2º da CRFB. O Legislativo, o Executivo e o Judiciário são independentes e harmônicos, porém entre si desenvolvem a sistemática denominada freios e contrapesos, em que um se torna vigilante do outro para proteger suas respectivas competências, com vistas a assegurar a liberdade do cidadão. É um equilíbrio dinâmico e não estático. Ademais, é assegurada uma fiscalização assimétrica que ocorre no plano vertical. Aqui o Estado é controlado diretamente pelo cidadão por meio das garantias fundamentais.

O que importa destacar é que o poder, passando pelo filtro constitucional, torna-se limitado. No nosso Estado Democrático de Direito, não há poderes estatais ilimitados. O poder limitado, em termos jurídico-constitucionais em relação ao Estado, é uma competência e, em relação aos particulares, é uma capacidade. O controle do poder está atrelado ao exercício das funções dos Poderes Legislativo, Executivo e Judiciário no âmbito das suas competências instituídas. No momento em que houver uma inadequação da competência, haverá abuso de poder. Por isso, com razão, Caio Tácito afirma que "não é competente quem quer, mas quem pode, segundo a norma de direito".[165] O controle da limitação deve ser contínuo e permanente para evitar o ato arbitrário. O arbítrio deve ser eliminado do Estado Democrático de Direito para que se mantenham inabaláveis as competências próprias à constituição. Enfim, deve-se ter competência para exercer adequadamente uma função típica ou mesmo atípica.

1.4.5 Diferença entre limite, controle e garantia

Ao tratarmos da competência como um poder limitado, significa que ela é controlável através das garantias constitucionais. Então parece útil fazermos uma distinção entre limite, controle e garantia para fins de melhor entendimento deste estudo.

---

[165] TÁCITO, Caio. *O abuso de poder administrativo no Brasil*. Rio de Janeiro: DASP, 1959. p. 27.

O limite e o controle têm sentidos praticamente idênticos, entretanto há uma tênue distinção que revela o entendimento total do fenômeno. Segundo o magistério de Carla Huerta Uchoa, "[as] limitações estabelecem fronteiras das possíveis atuações dos órgãos governamentais".[166] O limite é o marco até onde e até quando se pode agir. Ele cerceia a vontade daquele que age; não é uma barreira ou muro construído de modo independente do agente; o limite é a ciência prévia do agente quanto ao esgotamento do seu direito de agir. Ele é a realização de uma função, logo é de conhecimento prévio de quem tem uma competência.

A limitação por si só é uma categoria ineficaz. Isso porque, como dito, a limitação está atrelada à vontade do agente diante do exercício da sua função e do seu estabelecimento através de uma competência e, por si só, não assegura uma inviolabilidade. Nesse caso, restaria apenas a autocontenção.

As limitações são obstáculos ao exercício do poder, mas elas não garantem que não ocorrerão abusos.[167] A rigor, os limites buscam preservar a constitucionalidade, ou seja, de modo geral a supremacia da constituição.

Por sua vez, o controle é a segurança do cumprimento das limitações. A limitação exige um complemento para sua eficácia, qual seja o controle. Em outras palavras, enquanto o limite para ser eficaz dependeria do próprio agente (autocontenção), o controle é um elemento decorrente de um ato externo (fiscalização). Por essa posição, note que o controle assegurará o cumprimento de um limite preestabelecido.

Um limite pode existir sem controle, mas não o inverso. Contudo, não é lógico-jurídico haver um limite sem o respectivo controle, pois todo poder em um Estado Democrático de Direito deve ser limitado e, por consequência, controlado. Aqui prevalece a ideia de uma constituição equilibrada. Então, mesmo destacando o controle diante do presente trabalho, o limite é a sua outra face e os dois existem de maneira inter-relacionada.

Uma limitação demarca o alcance dos poderes das autoridades através dos textos normativos que lhe dão força obrigatória para

---

[166] "Las limitaciones establecen las fronteras a las posibilidades de actuación de los órganos de gobierno". Enquanto o controle "es vigilar la observancia y respeto de las limitaciones". OCHOA, Carla Huerta. *Mecanismos constitucionales para el control de poder político*. 3. ed. México: Universidad Nacional Autónoma de México, 2010. p. 45, tradução nossa.

[167] "Las limitaciones son un tope al ejercicio del poder, pero no garantizan que no se incurrirá en tales abusos". *Ibid.*, p. 46, tradução nossa.

evitar abusos. É uma fronteira que assinala o ponto de partida e até onde se pode desempenhar uma função. Todavia não é uma barreira intransponível. O controle, por outro lado, não limita a atividade das autoridades, mas consiste na vigilância delas, garantindo a eficácia das limitações.[168]

Uchoa assinala que as limitações sem um meio de controle são ineficazes e irreais, mas, por outro lado, não é correto imaginar que os controles asseguram que as condutas indesejadas não serão verificadas. Por essa razão, é oportuno também diferenciar os conceitos de controle e de garantia.[169]

Segundo Carla Huerta Uchoa, as garantias são os meios que permitem assegurar os direitos e proteger a liberdade dos abusos que a autoridade possa cometer.[170]

A garantia é um controle assegurado pelo texto constitucional. As garantias constitucionais visam proteger os limites constitucionais; a garantia, portanto, é um modo de ser do controle. De maneira específica, iremos sustentar neste trabalho que as garantias fundamentais asseguram os direitos fundamentais estritos apenas indiretamente, tendo como efeito imediato a adequação constitucional de um comportamento arbitrário. Para nós, a garantia fundamental, a princípio, é uma espécie de controle promovido pelo cidadão em face do Estado. Isso porque existem controles recíprocos entre os órgãos estatais, o que corresponde ao denominado sistema de freios e contrapesos. A possibilidade do controle entre os entes estatais indiretamente se relaciona à liberdade do cidadão. O controle direto feito pelo cidadão sem representatividade de um órgão estatal chama-se, portanto, garantia fundamental.

Afirmamos que a chave da cidadania está na possibilidade isonômica de exercer o controle em comparação com o Estado. Com vistas

---

[168] "Podríamos decir que una limitación implica señalar el alcance de las facultades de la autoridad, mediante normas jurídicas para darle fuerza obligatoria y así impedir el abuso en el ejercicio de las facultades correspondientes. Es una frontera que marca el punto de partida y hasta dónde se puede llegar en la realización de una función; pero como barrera no es infranqueable. El control, en cambio, no implica una limitación a la actividad de las autoridades, sino que consiste en un procedimiento de supervisión y vigilancia de las actividades realizadas por la autoridad, ya sea por medio de la cooperación o la simple comprobación de la observancia de las normas que establecen los límites, garantizando la efectividad de las limitaciones". OCHOA, Carla Huerta. *Mecanismos constitucionales para el control de poder político*. 3. ed. México: Universidad Nacional Autónoma de México, 2010. p. 47-48, tradução nossa.

[169] "Es correcto afirmar que establecer limitaciones sin un medio de control es inefectivo y poco realista, pero no es válido pensar que los controles permiten asegurar que la conducta no deseada no se verificará. Por ello es oportuno diferenciar también los conceptos de control y garantía". *Ibid.*, p. 46, tradução nossa.

[170] Cf. *Ibid.* p. 46.

à Constituição de 1988, o Poder Estatal fiscaliza quando exerce, por exemplo, o controle abstrato de constitucionalidade (CRFB, art. 103) ou de modo geral diante dos freios e contrapesos. Essas formas de controle são garantias constitucionais. Mas o controle exercido pelo cidadão, apesar de também ser constitucional, tem a denominação de garantia fundamental. Eis aqui a diferença do controle em relação à garantia. A garantia é uma espécie ou um modo de ser do controle, podendo ser uma garantia constitucional quando exercida pelo Estado ou uma garantia fundamental, quando exercida pelo cidadão.

Baracho enfatiza que "[a] exigência de garantia constitucional é necessária para assegurar a integridade da Constituição como regra suprema do poder".[171]

O controlador não impõe ou cria limites, mas assegura a eficácia das limitações previamente impostas pela constitucionalidade. O chamado controle político é realizado pelo Poder Executivo e pelo Poder Legislativo; o controle jurídico pelo Poder Judiciário. O controle individual, exercido pelo cidadão contra os poderes públicos (Executivo, Legislativo e o Judiciário), faz-se especialmente – mas não exclusivamente – através do controle jurídico. O limite, o controle e a garantia, apesar de distintos, interagem-se reciprocamente e asseguram a constitucionalidade.

1.4.6 Controle como elemento inseparável da constituição

Se pensarmos em termos de limites, nada seriam sem os controles garantidos pela constituição. Enquanto o primeiro se realiza por autocontenção, o segundo é uma contenção externa; o que anima a constitucionalidade são os controles garantidos.

A realização da constituição opera através de sistemas de controles. Existe uma relação indissociável entre a constituição e o controle. A primeira decorre do fato de o segundo ser um mecanismo de garantia de sua viabilidade. O controle é o reflexo do poder, isso porque o seu exercício é apenas constitucionalmente adequado se posto sobre vigilância constante. Afinal o que temos disposto no texto constitucional é o poder contra o poder de controle.[172]

---

[171] BARACHO, José Alfredo de Oliveira. *Teoria geral da cidadania*: a plenitude da cidadania e as garantias constitucionais e processuais. São Paulo: Saraiva, 1995. p. 9.

[172] Cf. PEREIRA, Rodolfo Viana. *Direito constitucional democrático*: controle e participação como elementos fundantes e garantidores da constitucionalidade. Rio de Janeiro: Lumen Juris, 2008. p. 218.

Nesse sentido, com razão, Diego Valadés afirma que "controlar o poder é um ato de poder. Não se controla o poder de fora dele, nem sem poder, nem contra o poder. O controle do poder é uma manifestação de poder". Por essa razão, os instrumentos de controle do poder têm natureza bidirecional, pois, "caso contrário, o controle do poder se tornaria o único poder constituído sem controle e tenderia a se tornar o que deve evitar: um poder único, sem contraste e, portanto, arbitrário".[173]

O controle é um elemento inseparável do conceito de constituição, uma vez que não é apenas uma categoria instrumental. O único modelo de constituição normativa possível é a democrática; e nela o controle é o elemento que, ao conectar-se justamente com o caráter instrumental e com o legitimador da constituição, evita que ambos sejam dissociados. Note que, quando não há controle, a constituição tem suas garantias enfraquecidas ou anuladas e a sua realização se torna difícil ou impossível. Logo, sem o controle, simplesmente não haveria constituição.[174]

Ademais, segundo Manuel Aragón, o controle em sentido amplo é garantia de eficácia, ou seja, é o elemento essencial para assegurar a validade dos princípios e das normas materiais da constituição. Dito de outro modo, o controle garante a realização dos valores preconizados como metas constitucionais.[175]

---

[173] "Por definición, controlar al poder es un acto de poder. No se controla al poder desde fuera del poder, ni sin poder, ni contra el poder. Controlar al poder es una manifestación de poder. Por eso, porque los instrumentos del control del poder son parte del poder, esos instrumentos tienen que ser de naturaleza bidireccional. De otra suerte el control del poder se convertiría a transformarse en el único poder constituido sin control y propendería aquello que debe eludir: un poder único, sin contrapeso y por ende arbitrario". VALADÉS, Diego. *El control del poder*. México: Universidad Nacional Autónoma de México, 1988. p. 17, tradução nossa.

[174] "Ahora bien, para la teoría de la Constitución el control no debe considerarse como una categoría puramente instrumental. Sencillamente porque ello significaría incurrir en el viejo sofisma schmittiano que consiste en separar los medios de los fines para reificar los medios o implementar los fines de acuerdo con las conveniencias del poder o de los juristas a su servicio. O, dicho con otras palabras, porque ello sería partir de un concepto de Constitución que contiene, en sí mismo, el principio de su propia destrucción. Para una teoría constitucional adecuada a la única Constitución "normativa" posible, que es la Constitución democrática, el control es el elemento que, al poner en conexión precisamente el doble carácter instrumental y legitimador de la Constitución impide que ambos caracteres puedan disociarse. El control pasa a ser así un elemento inseparable de la Constitución, del concepto mismo de Constitución. Cuando no hay control, no ocurre sólo que la Constitución vea debilitadas o anuladas sus garantías, o que se haga difícil o imposible su 'realización'; ocurre, simplemente, que no hay Constitución". ARAGÓN, Manuel. El control como elemento inseparable del concepto de Constitución. *Revista Española de Derecho Constitucional*, Madrid, v. 19, n. 7, p. 52, abr. 1987. p. 52, tradução nossa.

[175] "De ahí que el control (el control entendido en sentido general, que es de lo que hasta ahora venimos tratando, y no circunscrito sólo al control de constitucionalidad), al dotar,

O controle, há tempos, deixou de ser uma função exclusivamente atrelada à separação de poderes e passou a permear todas as funções institucionalizadas pela constituição. Não é difícil perceber que tanto as instituições e as instâncias de fiscalização, bem como os procedimentos de vigilância, de prevenção e de reparação estão no centro das atenções, especialmente na Constituição de 1988. Para ficarmos apenas com um tipo de controle como exemplo, poderíamos citar o controle de constitucionalidade, seja na modalidade preventiva ou repressiva.

Ao considerarmos o Estado de Direito, em que a ideia de legalidade impera, precisamos ter em mente que tanto o autocontrole quanto os mecanismos de controles internos e externos direcionados para a contenção funcional dos órgãos e dos agentes estatais são elementos intrínsecos a ele.

Rodolfo Viana Pereira assegura que "[o] controle dogmático é *princípio constitucional*, enfim, porque se apresenta essencialmente como um mecanismo de *realização diferida da constitucionalidade*" (g. a.). Isso porque, "muito embora não atue na fundação dos pressupostos normativos de uma determinada comunidade, age, posteriormente, para garantir a observação desse momento fundacional no tempo".[176] Esse ponto de vista é extremamente relevante, porque reafirmar a constitucionalidade após o seu momento fundacional acresce algo distinto ao tradicional caráter negativo do controle.

Nesta oportunidade, parece conveniente aprofundarmos a ideia de controle e de suas funções como elementos integrantes e indispensáveis da constituição não apenas no sentido negativo, mas também na dimensão positiva; na qual além da contenção do poder, há a reserva de um espaço pertinente para atender os anseios delineados pelo Estado social. Isso porque, indubitavelmente, o nosso atual Estado Democrático de Direito é composto de elementos do constitucionalismo liberal e do constitucionalismo social, conforme facilmente verificamos em diversos dispositivos constitucionais de 1988.

É neste contexto que chama atenção a classificação proposta pelo jurista Rodolfo Viana Pereira. Ele sustenta a existência de uma pluralidade funcional do controle do poder, porquanto alega que

---

con su existencia, de eficacia a las garantías, sea el elemento indispensable para asegurar la vigencia de los principios y las reglas materiales de la Constitución, es decir, para la 'realización' de los valores propugnados como fines". ARAGÓN, Manuel. El control como elemento inseparable del concepto de Constitución. *Revista Española de Derecho Constitucional*, Madrid, v. 19, n. 7, p. 52, abr. 1987. p. 51-52, tradução nossa.

[176] PEREIRA, Rodolfo Viana. *Direito constitucional democrático*: controle e participação como elementos fundantes e garantidores da constitucionalidade. Rio de Janeiro: Lumen Juris, 2008. p. 221.

"a redução absoluta do controle a uma *função negativa* implicaria igualmente a redução *tout court* da norma constitucional a uma mera *função negativa*"[177] (g. a.). E, desse ponto, afirmamos, não trata exclusivamente a Constituição Federal de 1988.

Ao sustentar a existência de uma pluralidade funcional do controle, o citado jurista realiza, de modo calculado, uma redução para duas categorias: (1) contenção (limitação) e (2) promoção (direção).

É indiscutível que a primazia da liberdade individual sobre a prática da autoridade foi "a" preocupação levantada pelo constitucionalismo. Assim, a função instrumental negativa é a "ação repressiva como elemento inafastável de um adequado sistema constitucional de controle".[178] E, nessa seara, enquadra-se o controle como contenção de poder.

Todavia, a novidade defendida nos escritos apresentados por Viana Pereira está justamente em reconhecer no controle uma funcionalidade promocional ou diretiva do poder, em razão dos direitos sociais surgidos nas constituições do pós-guerra. A preocupação com estas cláusulas sociais acrescentou outra dimensão operativa ao controle do poder. E é nesse contexto que a liberdade será um valor a ser realizado ao lado da igualdade. Assim, houve "a alteração nas exigências do controle, visto que a garantia desses direitos passou a incluir também para o Estado a obrigação de realizar um conjunto de prestações positivas".[179] Portanto, "se o estado era impingindo a planejar, a agir, a intervir, o parâmetro do controle não poderia se fundar tão somente no desígnio de conter, limitar, restringir".[180] Por isso surgiu a conveniência de uma função diretiva ao lado de uma função de contenção.

Enfim, o festejado autor assinala que "o controle, para além do objetivo de obstar abusos na prática do poder, possuiria igualmente funções de direção e de comando, instando as autoridades públicas a agirem segundo certos padrões de conduta, adequados à ordem constitucional".[181]

Para que não sejamos entendidos de modo contraditório, é preciso fazer algumas ponderações, especialmente quanto ao controle

---

[177] PEREIRA, Rodolfo Viana. *Direito constitucional democrático*: controle e participação como elementos fundantes e garantidores da constitucionalidade. Rio de Janeiro: Lumen Juris, 2008. p. 234.

[178] *Ibid.*, p. 239.

[179] *Ibid.*, p. 243.

[180] *Ibid.*, p. 245.

[181] *Ibid.*, p. 244.

CAPÍTULO 1
PREMISSAS GERAIS | 91

como direção. A dogmática liberal dos direitos fundamentais, a qual está sendo adotada neste estudo, não é falseada pela ideia de controle no sentido diretivo, conforme apontado por Rodolfo Viana Pereira. Pelo contrário, corrobora-a. Obviamente o aspecto negativo, ou seja, o controle como contenção de poder, é a própria ideia vinculada à teoria liberal. Entretanto não entendemos que o controle no sentido diretivo possa afastar-se dessa teoria subjetivista. Isso ocorre, pois, ao dirigir os atos de outrem, está-se no controle. Ademais, retirar alguém do estado de inércia, de omissão ou de inação, na medida em que estaria constitucionalmente obrigado a fazer algo, também significa controlá-lo. Um exemplo dessa espécie de controle por direção pode-se dar no caso da omissão estatal frente à implementação mínima de um direito social. Note que, contra tal inação, têm-se, à disposição do cidadão, determinadas ações constitucionais, tal como o mandado de segurança (CRFB, art. 5º, LXIX). Esse *writ* é uma garantia fundamental situada no artigo 5º da CRFB, reduto dos direitos de liberdade, que pode ser utilizado para sanar uma omissão frente a um direito social. A omissão do Estado na implantação de políticas públicas aptas a garantir os direitos sociais ou a omissão do Estado não protegendo suficiente-mente os direitos fundamentais permitem a utilização do mandado de segurança alegando direito líquido e certo à saúde, à educação etc. Isso porque a lesão pode constituir também uma omissão. O silêncio, a desídia ou inércia ensejam o *writ*. Segundo José Cretella Júnior:[182] "A lesão pode constituir também em *omissão*. Se alguém requerer expedição de certidão à repartição administrativa competente, para a defesa de direitos e esclarecimento de situação [...], a negativa da expedição ou a omissão de expedição, isto é, o 'silêncio', a 'desídia' ou 'inércia', ensejam o mandado, já que se concretiza a coação. Trata-se de *ato omissivo*. Não é necessário, pois, que se trate de *ato executório*, porque o *ato omissivo*, em que não há esse caráter, também enseja a *impetração do mandado de segurança*" (g. a.).

O direcionamento dos atos de outrem ocorre durante o seu de-senvolvimento ou quando se constata uma inação e, por conseguinte, deflagra-se a ação que deveria ter ocorrido.

O jurista Leonardo Martins atesta que os efeitos jurídicos espe-cíficos dos direitos prestacionais ou sociais, enquanto direitos decor-rentes da igualdade, podem ser constatados também pela perspectiva

---

[182] CRETELLA JÚNIOR, José. *Comentários à lei do mandado de segurança*. 10. ed. Rio de Janeiro: Forense, 1999. p. 112.

defensiva, ou seja, pela resistência a um tratamento desigual injustificado constitucionalmente.[183]

Nessa ordem de ideias, sem dúvidas, o agente estaria sendo controlado, o que, no nosso caso, exerce o poder estatal. Não admitimos que o controle como direção (ou promoção) serviria para fomentar o poder estatal. O poder político constitucionalmente inserido é uma competência que tem, na sua essência, a limitação. Dito de outro modo, o poder político é o poder limitado no Estado constitucional. O controle do poder político seja ele por contenção (constitucionalismo liberal) ou por direção (constitucionalismo social) imediatamente garante os limites constitucionais e mediatamente a constitucionalidade. E, portanto, a liberdade individual continua tendo primazia em face do arbítrio.

O direito de resistência não estabelece uma competência para o Estado, de modo a permitir o exercício de uma função. O Estado, ao agir de maneira incompetente, fica sujeito ao controle da arbitrariedade. Aqui estamos diante da ausência do poder político. Logo temos um limite em relação a uma incompetência estatal e um controle em face de uma ação incompetente.

O direito prestacional se porta de maneira diversa e estabelece uma competência direcionada para o Estado seguir e exercer uma função. Não é uma competência ausente, mas uma competência presente. O limite refere-se à direção imposta pelo direito prestacional, e o controle é a fiscalização da própria competência, ou seja, o poder político limitado pela constituição. Nesse caso, o limite é em relação à competência estatal e o controle se faz presente no desvio dessa competência.

Segundo pensamos, uma competência estatal é constituída por obra do poder constituinte através do devido processo legislativo. Assumindo que o poder político limitado é uma competência, portanto ela não pode ser desvelada, e sim criada. É um ato constitutivo, ou seja, um ato de constituição.

Por isso é inadmissível afirmar a existência de direitos sociais implícitos (prestacionais) em sentido estrito. Se eles são competências diretivas da ação estatal, devem ser constituídos apenas pelo devido processo legislativo. Ademais, os direitos sociais em sentido estrito, a rigor, significam atribuição de poder, mesmo que limitado. E a engenharia constitucional anseia por um equilíbrio: para cada poder – limitado no Estado constitucional – é garantido um controle. Essa

---

[183] Cf. MARTINS, Leonardo. *Liberdade e Estado constitucional*. São Paulo: Atlas, 2012. p. 57.

é a lógica subjacente às garantias implícitas, porque elas servem para reequilibrar como será melhor detalhado posteriormente.

E, nessa trilha, fica evidente o realce dado aos direitos fundamentais de resistência estritos e também às garantias fundamentais. Nos moldes do artigo 5º, §2º, da CRFB, os primeiros podem ser desvelados (implícitos) para contraporem-se ao poder estatal em estado "bruto" – sem prescrição constitucional – e os segundos servem contra o descumprimento das incompetências ou das competências diretivas sem previsão constitucional dos controles garantidos (garantias fundamentais explícitas).

Nesses termos apontados, podemos assumir a ideia geral de controle proposta por Viana Pereira como integrante da dogmática clássica dos direitos fundamentais.

O controle serve para atuar contra um limite descumprido, seja ele em razão de uma incompetência imposta por um direito de resistência ou de uma competência direcionada por um direito prestacional. O controle garantido pela constituição (garantia fundamental) independe do tipo de direito fundamental estrito (resistência ou prestacional). O que ele visa combater é o ato arbitrário que ultrapassou um limite constitucional, ou seja, a arbitrariedade que denominamos para todos os fins de competência imprópria.

Posto isso, o controle é um elemento indispensável para a constituição e, por consequência, serve para garantir os limites que ela impõe, seja para conter, seja para dirigir o poder.

1.4.7 Arbitrariedade: o desvio a ser combatido

Como visto em tópico anterior, a competência é poder limitado no Estado Democrático de Direito, sendo ela exercida através de determinadas funções.

Por isso qualquer ato ou omissão em excesso ou em deficiência fora da competência dos agentes públicos está fora do quadro prescrito pela lei. O enquadramento legal dos atos protege os cidadãos de abusos a serem cometidos. A delimitação dos âmbitos de atuação dos titulares do poder político, por meio de sua regulamentação, tanto na constituição como nas leis infraconstitucionais, é uma forma de controlar o exercício do poder.[184]

---

[184] "Al legitimarse jurídicamente y ser instituidos conforme a los procedimientos establecidos en el orden jurídico, se convierten en órganos de autoridad o en funcionarios. Cualquier

O "titular de uma função sempre desempenha autoridade".[185] A limitação jurídica do poder é a essência do fenômeno constitucional, tendo como beneficiários os indivíduos em sua liberdade.[186]

A arbitrariedade no âmbito jurídico, segundo Costa, refere-se "a ilícitos implicados no exercício de uma função".[187] Isso porque "a função é o dever de se exercitar um determinado poder [competência] no interesse de outrem, que não o do próprio titular".[188]

Costa desenvolve uma taxonomia do arbítrio a partir da análise das funções estatais. O jurista apresenta um conjunto das possíveis "ilicitudes implicadas no exercício de uma função (às quais se dá o nome de ilícito funcional ou arbítrio em sentido amplo)". Nessa direção, apresentamos o seguinte cenário para uma tipificação do arbítrio: (1) usurpação – é quando "alguém se investe em função que se encontra sob a titularidade alheia"; (2) excesso de poder – ocorre quando, "a pretexto de desempenhar a função, o titular se investe em parcela de poder que não está nela compreendido"; (3) desvio de poder ou desvio de finalidade – acontece quando "o titular procura atender ao próprio interesse, ou ao interesse de quem não seja contemplado como beneficiário pela norma jurídica que outorga a função"; (4) deficiência – ocorre quando "o titular exercita a função de modo defeituoso quanto à forma, ao conteúdo, ao procedimento ou ao objeto"; (5) omissão – caracteriza-se quando "o titular simplesmente não exercita a função"; (6) insuficiência – dá-se quando "o titular exercita a função de modo insuficiente para satisfazer o interesse alheio protegido". E, por fim, (7) ineficiência – surge quando "o titular exercita a função de modo ineficiente para satisfazer o interesse alheio protegido". Os itens (2) e (3), em conjunto, o jurista considera-os como (i) abuso de poder; a junção dos itens (5), (6) e (7), o jurista enquadra-a como (ii) negligência; e a relação entre os itens (i), (4) e (ii) foi denominada de (iii) disfunção.[189]

---

acto u omisión en exceso o defecto de su esfera competencial se encuentra fuera del marco prescrito por la ley. Este origen legal de los actos protege a los ciudadanos de los abusos que los funcionarios públicos pudieran cometer. La delimitación de ámbitos de actuación de los titulares del poder político mediante su regulación tanto en la Constitución como en las leyes secundarias, es una forma de controlar el ejercicio del poder". OCHOA, Carla Huerta. *Mecanismos constitucionales para el control de poder político.* 3. ed. México: Universidad Nacional Autónoma de México, 2010. p. 15, tradução nossa.

[185] COSTA, Eduardo José da Fonseca. *Processo e garantia.* Londrina: Thorth. 2021. p. 332.

[186] Cf. *Ibid.*, p. 329.

[187] *Ibid.*, p. 330.

[188] *Ibid.*, p. 331.

[189] *Ibid.*, p. 334.

Em suma, temos na disfunção e na usurpação a base da teoria do arbítrio, que, no decorrer deste trabalho, nomearemos competência imprópria.

Todas essas ilicitudes, a partir do exercício inadequado de uma função oriunda de uma competência, são formas de arbítrio, as quais estarão no centro das preocupações da presente pesquisa.

CAPÍTULO 2

LIMITES E CONTROLES CONSTITUCIONAIS

2.1 A essência constitucional

Anteriormente, afirmamos que o poder político está ligado à direção da sociedade. Mas, como tal, não pode ser exercido arbitrariamente. Todo poder estatal situado em um Estado Democrático de Direito deve ser restringível, portanto se apresentar limitado em forma de uma competência. Para isso, destacamos alguns mecanismos limitadores do poder e, intercalando com o fenômeno do constitucionalismo, apresentamos o conceito de constituição mista e a própria concepção de constituição – contemplada por sua rigidez e sua analiticidade – como contributos para afastar as diversas formas de arbitrariedade. A lógica subjacente em uma república é que todo poder tem seu respectivo controle, sob pena de sujeitar-se ao arbítrio. Por isso a existência de limites sem controles é inócua; e esses últimos portam-se como elementos indispensáveis para a constituição e inseparáveis dela. Enfim, quando os controles estão à disposição dos indivíduos – mesmo que seu exercício ocorra coletivamente –, temos as denominadas garantias fundamentais.

A "[e]ssência é o que *pelo qual* uma coisa é o que ela é". E "[a] lguma coisa é o que é por algo que o apresenta como é"[190] (g. a.). A constituição é o que ela é pela sua essência e limitar-controlar o poder é o de mais essencial nela, mesmo que tenha outras funções, o que certamente acontece.

---

[190] SANTOS, Mário Ferreira dos. *Filosofia concreta*. São Paulo: É Realizações, 2009. p. 89.

Segundo assinala Ochoa, as limitações estabelecidas na constituição, como os direitos fundamentais, a divisão de poderes, o federalismo, estabelecem legalmente padrões mínimos de comportamento aos quais a atuação dos agentes públicos deve se adaptar.[191]

A demonstração da limitação de poder como essência da Constituição Federal de 1988 pode ser afirmada a partir da análise do seu artigo 60, §4º, porquanto tal dispositivo aponta os limites materiais ao poder de reforma constitucional. Isso demonstra que os elementos indicados nesse preceito, diferentes de outros, não podem ser abolidos. É esse caráter pétreo que resta como essência constitucional, ao menos por expressa determinação do poder constituinte originário, do qual iremos nos dedicar doravante.

Francis Bacon busca, em suas obras, capturar a diferença e não a representação. *Três estudos para um retrato* (1977)[192] nos apresentam uma imagem de vigília ampla e constante por todos os lados. A nosso ver, as três figuras constantes na citada obra de arte representam um controle recíproco como deve ser, por exemplo, diante da separação dos poderes em uma república.

2.1.1 Federalismo: descentralização do poder

A forma de Estado trata-se da maneira como o poder é organizado, compartilhado e exercido no território de um país. O Brasil foi um Estado unitário durante o Império (1822-1889). A Proclamação da República em 1889 estabeleceu dois relevantes fundamentos da organização estatal republicana no Brasil, o federalismo e o presidencialismo. A Constituição de 1891[193] já vedava emendas que tendessem a abolir a forma federativa de Estado, o que se repetiu na Constituição

---

[191] "Las limitaciones establecidas en la Constitución, tales como los derechos fundamentales, el principio de legalidad, la división de poderes, el federalismo, etcétera, tienen como fin garantizar la vigencia de la soberanía nacional al establecer jurídicamente patrones mínimos de comportamiento a los cuales deben adecuar su actuación los funcionarios públicos, que no es otra cosa sino el principio de legalidad". OCHOA, Carla Huerta. *Mecanismos constitucionales para el control de poder político*. 3. ed. México: Universidad Nacional Autónoma de México, 2010. p. 16, tradução nossa.

[192] Disponível em: https://uploads2.wikiart.org/00108/images/francis-bacon/6-3.jpg!Large.jpg.

[193] Art. 90 - A Constituição poderá ser reformada, por iniciativa do Congresso Nacional ou das Assembleias dos Estados.
[...]
§4º - Não poderão ser admitidos como objeto de deliberação, no Congresso, projetos tendentes a abolir a forma republicano-federativa, ou a igualdade da representação dos Estados no Senado.

de 1988.[194] O federalismo, na atual Constituição brasileira, é do tipo cooperativo. Isso porque é baseado em um modelo que fomenta a cooperação entre os entes da Federação.

A Constituição de 1988 apresenta um amplo sistema de competências concorrentes, o que denota a previsão de um compartilhamento delas, embora já houvesse alguma previsão nesse sentido no artigo 10 da Constituição de 1934.[195]

Os estados membros de um Estado federal são autônomos. A fonte dessa autonomia é a constituição. Em um Estado federal, a constituição é um pacto aceito por todos os membros da Federação, em igualdade de condições. Entretanto, os estados membros têm, no Senado Federal, outro mecanismo para proteger esta autonomia. É garantida a essa casa legislativa a participação no processo de emendas constitucionais; além disso, a inclusão da forma federativa de Estado nas cláusulas pétreas fortalece a autonomia dos estados membros de uma federação.[196]

As controvérsias que envolvem o federalismo estão no âmbito da análise "se quem tomou uma decisão poderia tomá-la, a distinção entre ter a faculdade de agir e ter o dever de agir torna-se menos relevante".[197]

As diversas competências – legislativas, materiais e tributárias – compartilhadas com a União, os Estados e os Municípios denotam a descentralização no modelo cooperativo do federalismo brasileiro.

---

[194] Art. 60. A Constituição poderá ser emendada mediante proposta:
[...]
§4º Não será objeto de deliberação a proposta de emenda tendente a abolir:
I - a forma federativa de Estado;

[195] Art. 10 - Compete concorrentemente à União e aos Estados:
I - velar na guarda da Constituição e das leis;
II - cuidar da saúde e assistência públicas;
III - proteger as belezas naturais e os monumentos de valor histórico ou artístico, podendo impedir a evasão de obras de arte;
IV - promover a colonização;
V - fiscalizar a aplicação das leis sociais;
VI - difundir a instrução pública em todos os seus graus;
VII - criar outros impostos, além dos que lhes são atribuídos privativamente.
Parágrafo único - A arrecadação dos impostos a que se refere o número VII será feita pelos Estados, que entregarão, dentro do primeiro trimestre do exercício seguinte, trinta por cento à União, e vinte por cento aos Municípios de onde tenham provindo. Se o Estado faltar ao pagamento das cotas devidas à União ou aos Municípios, o lançamento e a arrecadação passarão a ser feitos pelo Governo federal, que atribuirá, nesse caso, trinta por cento ao Estado e vinte por cento aos Municípios.

[196] Cf. SILVA, Virgílio Afonso da. *Direito constitucional brasileiro*. São Paulo: USP, 2021. p. 355-356.

[197] *Ibid.*, p. 359.

O poder, enquanto competência compartilhada, dividida, possui, em seu contexto elementar, a limitação, ou seja, a descentralização do poder. É por isso que o federalismo, a rigor, tem, na sua base, a divisão do poder para melhor controlar.

2.1.2 Voto: alternância do poder

O sufrágio é um direito fundamental de escolha para alternância do poder que se manifesta através do voto direto, secreto, universal e periódico. A escolha para alternância por meio do voto não deixa de ser uma forma de separar entre os elegíveis quem irá exercer o poder em nome do povo; assim impõe-se inicialmente um limite; e, em um Estado constitucional, ninguém exerce o poder de modo infinito, mas apenas os eleitos periodicamente.

Já é conhecida a lição do constitucionalismo como um fenômeno orientado para limitar o poder. E, em um Estado Democrático de Direito, não há espaço para um poder ilimitado; para todo poder deve existir um meio de contrastá-lo; para todo poder deve existir uma garantia.

Nesse contexto, é oportuno trazer a lição do filósofo Karl Popper a respeito de uma teoria do controle democrático. Canotilho[198] afirma que a teoria em análise é uma justificação negativa do princípio democrático, ou seja, "a fórmula de Popper": "A justificação da democracia em termos negativos e basicamente procedimentais pretende pôr em relevo que a essência da democracia consiste na estruturação de mecanismos de selecção dos governantes e, concomitantemente, de mecanismos de limitação prática do poder, visando criar, desenvolver e proteger *instituições* políticas adequadas e eficazes para um governo sem as tentações da tirania. As modalidades de 'destituição' dos dirigentes e de 'revogação' de mandatos e cargos políticos assumem aqui um papel constitutivo e organizador da ordem constitucional democrático. Tão ou mais importantes que os *procedimentos eleitorais legitimadores são os procedimentos constitucionais deslegitimadores* tendentes a possibilitar o afastamento dos titulares de cargos políticos (*impeachment, recall,* responsabilidade política, destituição, moção de censura). Esta compreensão do princípio democrático como princípio de controlo tem sido agitada em tempos recentes a propósito da limitação temporal de mandatos de cargos electivos ('problema dos dinossauros políticos')

---

[198] CANOTILHO, José Joaquim Gomes. *Direito constitucional e teoria da constituição.* 7. ed. Coimbra: Almedina, 2003. p. 291-292.

CAPÍTULO 2
LIMITES E CONTROLES CONSTITUCIONAIS | **101**

e da capacidade de resposta do sistema político-constitucional à 'corrupção política'" (g. a.).

A visão do filosofo não decorre "de uma doutrina da intrínseca bondade ou da justiça de um governo da maioria, mas antes da baixeza da tirania". Com isso pretende pensar sob a perspectiva "de evitar a tirania e resistir-lhe". Segundo o filósofo, normalmente, o termo democracia é colado junto aos "governos de que nós podemos livrar sem derramamento de sangue",[199] para tanto basta pensar nas eleições gerais.

O processo eleitoral é, em si mesmo, um mecanismo de controle de poder. Rodolfo Viana Pereira[200] afirma que "[i]ndiretamente a eleição serve, assim, como um mecanismo pelo qual se pode julgar, *a posteriori*, os acertos e erros no exercício do mandato, contribuindo tanto para a punição do uso pretérito inadequado do Poder como para prevenção futura dos novos comportamentos políticos".

Os termos "tirania" ou "ditadura" são apontados para os "governos de que os governados não se podem livrar a não ser por meio de revoluções vitoriosas – isto é, na maioria dos casos, não se livram deles".[201] Contudo, Popper afasta-se dos termos "democracia" e "tirania/ditadura" em si, por serem considerados "rótulos". Pouco importa a denominação democracia ou tirania, vale para ele a aplicação da substância daquilo que se chama "democracia" e a luta contra o conteúdo daquilo que se denomina "tirania".

O filósofo vislumbra, no "princípio de uma política democrática, a proposta de criar, desenvolver e proteger as instituições políticas, para evitar a tirania". Apesar disso, o autor é extremamente pragmático ao complementar que esse "princípio não significa que seja sempre possível estabelecer instituições desse tipo que sejam impecáveis e perfeitas, ou que assegurem que a política adotada pelo governo democrático seja forçosamente justa, boa ou, sadia ou sequer melhor do que a adotada por um tirano benévolo". Logo a adoção do princípio democrático traz implícita, segundo Popper, "a convicção de que mesmo a aceitação de uma política má numa democracia (desde que perdure a possibilidade de efetuar pacificamente a mudança do governo) é preferível à subjugação por uma tirania, por sábia ou benévola que esta seja".[202]

---

[199] POPPER, Karl Raimund. *A sociedade aberta e seus inimigos*. t.1 Belo Horizonte: Itatiaia, 1998. p. 140.

[200] PEREIRA, Rodolfo Viana. *Direito constitucional democrático*: controle e participação como elementos fundantes e garantidores da constitucionalidade. Rio de Janeiro: Lumen Juris, 2008. p. 34.

[201] POPPER, *op. cit.*, p. 140.

[202] POPPER, *ibid.*, p. 140.

A democracia, nos moldes popperianos, pode ser teoricamente fundamentada como uma resposta à seguinte questão: (1) "O que podemos fazer para configurar nossas instituições políticas de modo tal que governantes ruins ou incompetentes (que obviamente tentamos evitar, mas, ainda assim, podemos ter) possam causar o menor dano possível?"; e ao mesmo tempo afastando-se da pergunta (2) "Quem deve governar", a qual estaria mal formulada, pois atrai respostas autoritárias e paradoxais. A democracia, como resposta da questão (1), como visto, "permite que nos livremos de governantes incompetentes ou tiranos sem derramamento de sangue".[203]

Com isso teríamos uma percepção diferente do fenômeno democrático. A teoria da democracia nesses moldes se basearia em outro princípio que não aquele em "que a maioria deve governar". O princípio da teoria democrática estaria baseado nos "diversos métodos igualitários para o controle democrático, tais como o sufrágio universal e o governo representativo, devem ser considerados como simplesmente salvaguardas institucionais, de eficácia comprovada pela experiência, contra a tirania, repudiada de modo geral como forma de governo. E estas instituições devem ser suscetíveis de aperfeiçoamento". As consequências desse pensamento não forçariam o cidadão a "encarar o resultado de um voto democrático como uma expressão autorizada do que é justo". Isso porque, embora o cidadão "aceite uma decisão da maioria, a fim de que possam funcionar as instituições democráticas", ele estará livre para combatê-la por "meios democráticos e para trabalhar por sua revisão".[204]

A escolha popular pelo voto, especialmente em virtude da sua periodicidade, é uma forma de limitação, pois alterna os representantes no poder e, assim, cria limites. Com isso o representante eleito, escolhido, já compreende os limites impostos pelo voto popular, pois está ciente da alternância que lhe é previamente determinada.

2.1.3 Separação dos poderes: fragmentação do poder

Rafael Tomaz de Oliveira *et al.* enfatiza que a função da separação dos poderes atende à limitação do poder, que é a sua ideia motriz. Historicamente a separação de poderes foi idealizada como

---

[203] POPPER, Karl Raimund. *Em busca de um mundo melhor*. São Paulo: Martins Fontes: São Paulo, 2006. p. 70.

[204] POPPER, Karl Raimund. *A sociedade aberta e seus inimigos*. t.1 Belo Horizonte: Itatiaia, 1998. p. 141.

uma técnica de limitação do poder político, para além de uma mera divisão de funções. A conclusão é que a separação dos poderes não se encontra ligada "a um problema de tripartição de funções e as relações interinstitucionais entre ambas". Isso porque, no processo de construção das modernas democracias constitucionais, "o fato essencial se apresenta na ideia de limitação de poder político".[205]

Neste sistema da separação dos poderes, é firme a ideia central do modelo do balanceamento de poderes feita através de freios e contrapesos recíprocos, em que vários "poderes" encarregados de várias e distintas funções controlam o poder ("o poder para o poder"), garantindo a liberdade dos indivíduos e evitando o aparecimento de um "poder superpesado" perigosamente totalizador do poder do estado.[206]

A separação horizontal talvez seja a forma mais paradigmática de limitação do poder; o que é possível perceber pela própria fragmentação. Como se verá na sequência, existe uma possiblidade de sustentar uma nova divisão que não foge da ideia central de controle do poder político.

2.1.3.1 Uma nova divisão para além da clássica separação dos poderes

A nosso ver, a base da teoria da constituição proposta por Karl Loewenstein encontra-se justamente na crítica ao princípio da separação dos poderes proposta por Locke e Montesquieu, sendo afável pelo posicionamento aristotélico das divisões de funções. Não significa que a divisão das funções legislativa, executiva ou judiciária não existiria, mas sim que essas funções estariam contempladas em uma nova perspectiva. É com Loewenstein que seguiremos este tópico para darmos destaque ao núcleo desta nova divisão que culminaria no controle do poder político.

Loewenstein propõe uma análise crítica de um dos dogmas políticos mais famosos que constitui o fundamento do constitucionalismo moderno, ou seja, a "separação dos poderes". Os chamados "poderes" são os poderes constituídos, quais sejam o Legislativo, o Executivo e o Judiciário. A união do princípio da separação dos poderes com a ideia de garantia da liberdade individual é uma obra genuinamente montesquiana, cuja base anterior se deveu a Locke.

---

[205] ABBOUD, Georges; OLIVEIRA, Rafael Tomaz de. *O Supremo Tribunal Federal e a nova separação de poderes*: entre a interpretação da constituição e as modificações na engenharia constitucional. Revista de Processo, São Paulo, v. 233, p. 13, jul. 2014. p. 13.

[206] Cf. CANOTILHO, José Joaquim Gomes. *Direito constitucional e teoria da constituição*. 7. ed. Coimbra: Almedina, 2003. p. 551.

É importante notar o mérito próprio de Montesquieu. Ele adicionou a separação das funções estatais e a sua atribuição aos diferentes detentores do poder, o valor ideológico desta teoria para salvaguarda da liberdade dos súditos. Mas o que nem Locke, nem Montesquieu e nem a Revolução Francesa constataram ou não quiseram constatar é que todo governo é poder. Tal fato seria compreensível dada a intenção ideológica dirigida contra o absolutismo tradicional. A racionalização do processo de poder governamental induziu a crença de que o poder poderia ser neutralizado e que seu caráter demoníaco podia ser exorcizado. A consequência inevitável foi o terror imposto pela ditadura napoleônica. A independência entre os detentores do poder e seu controle recíproco faz com que os destinatários do poder estejam protegidos de abusos. Aristóteles parece ter encontrado o núcleo da moderna "separação dos poderes", ao distinguir três segmentos em funções estatais (as deliberações sobre assuntos de interesse comum; a organização de cargos ou magistraturas; e a função judicial), contudo isso se perdeu na posteridade. O racionalismo liberal queria destruir o absolutismo divino da monarquia. Esse processo tinha necessidade ideológica de estabelecer e proteger a liberdade individual. Só o liberalismo constitucional identificou a liberdade individual com a separação dos poderes; na verdade, a chamada "separação dos poderes" nada mais é do que o reconhecimento de que o Estado tem que cumprir determinadas funções. A clássica separação dos poderes significa a necessidade de distribuir e de controlar respectivamente o exercício do poder político. Para corrigir esse "equívoco", compreende-se que a separação dos "poderes" estatais é, na realidade, a distribuição de determinadas funções estatais a diferentes órgãos do Estado. A expressão "poderes" deve ser entendida de modo figurativo; a melhor expressão seria separação de funções.[207]

Segundo Loewenstein, a ideia de distribuição do poder está essencialmente unida à teoria e à prática da representação. A natureza jurídica dessa técnica está no fato de que os representantes recebem antecipadamente o encargo e a autorização de atuarem conjuntamente em nome dos seus representados, os quais estarão vinculados às suas decisões. A autêntica separação das funções estatais e a sua atribuição a cada detentor tiveram que esperar a descoberta da técnica da representação.[208]

---

[207] Cf. LOEWENSTEIN, Karl. *Teoría de la Constitución*. 2. ed. Barcelona: Arial, 2018. p. 54-61.
[208] Cf. *Ibid.*, p. 58.

CAPÍTULO 2
LIMITES E CONTROLES CONSTITUCIONAIS | 105

A Antiguidade e a Idade Média desconheciam completamente a técnica da representação política. Esta última, segundo Loewenstein, surgiu provavelmente por influência da Igreja Católica e em suas ordens religiosas. Entretanto, qualquer que tenha sido a origem da técnica da representação, ela foi a condição prévia e indispensável para distribuir o poder político entre os diferentes detentores – note que a representação é algo que antecede a própria separação dos poderes. A técnica da representação permitiu à instituição do parlamento permanecer como um detentor de poder separado e independente do governo, não obstante este último ser indispensável para uma sociedade estatal organizada. E, por consequência lógica, a independência dos juízes surgiu como mais um pilar de todo o sistema dos detentores do poder independentes entre si.[209]

Michael Stolleis[210] mostra o caminho percorrido pelo Judiciário do *Ancien Régime* até o constitucionalismo para obter sua independência frente ao soberano, culminando no protagonismo atual. Entretanto, mesmo que se diga "quase-soberano" – conforme expresso por Stolleis –, a verdade é que o juiz independente não é "o" soberano. Segundo Stolleis:[211] "Como consequência, um modelo completamente novo nasceu, que era radicalmente diferente daquele que observamos no século XVIII. Nesse novo modelo, um juiz independente deveria interpretar e decidir sobre o Direito, sendo, assim, quase-soberano. Se o juiz tivesse qualquer dúvida razoável, ele poderia levar a lei até o Tribunal Constitucional. O direito do Tribunal Constitucional ser o árbitro final da lei também o faz 'quase-soberano'. O parlamento – em verdade, o real soberano – também seria 'quase-soberano', devido à sua vinculação à Constituição e ao Tribunal Constitucional Federal. Essa "quase-soberania" produz um paradoxo no interior de estados constitucionais com judiciários completamente independentes. Esse modelo já foi conhecido como 'Estado dos juízes' (*Justizstaat*) e muitas discussões circularam em torno do alargamento dos poderes interpretativos do poder judiciário. De fato, a reputação atual do poder judiciário na República Federal é enorme. Desde 1949 o judiciário é descrito como o 'terceiro pilar da democracia'".

---

[209] Cf. LOEWENSTEIN, Karl. *Teoría de la Constitución*. 2. ed. Barcelona: Arial, 2018. p. 57-60.

[210] Em primorosa tradução e pontuais notas realizadas por Rafael Tomaz de Oliveira de STOLLEIS, Michael. Judicial Interpretation in Transition from the *Ancien Régime* to Constitutionalism. *In:* YASUTOMO, Morigiwa; STOLLEIS, Michael; HALPÉRIN, Jean-Louis (org.). *Interpretation of Law in the Age of Enlightenment:* From the Rule of King to the Rule of Law. Londres: Springer, 2011, Kindle Edition, p. 144-320.

[211] *Ibid.*, p. 144-320.

O juiz é independente, mas é um intérprete limitado. Segundo Stolleis:[212] "Nesse estágio do desenvolvimento constitucional, o compromisso entre o Monarca e o Judiciário parecia razoável. Por um lado, a justiça permaneceria nas mãos do soberano; Por outro, ela estava limitada pelo Direito e recebia independência prática e factual para o desempenho de suas atividades. Assim, os juízes eram livres para interpretar a lei por sua própria conta. Eles não precisavam mais temer a possibilidade do monarca avocar a tarefa para ele mesmo. Essa solução foi aceita como razoável, devido ao modo como os estados alemães estavam arranjados e a percepção da necessidade de um sistema jurídico prático e centralmente controlado".

Nos termos de Stolleis, "os juízes eram, então, independentes (dentro dos limites traçados pelo Direito) e eles interpretavam 'em nome do Estado', que, nesse caso, não ancorava mais sua legitimidade no Monarca. Eles estavam limitados pelo Direito, mas eram independentes".[213] Ainda havia resquício de dependência, pois "[a]té a metade do século XIX, o judiciário ainda era encarado como um departamento do Executivo. Não obstante, a demanda por superação desse entendimento era clara – um sistema de justiça completamente independente".[214]

Importante notar, ainda segundo Loewenstein, que a experiência política do século XVIII mostrou que todas as funções estatais são instrumentos para o exercício da liderança política. A tarefa do governo não está limitada à execução da vontade popular, tal como está formulada nas leis emanadas pelas assembleias; é a liderança política que dirige a vontade popular. A legislação e a execução das leis não são funções separadas ou separáveis, como sendo diferentes técnicas de liderança política. A liderança política através do governo está no cerne do processo de poder, ou seja, um grupo reduzido, eficaz e com capacidade para agir em lugar de ser exercido por uma assembleia com inúmeros membros, lenta e incapaz de formar uma vontade política unificada.[215]

A separação dos poderes é o dogma mais sagrado da teoria e da prática constitucional, por isso é difícil afastar esse esquema mental que está profundamente enraizado. Mas, ao decidir se arredar dele, é

---

[212] STOLLEIS, Michael. Judicial Interpretation in Transition from the *Ancien Régime* to Constitutionalism. Tradução de Rafael Tomaz de Oliveira. *In*: YASUTOMO, Morigiwa; STOLLEIS, Michael; HALPÉRIN, Jean-Louis (org.). *Interpretation of Law in the Age of Enlightenment*: From the Rule of King to the Rule of Law. Londres: Springer, 2011, Kindle Edition, p. 144-320.

[213] *Ibid.*, p. 144-320.

[214] *Ibid.*, p. 144-320.

[215] Cf. LOEWENSTEIN, Karl. *Teoría de la Constitución*. 2. ed. Barcelona: Arial, 2018. p. 61.

preciso colocar no seu lugar uma outra forma de análise dinâmica do poder mais próxima da sociedade pluralista de massas. Para tanto, Loewenstein propõe uma nova divisão tripartite do poder, qual seja: (1) a decisão conformadora ou fundamental (*policy determination*); (2) a execução da decisão (*policy execution*); e (3) o controle político (*policy control*).[216]

A decisão política (cf. item 1, *supra*) consiste na escolha de uma, entre várias possibilidades políticas fundamentais à disposição da comunidade estatal. As decisões políticas fundamentais são aquelas determinantes, no presente e frequentemente no futuro, para conformar a comunidade estatal. Elas dizem respeito tanto aos assuntos internos quanto aos externos e se referem à natureza política, socioeconômica e moral. A decisão conformadora mais importante é a escolha do sistema político de uma nação e, especificamente, a forma de governo. Todas as constituições apresentam, pois, uma decisão política fundamental, mas não quer dizer que toda emenda constitucional tenha essa finalidade. Na prática, não é fácil distinguir as autênticas decisões conformadoras daquelas que não têm essa característica. As decisões políticas fundamentais seriam iniciadas e conformadas por um número pequeno de pessoas. Apesar de as decisões políticas serem inspiradas normalmente por detentores de poder invisíveis, a sua formulação e a sua realização estão sob responsabilidade daqueles legítimos. A depender do tipo de governo, a iniciativa das decisões será governamental ou parlamentar. No constitucionalismo, espera-se que haja colaboração entre ambos. Em geral, a grande parte dos destinatários do poder está excluída da iniciativa da decisão política fundamental, mesmo que uma participação através de um referendo ou indiretamente por meio de eleições possa ocorrer posteriormente na democracia constitucional. Sob o ponto de vista técnico, o primeiro instrumento para a realização da decisão política é a legislação. As decisões políticas internas requerem, sem exceção, a forma legal. No sistema político do constitucionalismo, o governo e o parlamento compartilham da mesma função, podendo ser possível, em um momento futuro, a participação do eleitorado neste processo de decisão política conformadora. No sistema político autocrático, diferentemente, o único detentor do poder monopoliza a função de tomar a decisão política fundamental.[217]

---

[216] Cf. LOEWENSTEIN, Karl. *Teoría de la Constitución*. 2. ed. Barcelona: Arial, 2018. p. 62.
[217] Cf. *Ibid.*, p. 63-66.

A execução da decisão política (cf. item 2, *supra*) significa aplicá-la. Ela normalmente pode alcançar qualquer campo das atividades estatais; a bem da verdade, trata-se de executar a legislação. A maior parte das leis que compõem os nossos códigos são instrumentos para a execução de decisões políticas anteriores ou tem um caráter estritamente utilitário para regular exclusivamente o transcurso normal das relações sociais. Uma consequência importante é que a legislação deixou de ser uma categoria funcional separada ou separável do resto das outras atividades estatais, tal como era concebida na teoria clássica das separações dos poderes. Este ponto é importante, pois demonstra de modo pragmático que administrar, legislar e julgar estão intercalados. E uma teoria que busca uma separação estanque será atropelada pela realidade da interdependência das funções. A execução das decisões políticas na vida cotidiana frequentemente é realizada pela administração, que corresponde tradicionalmente ao executivo. Além dessa categoria, devemos entender que a possibilidade da aplicação das decisões políticas corresponde àquelas disposições de caráter técnico-utilitário referentes às necessidades da vida em comunidade. Ademais, a legislação e a administração não são as únicas possibilidades de realização das decisões fundamentais. A função judicial – o terceiro dos poderes da divisão clássica tripartite – passou por uma adaptação, segundo a nova divisão proposta por Loewenstein. O que o juiz realmente faz é aplicar a norma geral ao correspondente caso concreto. O juiz executa a lei de uma forma parecida com a administração, ainda que utilizando diferentes técnicas, mas não realiza uma função independente do processo de poder. Segundo Loewenstein, a independência dos juízes foi um postulado político e não funcional – especialmente motivado na Inglaterra pelo desejo de quebrar a prerrogativa real e de introduzir o Estado de Direito. Todavia, no caso americano, o controle judicial (*judicial review*) foi constituído como um terceiro e autêntico detentor do poder, mas não pertence à teoria clássica da separação dos poderes. No sistema político do constitucionalismo, o parlamento participa ao formular a decisão política através da legislação e ao estabelecer para a comunidade as regras técnico-utilitárias. O governo participa dessa função através da administração por meio de suas autoridades e funcionários. E, finalmente, os juízes irão resolver os casos concretos de conflitos de interesse e controlar a legalidade da administração para que a atividade administrativa permaneça de acordo com a lei. Na autocracia, obviamente, acontece de maneira diversa. Aqui o único detentor do poder monopoliza a execução da decisão fundamental;

e a delegação será feita segundo o seu critério de oportunidade, não havendo nenhuma independência autêntica que escape do seu exclusivo poder de mando e controle.[218]

O controle político (cf. item 3, *supra*) é o núcleo da nova divisão. O mecanismo mais eficaz de controle do poder político consiste na atribuição de diferentes funções estatais. Os diferentes detentores do poder ou dos órgãos estatais estão obrigados, em última perspectiva, a cooperar para que a vontade estatal válida seja viável, não obstante essas funções serem exercidas com plena autonomia e responsabilidade própria. A distribuição do poder entre diversos detentores significa para cada um deles uma limitação e um controle através do sistema dos freios e contrapesos. A distribuição e o controle do poder político não são duas categorias iguais, mas diferentes. Todavia, a distribuição do poder significa, em si, o recíproco controle de poder. Quando os detentores do poder exercem uma função, por exemplo, a legislação, não podem impor um ao outro a sua opinião, porém estão obrigados a cooperar. Um ponto importante do controle político é a possibilidade de exigir a responsabilidade política. Essa última existe quando um determinado detentor do poder tem de prestar contas a outro sobre o cumprimento da sua função. Conforme Loewenstein, a responsabilidade política se institucionaliza segundo o tipo de governo, tal como diante de novas eleições por meio das quais o povo pode confirmar ou afastar os detentores dos cargos legislativos ou executivos. A responsabilidade política tem sido convertida na técnica mais eficaz de controlar os detentores de poder.[219]

No constitucionalismo, não temos apenas um governo com base no Estado de Direito, mas também um governo responsável. Um governo pode se considerar responsável quando o exercício do poder político está distribuído e controlado entre os diversos detentores do poder.

A totalidade das técnicas de controle está relacionada à constituição. A supremacia da constituição é o arremate de um sistema integral de controles políticos.

O governo autocrático se caracteriza pela ausência de qualquer tipo de técnica que possa exigir uma responsabilidade política do único detentor de poder. Nesse tipo de governo, a revolução é a *ultima ratio*. O poder não está submetido a ninguém e a nenhum limite, encontra-se

---

[218] LOEWENSTEIN, Karl. *Teoría de la Constitución*. 2. ed. Barcelona: Arial, 2018. p. 66-88.
[219] Cf. *Ibid.*, p. 68-71.

fora de qualquer controle. Se estivesse subordinado a outro detentor de poder que estivesse numa posição de controlador, o sistema deixaria de ser autocrático.[220]

A clássica ideia de separação de "poderes" não deixa de ser uma forma de fragmentar o poder para enfraquecê-lo e melhor controlá-lo em benefício do indivíduo. Contudo, modernamente, a nova divisão proposta por Loewenstein, sem deixar de lado as três funções ("poderes") que se estabelecem como uma forma de controle, enfrenta o fenômeno de forma pragmática e compreende que a execução das decisões políticas decorre de funções típicas e atípicas que merecem o adequado controle para evitar a arbitrariedade. O seu foco não é romantizar os poderes tripartidos. De fato, eles estão separados, mas além de exercerem funções tipicamente relacionadas, também exercem funções atípicas desconectadas das suas respectivas nomenclaturas (Legislativo, Executivo e Judiciário). O cerne da preocupação é a função assegurada por uma competência legal, independente da sua tipicidade relacionada ao Poder Público. O controle político se situa na correção do arbítrio decorrente de uma competência impropriamente exercida em disfunção. Assim considerando a fiscalização das funções, essa perspectiva apresenta-se pulverizada e, por isso, o controle mostra-se facilitado e efetivo.

2.1.4 Direitos e garantias fundamentais individuais: resistência ao poder

Em termos de direitos e de garantias fundamentais individuais, o dispositivo de maior relevância é o artigo 5º da CRFB. O seu *caput* enuncia cinco direitos fundamentais. E, a partir do enunciado desses direitos, o nosso constituinte foi definindo, nos respectivos incisos, as condições e os desdobramentos que os tornam efetivamente garantidos pelo Estado Democrático de Direito.[221]

O ponto de partida da presente pesquisa baseia-se na dogmática jurídica dos direitos fundamentais na visão liberal. Por essa perspectiva, pensamos correto pôr em discussão, em princípio, os direitos de *status* negativo, os quais têm a função histórica de limitar o poder do Estado em virtude das conquistas do constitucionalismo.

---

[220] Cf. LOEWENSTEIN, Karl. *Teoría de la Constitución*. 2. ed. Barcelona: Arial, 2018. p. 72.

[221] Cf. MARTINS, Ives Gandra da Silva. *Conheça a Constituição*: comentários à Constituição Brasileira. v. 1. Barueri: São Paulo, 2005. p. 37.

CAPÍTULO 2
LIMITES E CONTROLES CONSTITUCIONAIS | **111**

Escorados na lição de Loewenstein,[222] os direitos fundamentais são mecanismos de controle vertical do poder político. Os direitos fundamentais estritos são reservas de poder que são utilizados contra o poder estatal, ainda que sejam poderes limitáveis.

Na dogmática alemã os direitos fundamentais são direitos de defesa ou de resistência, pois estão ligados à consecução de liberdade negativa. Referindo-se ao *status* negativo proposto por Georg Jellinek, Pieroth e Schlink concluem que "[e]ste estado é conformado e assegurado por via de direitos fundamentais, quando e na medida em que eles, como *direitos de defesa*, protegem determinadas liberdades ou bens jurídicos contra ingerências, restrições, limitações ou violações do Estado".[223]

Nessa seara, defender é resistir. O termo resistência decorre do "latim *resistentia*, de *resistire* (resistir, opor-se, reagir): em sentido lato, entende-se toda *reação* ou *oposição* a que se faça ou se execute alguma coisa. É, então, revelada pelo *meio de impedir-se* a realização ou a execução do ato"[224] (g. a.).

Então articular os direitos fundamentais, a rigor, significa criar um "campo de força" para que o Estado não possa ultrapassar os limites estabelecidos. Trata-se de uma forma de resistir ao poder estatal.

2.1.4.1 Por que apenas "individuais"?

Os limites materiais ao poder de reforma descritos no artigo 60, §4º, da CRFB são apenas uma capa de sentido que encobre a real função desses elementos constitucionais essenciais que foram expostos nos seus respectivos incisos. A subtração da plena disposição do poder de reforma impede a abolição de "matérias que, em virtude de constituírem o cerne material de uma constituição, [representa], pois, a sua própria identidade".[225] A nosso ver, a identidade de uma constituição está na resistência contra o poder arbitrário.

O artigo 60, §4º, IV, da CRFB afirma que são cláusulas pétreas apenas os direitos e garantias "individuais". A interpretação literal

---

[222] Cf. LOEWENSTEIN, Karl. *Teoría de la Constitución*. 2. ed. Barcelona: Arial, 2018.

[223] PIEROTH, Bodo; SCHLINK, Bernhard. *Direitos fundamentais*. 2. ed. São Paulo: Saraiva, 2019. p. 66.

[224] SILVA, De Plácido e. *Vocabulário jurídico*. 32. ed. Rio de Janeiro: Forense, 2016. p. 1.229.

[225] CANOTILHO, José Joaquim Gomes *et al*. *Comentários à Constituição do Brasil*. 2. ed. São Paulo: Saraiva, 2018. p. 1.218.

desse dispositivo tem fundamento, apesar de existir uma série de argumentos contrários.

A doutrina majoritária salientou que o constituinte de 1987-1988 conferiu *status* de cláusula pétrea aos direitos fundamentais de todas as "gerações" (Karel Vasak). A posição se sustentaria, pois, o sistema constitucional de proteção dos direitos fundamentais tem sua eficácia reforçada não só na aplicabilidade imediata das normas definidoras de direitos e garantias fundamentais (art. 5º, §1º), bem como na sua proteção reforçada quanto à ação erosiva do constituinte-reformador, caracterizada pela unicidade.[226]

Há, ainda, corrente doutrinária que estende o "*status* de cláusula intangível, mercê da cláusula materialmente aberta contida no art. 5º, §2º",[227] para além dos direitos materialmente fundamentais não incluídos no Título II da Constituição de 1988.

Ademais, apesar de a jurisprudência do Supremo Tribunal Federal não ser unânime quanto ao tema, ela tem sua representatividade na ADI nº 939-DF.[228] O tribunal, nessa demanda, declarou a inconstitucionalidade da Emenda Constitucional nº 3 de 1993, com base no direito fundamental previsto fora do catálogo próprio. Então, atribuiu ao artigo 150, III, "b" (anterioridade tributária), a condição de cláusula pétrea, visto ser um direito fundamental do contribuinte.

Com o devido respeito, *a priori*, somos adeptos da posição doutrinária minoritária que interpreta literalmente o artigo 60, §4º, IV, da CRFB. Segundo Dimoulis e Martins:[229] "Essa interpretação oferece mais garantias aos titulares dos direitos fundamentais. Em um debate político-jurídico poderia ser alcunhada de progressista. Porém, do ponto de vista jurídico, não é conveniente. Uma interpretação sistemática baseada na comparação da tecnologia empregada pelo constituinte indica que o art. 60 da CF vale-se de um termo bem mais restritivo do que a expressão *direitos fundamentais*. Por mais questionável que isso possa parecer, sobretudo em face de alguns dos objetivos social-democráticos ou desenvolvimentista estabelecidos pelo próprio constituinte originário, a referência a 'direitos individuais' exclui os direitos coletivos, os direitos sociais, se entendidos como direitos

---

[226] Cf. CANOTILHO, José Joaquim Gomes et al. *Comentários à Constituição do Brasil*. 2. ed. São Paulo: Saraiva, 2018. p. 1.224.

[227] *Ibid.*, p. 1.225.

[228] BRASIL. Supremo Tribunal Federal. *Ação Direta de Inconstitucionalidade nº 939*. Brasília, DF, 15 de fevereiro de 1993.

[229] DIMOULIS, Dimitri; MARTINS, Leonardo. *Teoria geral dos direitos fundamentais*. 6. ed. São Paulo: Revista dos Tribunais, 2018. p. 54.

CAPÍTULO 2
LIMITES E CONTROLES CONSTITUCIONAIS | 113

coletivos, os direitos políticos e os direitos difusos da proteção do art. 60 da CF, podendo todas essas espécies de direitos sofrer restrições ou mesmo serem 'abolidas' mediante o procedimento constitucionalmente previsto de reforma. A Constituição Federal atribui à expressão *direitos fundamentais*, que se encontra no Título II, um sentido abrangente, sendo suas espécies os direitos individuais, os direitos coletivos, os direitos sociais, os direitos de nacionalidade, os direitos políticos e os relacionados aos partidos políticos, conforme indicam vários capítulos no Título II".

Isso não significa que essa literalidade do texto não seja conjugada com uma análise sistemática. Todavia a sistematicidade é dada em razão dos próprios incisos do artigo 60, §4º, da CRFB. Coadunamos inicialmente com a visão de que as cláusulas pétreas vinculam apenas os direitos de *status* negativo (liberdades fundamentais) e, porquanto, "ao impingirem ao Estado o implemento de prestações negativas, estariam vinculadas ao núcleo essencial do Estado de Direito (limitação jurídica do poder estatal)". Não concordamos com a contrapartida de que essa visão possa afetar a "coerência e uniformidade obtidas pelo evoluir da história constitucional de diversos países".[230]

Afirmamos isso porque o limite material contra o poder de reforma que impõe uma intangibilidade não se liga exclusivamente aos direitos e às garantias fundamentais. Ele abrange outros elementos – o federalismo, o voto e a separação de Poderes. Portanto, o problema deveria ser formulado em outros termos. Não deveríamos iniciar a análise do ponto a partir da seguinte questão: (1) por que as cláusulas pétreas não abrangem outros direitos e garantias fundamentais, além dos individuais? Entretanto, pensamos ser correto iniciar por uma investigação abrangente apesar dos direitos fundamentais. Assim, a questão a ser formulada parece adequada nos seguintes termos: (2) por que as cláusulas pétreas abrangem os elementos indicados nos incisos do artigo 60, §4º, da CRFB? A resposta para essa pergunta é a manutenção das formas essenciais de limitação de poder dispostas nos incisos do dispositivo constitucional em comento, como demonstrado separadamente nas subseções anteriores desta seção. A partir de então, poderíamos justificar que apenas os direitos de *status* negativo seriam cláusulas pétreas, pois eles claramente limitam o poder estatal.

O que seria protegido pela cláusula do artigo 60, §4º, IV, da CRFB é tão somente uma parcela dos direitos fundamentais que

---

[230] CANOTILHO, José Joaquim Gomes et al. *Comentários à Constituição do Brasil*. 2. ed. São Paulo: Saraiva, 2018. p. 1.223.

correspondem aos direitos de resistência, os quais poderiam ser exercidos individualmente.

Deste modo, o texto considera os direitos e as garantias fundamentais individuais uma das cláusulas pétreas, porque não deseja enfraquecer o que é essencial na Constituição de 1988: a limitação do poder do Estado.

Feitas essas considerações, agora é possível colocar outra questão somada à pergunta (1) anterior: (3) os demais direitos e garantias fundamentais, além dos individuais, poderiam ser considerados cláusulas pétreas em razão da sua finalidade essencial limitativa do poder?

Em sentido estrito, os direitos fundamentais podem ser classificados como: direitos individuais (CRFB, art. 5º), direitos coletivos (CRFB, art. 5º), direitos sociais ou prestacionais (CRFB, art. 6º e art. 193 e ss.), direitos de nacionalidade (CRFB, art. 12), direitos políticos (CRFB, art. 14 a 17) e direitos solidários (CRFB, art. 3º e art. 225). Se analisarmos pelo ponto de vista da teoria clássica dos direitos fundamentais, o desafio é integrar os outros, que não decorrem do constitucionalismo liberal, como limitadores e controladores do poder e, assim, justificar uma coerência elementar entre eles.

Desse modo e analisando profundamente os direitos fundamentais estritos, todos eles podem ser pensados sob a perspectiva da imposição de limites contra os atos estatais arbitrários. Para usar uma terminologia notoriamente utilizada e cunhada por Karel Vasak e ao mesmo tempo se afastando dela, pouco importa se os direitos fundamentais são de primeira (liberdade), de segunda (igualdade) ou de terceira geração (fraternidade). Os direitos fundamentais impõem limites. Por isso, normalmente, a tendência é focar nos direitos e nas garantias "individuais", pois é evidente a preocupação deles contra o arbítrio que normalmente surge pelo desempenho de uma competência imprópria. Tal evidência não ocorre, por exemplo, com os direitos sociais e com os direitos solidários.

A resposta para a questão (3) posta anteriormente é positiva, desde que os demais direitos fundamentais, além dos individuais, também tenham a finalidade de limitar o poder.

Entretanto, pensamos que, diante do rol dos direitos fundamentais, os direitos sociais e os direitos solidários seriam os mais problemáticos em relação ao ponto de análise.

No que tange aos direitos sociais, em termos de relação jurídica entre o cidadão (polo ativo) e o Estado (polo passivo), esse último possui uma obrigação para com a constituição. O Estado está obrigado minimamente a cumprir seu dever constitucional; essa imposição gera um direcionamento. A atuação estatal no contexto social, além de ser conduzida de modo igualitário para todos, não pode se desviar da direção posta pela constitucionalidade. Logo, diante de uma inação ou diante de uma ação inadequada, os direitos sociais impõem limites e controles de modo a direcionar o Estado. E, sob esse prisma, quando algo é direcionado, isso decorre de limites prévios e de controles concomitantes ao desempenho da obrigação devida. Por esse ângulo, os direitos sociais poderiam ser pensados a partir da teoria clássica dos direitos fundamentais, que tem em vista a limitação e o controle do poder.

Nessa trilha, os direitos solidários também podem ser observados pela ótica tradicional. Eles também são chamados de "novos direitos coletivos", pois seu exercício é coletivo e a sua titularidade difusa, quando comparado com os "tradicionais direitos coletivos", cujo exercício é individual, mas sua expressão é coletiva.

Para sustentar nossa posição, mais fácil seria utilizar um direito solidário específico, tal como o direito ao meio ambiente ecologicamente equilibrado (CRFB, art. 225[231]). Esse direito fundamental tem duas

---

[231] Art. 225. Todos têm direito ao meio ambiente ecologicamente equilibrado, bem de uso comum do povo e essencial à sadia qualidade de vida, impondo-se ao Poder Público e à coletividade o dever de defendê-lo e preservá-lo para as presentes e futuras gerações.
§1º Para assegurar a efetividade desse direito, incumbe ao Poder Público:
I - preservar e restaurar os processos ecológicos essenciais e prover o manejo ecológico das espécies e ecossistemas;
II - preservar a diversidade e a integridade do patrimônio genético do País e fiscalizar as entidades dedicadas à pesquisa e manipulação de material genético;
III - definir, em todas as unidades da Federação, espaços territoriais e seus componentes a serem especialmente protegidos, sendo a alteração e a supressão permitidas somente através de lei, vedada qualquer utilização que comprometa a integridade dos atributos que justifiquem sua proteção;
IV - exigir, na forma da lei, para instalação de obra ou atividade potencialmente causadora de significativa degradação do meio ambiente, estudo prévio de impacto ambiental, a que se dará publicidade;
V - controlar a produção, a comercialização e o emprego de técnicas, métodos e substâncias que comportem risco para a vida, a qualidade de vida e o meio ambiente;
VI - promover a educação ambiental em todos os níveis de ensino e a conscientização pública para a preservação do meio ambiente;
VII - proteger a fauna e a flora, vedadas, na forma da lei, as práticas que coloquem em risco sua função ecológica, provoquem a extinção de espécies ou submetam os animais a crueldade.
VIII - manter regime fiscal favorecido para os biocombustíveis destinados ao consumo final, na forma de lei complementar, a fim de assegurar-lhes tributação inferior à incidente sobre os combustíveis fósseis, capaz de garantir diferencial competitivo em relação a estes, especialmente em relação às contribuições de que tratam a alínea "b" do inciso I e o inciso IV do caput do art. 195 e o art. 239 e ao imposto a que se refere o inciso II do *caput* do art. 155 desta Constituição.

dimensões representadas por um direito e por um dever. Importa-nos pensarmos no direito, pois, pela teoria clássica, é ele quem impõe um limite estatal diante de uma relação jurídica.

No que se refere ao dever fundamental, por outro lado, ele não impõe um vínculo obrigacional entre o Estado e o cidadão. O dever fundamental, nesse caso específico, é o da "coletividade" em relação a "Todos", segundo os termos do *caput* do artigo 225 da CRFB. O Estado nunca estará no polo ativo da relação jurídica, senão seríamos forçados a admitir que ele seria titular de um direito fundamental. A designação "Todos", disposta no *caput* do artigo 225 da CRFB, tem em vista a mesma titularidade daquele "Todos", indicado no *caput* do artigo 5º da CRFB,[232] ou seja, a análise exclui o Estado do polo ativo da relação jurídica. Enquanto o "dever" do Estado indicado no *caput* do artigo 225 da CRFB é um desdobramento do direito fundamental de todos ao meio ambiente ecologicamente equilibrado; o "dever" da coletividade, também indicado no referido dispositivo, é um dever fundamental em face de todos. O dever fundamental foge do nosso propósito, como dito, uma vez que não está ligado à ideia de limitação do poder.

Seguindo com a análise do direito ao meio ambiente ecologicamente equilibrado, é possível sustentar que ele limita e direciona o poder estatal. O dever estatal é "defendê-lo e preservá-lo" (CRFB, art. 225, *caput*) e, para tanto, está incumbido de realizar diversas ações

---

§2º Aquele que explorar recursos minerais fica obrigado a recuperar o meio ambiente degradado, de acordo com solução técnica exigida pelo órgão público competente, na forma da lei.

§3º As condutas e atividades consideradas lesivas ao meio ambiente sujeitarão os infratores, pessoas físicas ou jurídicas, a sanções penais e administrativas, independentemente da obrigação de reparar os danos causados.

§4º A Floresta Amazônica brasileira, a Mata Atlântica, a Serra do Mar, o Pantanal Mato-Grossense e a Zona Costeira são patrimônio nacional, e sua utilização far-se-á, na forma da lei, dentro de condições que assegurem a preservação do meio ambiente, inclusive quanto ao uso dos recursos naturais.

§5º São indisponíveis as terras devolutas ou arrecadadas pelos Estados, por ações discriminatórias, necessárias à proteção dos ecossistemas naturais.

§6º As usinas que operem com reator nuclear deverão ter sua localização definida em lei federal, sem o que não poderão ser instaladas.

§7º Para fins do disposto na parte final do inciso VII do §1º deste artigo, não se consideram cruéis as práticas desportivas que utilizem animais, desde que sejam manifestações culturais, conforme o §1º do art. 215 desta Constituição Federal, registradas como bem de natureza imaterial integrante do patrimônio cultural brasileiro, devendo ser regulamentadas por lei específica que assegure o bem-estar dos animais envolvidos.

[232] Art. 5º Todos são iguais perante a lei, sem distinção de qualquer natureza, garantindo-se aos brasileiros e aos estrangeiros residentes no País a inviolabilidade do direito à vida, à liberdade, à igualdade, à segurança e à propriedade, nos termos seguintes:

(CRFB, art. 225, §1º, I, II, III, IV, V, VI, VII, VIII). Essas imposições dirigem o Estado e, portanto, limitam-no ao mesmo tempo em que está sujeito ao controle, por exemplo, diante da propositura de uma ação popular ambiental (CRFB, art. 5º, LXXII).

Por se tratar de direitos extremamente abstratos, os titulares dos direitos solidários dificilmente podem ser identificados (difusos). Dimoulis e Martins fornecem um indicativo que socorre o argumento até aqui exposto. Segundo os juristas, "[p]arece mais razoável equiparar tais direitos [solidários] a diretivas endereçadas ao Estado que deve tomar medidas para satisfazer determinadas necessidades sociais, sem que seja possível aferir, mediante interpretação do texto constitucional, o conteúdo concreto ou afirmar a justiciabilidade de tais direitos".[233] Sendo os direitos solidários uma forma de diretiva, já justificada pelas razões expostas, identificamo-los como sendo outra forma de limite e de controle do poder estatal.

Os direitos fundamentais se interagem e as classificações propostas pela doutrina, sejam por gerações (Karel Vasak), *status* (Georg Jellinek), proteção (Vieira de Andrade), são úteis didaticamente. Mas o tema, passado em revista, nutre a ideia de que a essência deles está na limitação e no controle do poder e, assim, alinham-se à ideia clássica liberal dos direitos fundamentais.

Logo podemos admitir uma interpretação ampliativa do artigo 60, §4º, IV, da CRFB para compreender os outros direitos fundamentais, porque estão ligados à limitação e ao controle do poder, os quais são garantias essenciais da constituição. E, por isso, admitimos estender a tese para todos os direitos e garantias fundamentais que tenham subjacentes o limite e o controle, e não apenas aqueles de *status* negativo que representam, evidentemente, os direitos de resistência.

2.1.4.2 Distinção entre os direitos e as garantias fundamentais

Restou justificada a importância dos direitos e das garantias fundamentais que visam à limitação e ao controle do poder para manutenção da essencialidade da Constituição brasileira, o que não afastará do âmbito deste trabalho a tendência em examinar especialmente

---

[233] BONAVIDES, Paulo; MIRANDA, Jorge; AGRA, Walber de Moura (coord.). *Comentários à Constituição Federal de 1988*. Rio de Janeiro: Forense, 2009. p. 73.

aqueles considerados individuais, justamente pela abrangência e historicidade contidas no artigo 5º da CRFB.

Nesta oportunidade, pretendemos fazer outra distinção. Agora deixaremos clara a opção de análise das garantias fundamentais isoladamente para o estudo do controle do arbítrio, não obstante também terem os direitos fundamentais estritos essa relevante missão enquanto forma de limitação. Para tanto, buscaremos sustentar a autonomia das garantias perante os direitos fundamentais estritos, a partir da sua diferença.

Segundo José Afonso da Silva, posição que iremos criticar, "essas garantias não são um fim em si mesmas, mas instrumentos para tutela de um direito principal", elas "[s]ão instrumentais, o que serve de meio de obtenção das vantagens e benefícios decorrentes dos direitos que visam garantir". O jurista assevera que as garantias fundamentais "são também *direitos* – direitos *conexos* com os direitos fundamentais – porque são *permissões* concedidas pelo Direito Constitucional objetivo ao homem para a defesa desses outros direitos principais e substanciais" (g. a.). Todavia o autor apresenta uma conclusão que vai ao encontro das nossas expectativas, mas condicionada às ressalvas a serem feitas. Ele afirma que as garantias fundamentais e não direitos fundamentais "são os autênticos *direitos públicos subjetivos*".[234] Em suma, a partir da doutrina apresentada e das críticas que foram conduzidas, podemos afirmar que as garantias fundamentais são direitos públicos subjetivos que têm a finalidade de limitação dos poderes constituídos.

Atualmente não desconhecemos parte da doutrina que afasta tal distinção. Gustavo Haddad Braga, baseado na visão textualista de Antonin Scalia,[235] atribui significados idênticos aos termos direitos e garantias. Segundo o autor,[236] "Nenhum deles [dicionários], portanto, estabelece diferenciação entre garantia e direito. Que a Constituição tenha empregado ambos os termos, essencialmente sinônimos, na mesma sentença não é erro nenhum, mas, antes, técnica muitíssimo usual em português. Quando alguém declara, por exemplo, que tem 'sonhos e aspirações', ninguém duvida de que não haja uma clara distinção entre os dois; são vocábulos cujo significado se mistura, e

---

[234] SILVA, José Afonso da. *Curso de direito constitucional positivo*. 43. ed. São Paulo: Malheiros, 2020. p. 191.

[235] SCALIA, Antonin. *A matter of interpretation*. Princeton: Princeton University Press, 1997. 173 p.

[236] BRAGA, Gustavo Haddad. *O Estado constituído:* um curso de direito constitucional. Rio de Janeiro: Lumen Juris, 2016. p. 34-35.

que conjuntamente se empregam apenas para que delimite cada um o campo semântico do outro, determinando uma dentre suas múltiplas acepções. É que dissesse alguém, pura e simplesmente, que tem 'sonhos', ficaria seu interlocutor em dúvida sobre se tratar de sonho na acepção pretendida, de sonho-aspiração, ou em outra, como, por exemplo, a de pensamentos ou imagens que durante o sono vêm à mente. Pois bem. Baseado na suposta distinção entre direito e garantia – que mais uma vez frisamos ser inexistente, querem alguns entender que a referência que faz o art. 60, §4º, IV, aos 'direitos e garantias individuais' pudesse extrapolar o *Capítulo I* ('Dos Direitos e Deveres Individuais e Coletivos') do *Título II* da Constituição, abarcando normas dispostas, de modo esparso, em outras de suas subdivisões, justamente porque a denominação do capítulo em questão não menciona a palavra *garantia*, mas apenas *direito*. É pensamento de todo absurdo; ainda para os que, contrariamente à boa prática da língua e aos registros dos dicionários, insistem propalar tenham os vocábulos significado diverso, deve bastar para que se conclua pela erronia da tese o fato de que o *caput* do art. 5º – o único daquele capítulo – faz menção expressa de que os direitos que dispõe *garantem*-se na forma de seus incisos:" (g. a.).

É com apoio do jurista Ruy Barbosa, diante dessa controvérsia, que conduziremos este tópico para apresentar uma distinção preliminar. O autor sustentou uma diferença, a qual é aceita majoritariamente pela doutrina pátria e permanece difundida no sistema jurídico brasileiro.

Todavia, no decorrer desta subseção, restará claro que não assumiremos uma posição contrária, que vá além da exclusiva análise linguística. Entendemos ser necessária essa diferença, uma vez que o texto constitucional de 1988 nos apresenta, em diversas passagens, os referidos termos de modo separado e não unificado. Como exemplo, podemos citar o próprio "Título II", que antecede o artigo 5º da CRFB de onde se transcreve a expressão "Dos Direitos e Garantias Fundamentais"; ainda no próprio artigo 5º, §1º e §2º, da CRFB, consta a expressão "direitos e garantias". Da mesma maneira, os termos "direitos e garantias" fazem parte do artigo 60, §4º, IV, da CRFB. Em nenhuma dessas oportunidades ou em qualquer outra, o texto constitucional apoiou-se na conjunção coordenativa alternativa "ou", mas sempre na conjunção coordenativa aditiva "e". Desse modo, pensamos ser adequado continuarmos com a referida diferença, não obstante fazermos alguma anotação ao final que acrescente algo à posição do notável Ruy Barbosa, diante da análise do contexto constitucional moderno.

Para o melhor entendimento do tema, é válido lembrar que Ruy Barbosa analisou a acepção "garantias constitucionais" de uma maneira estrita. Segundo ele, as verdadeiras garantias constitucionais ocorrem no sentido mais restrito da palavra, são inquestionavelmente as garantias constitucionais propriamente ditas aquelas denominadas de garantias fundamentais. O citado jurista lança, portanto, a festejada distinção manifesta até os dias atuais, na qual os direitos fundamentais estritos são "aspectos, manifestações da personalidade humana em sua existência subjetiva, ou nas situações de relação com a sociedade, ou [com] os indivíduos, que a compõem", enquanto as denominadas garantias fundamentais seriam "as solenidades tutelares, de que a lei circunda alguns desses direitos contra os abusos do poder".[237]

Na mesma trilha, o jurista argentino contemporâneo de Ruy Barbosa, Amancio Alcorta, afirma que as garantias fundamentais podem ser definidas da seguinte maneira: "Há, pois, limitações aos direitos individuais, no sentido em que o expusemos, mas para evitar abusos que possam ser cometidos à sua sombra e pelo seu exercício, há também garantias na mesma carta constitucional que colocam à disposição de todas as vítimas os meios para garantir que o direito seja respeitado e que o abuso desapareça".[238]

Atento à leitura do trecho de Barbosa, parece não ter como afastar a estreita relação – acrescentaríamos "direta" – entre as garantias fundamentais e o poder abusivo. Nesse contexto, as garantias fundamentais estariam diretamente ligadas à eliminação da arbitrariedade. Quando ultrapassados os limites impostos constitucionalmente, surge a garantia fundamental do cidadão contra os referidos desmandos.

Aqui existe um detalhe na doutrina de Barbosa que merece ser mais bem esclarecido. Apesar de o jurista se referir à ideia – majoritariamente aceita – de que as garantias circundam (asseguram) os direitos fundamentais para protegê-los nos termos da citação anterior; não significa, *a priori*, que a interpretação da assertiva em comento não conduziria a outro caminho, ou seja, acrescentando entendimento fora aquele em que as primeiras serviriam para assegurar de modo direto

---

[237] BARBOSA, Ruy. *República*: teoria e prática. Brasília: Vozes, 1978. p. 121-122.

[238] "Existen, pues, limitaciones a los derechos individuales, en el sentido en que lo dejamos explicado, pero para evitar los abusos que a su sombra y por su ejercicio pudieran cometerse, existen también garantías en la misma carta constitucional que ponen al alcance de todos los damnificados los medios de conseguir que el derecho sea respetado y que el abuso desaparezca". ALCORTA, Amancio. *Las garantías constitucionales*. Buenos Aires: Félix Lajoune, 1881. p. 34, tradução nossa.

os segundos. Do pensamento de Barbosa, é possível extrair a conclusão de que, além de o direito fundamental ser assegurado através de uma garantia, esta última tem a finalidade primordial de eliminar ou evitar o poder abusivo.

Então, à primeira vista, pensamos que as garantias fundamentais combatem o arbítrio, visando impor um comportamento devido; e, apenas reflexamente, protegem os direitos fundamentais estritos. Noutras palavras: as garantias fundamentais servem para eliminar o poder abusivo e, consequentemente, assegurar os direitos fundamentais estritos. Aqui está o cerne da distinção, uma vez que, sendo as garantias fundamentais um tipo de direito subjetivo, a diferença se torna bastante tênue, porém relevante.

Dito isso, já é possível enfrentar um ponto imprescindível, o qual, como dito, revela que as garantias são verdadeiros direitos subjetivos e, em algumas oportunidades, a doutrina batizou como sendo "direitos-garantia". Ao trazer a problematização para o campo da teoria do direito e pensando sob a perspectiva da relação jurídica, é possível esclarecer o que foi discorrido.

A relação jurídica significa uma "[...] *ligação, vinculação* ou *conexão*, dando-nos a ideia exata de junção entre dois sujeitos que são os seus extremos" (g. a.). Logo, se reduzirmos o feixe de relações jurídicas existentes na realidade a uma única unidade, teremos apenas uma relação jurídica e assim será possível "individualizar apenas *dois sujeitos* (um ativo e outro passivo), *um direito* em oposição a *um dever* e a *norma jurídica* incidindo e regulando a *relação jurídica* entre si, desta decorrendo o vínculo"[239] (g. a.).

A garantia fundamental não deixa de ser um direito. Daí por que também entendemos correto denominá-la de direito-garantia fundamental para diferenciar do direito fundamental em espécie. Ela incide na relação existente entre o cidadão – sujeito ativo e titular do direito-garantia – e o Estado – sujeito passivo e titular de um dever. Note que o direito-garantia em questão não se trata do direito fundamental estrito, mas a própria garantia fundamental que tem em vista a eliminação do poder estatal abusivo.

A estrutura da relação jurídica é composta, além dos dois sujeitos anteriormente mencionados (ativo e passivo), de um objeto e de um vínculo.

---

[239] COSTA, Wille Duarte. *Relação jurídica*: conceito e estrutura. Belo Horizonte: Del Rey, 1994. p. 6, 9.

O objeto da relação jurídica está no interesse quanto ao comportamento do outro sujeito. Deste modo, nos termos do magistério de Wille Duarte Costa:[240] "o objeto da relação jurídica é o *comportamento*, no sentido de um *dever jurídico*, imposto ao *sujeito passivo* para a satisfação do interesse do *sujeito ativo*, que não pode ser superior ao direito de que é inerente, nem mesmo inferior, a não ser que a vontade do sujeito ativo possa manifestar-se no sentido de acolher a deficiência apresentada" (g. a.).

O objeto da relação jurídica em análise é um comportamento devido constitucionalmente e não o direito fundamental em si.

Todavia o objeto da relação jurídica não se confunde com o objeto do Direito. Na relação jurídica, como dito, o seu objeto reside no comportamento do sujeito passivo para a satisfação do interesse do titular do direito subjetivo, seja ele positivo ou negativo. Enquanto o objeto do Direito é o bem juridicamente considerado. O objeto do Direito, portanto, "são os bens, concretos e abstratos, suscetíveis de apropriação e com valor econômico, sobre os quais se manifestam o interesse e a vontade do titular do direito". Os bens abstratos ou imateriais, por exemplo, são as "invenções, as marcas, as obras literárias e artísticas, o direito à liberdade, à vida, à integridade corporal, à saúde, ao nome, à honra e outros semelhantes".[241] Nesse sentido, poderíamos destacar que, por exemplo, enquanto um dos objetos do direito fundamental é a liberdade, o do direito-garantia fundamental é o comportamento adequado constitucionalmente.

Entre o cidadão e o objeto do direito fundamental existe uma relação de poder ou de dominação. Em suma, a relação existente entre o sujeito e o objeto do Direito ocorre fora da relação jurídica, o que consiste na relação entre o cidadão e a liberdade. É uma relação de poder ou de dominação. Por isso afirma-se que "entre o sujeito e o bem [objeto do direito] não existe relação jurídica [...]. No entanto, não se pode negar a existência de um poder de dominação do sujeito sobre o objeto do direito [...]. Evidente que tal direito sofrerá, como sempre sofreu, as limitações naturais ditadas pela ordem jurídica vigente".[242] A bem da verdade, o direito fundamental é poder passível de limitação, ou seja, é um poder limitável de modo proporcional e justificadamente.

---

[240] COSTA, Wille Duarte. *Relação jurídica*: conceito e estrutura. Belo Horizonte: Del Rey, 1994. p. 43.

[241] *Ibid.*, p. 41-42.

[242] *Ibid.*, p. 74.

O direito fundamental trata-se de reserva de poder de liberdade, uma vez que o titular do poder é o povo. Inicialmente não há limites para o seu exercício, apenas *a posteriori*, diante do contexto em que se aplicou ou se aplicará. Dito isso é possível concluir que, em uma relação jurídica estabelecida entre o cidadão e o Estado, o seu objeto não é um bem abstrato ou imaterial (objeto do direito), mas o comportamento devido pelo sujeito passivo da relação (Estado) que afastará o arbítrio. Logo, não é o direito fundamental estrito o objeto da relação jurídica, mas o comportamento do Estado, decorrente da "inviolabilidade" do direito fundamental. Por isso, em primeira ordem, a garantia não é instrumento do direito fundamental. Nesse caso específico, como já adiantado, o referido comportamento devido é o exercício do poder limitado aos parâmetros constitucionais no caso da garantia fundamental e é uma abstenção no caso do direito fundamental.

É importante ter em vista, consequentemente, o significado do vínculo jurídico como um dos elementos dessa relação. Segundo Wille Duarte Costa, se o sujeito passivo não atender – estando obrigado – ao comportamento exigido pelo sujeito ativo assegurado pela norma jurídica, "o sujeito passivo, poderá ser conduzido a reparar o que foi violado, obrigando-se a recolocar tudo em seu devido lugar, sob pena de sujeitar-se à *sanção* ditada pela norma jurídica"[243] (g. a.). A violação do comportamento devido, ou seja, o exercício de um comportamento indevido, ocorre por ação ou por inação. É certo que o arbítrio viola o próprio direito fundamental, mas o que está em mira na relação jurídica é o comportamento devido constitucionalmente pelo Estado.

O artigo 5º da CRFB quando preceitua, literalmente, "[...] garantindo-se [...] a inviolabilidade do direito à [...]", tem subentendida a existência de um comportamento indevido, pois apenas se constata a existência de uma inviolabilidade em si depois de ter havido tentativa de violação por uma ação ou por uma inação. Note que seria diferente se o texto constitucional citado garantisse não a inviolabilidade, mas os próprios direitos fundamentais estritos. Nessa última alternativa, estaríamos diante de um comando a fim de promovê-los e não preocupados com os comportamentos indevidos.

Enfim, a conclusão derradeira deste tópico já pode ser expressa, pois os elementos necessários foram apresentados.

As garantias fundamentais que asseguram os direitos fundamentais estritos nos moldes tradicionalmente colocados por Ruy

---

[243] COSTA, Wille Duarte. *Relação jurídica*: conceito e estrutura. Belo Horizonte: Del Rey, 1994. p. 47-48.

Barbosa ocorrem apenas indiretamente. Elas também são aspectos, manifestações da personalidade humana em sua existência subjetiva, ou nas situações de relação com a sociedade, ou com os indivíduos que a compõem, como bem visto por Ruy Barbosa ao se referir aos direitos fundamentais em sentido estrito.

O sujeito ativo da relação jurídica "[é] aquele cujo interesse deve ser tutelado". O direito subjetivo é de titularidade do sujeito ativo "e cuja vontade é o elemento essencial para que possa ser exercido. O erro tem consistido em pretender que a vontade do sujeito ativo deva ser expressa" para o interesse ser tutelado, uma vez que o sujeito passivo pode satisfazê-lo de modo objetivo e extinguir a relação jurídica. Então, como visto, o interesse surge com a relação jurídica e pode "ser satisfeito independentemente da vontade do titular". A nosso ver, isto ocorre quando o direito fundamental impõe uma abstenção ao Estado, ou seja, tutela o interesse do indivíduo independentemente de sua vontade, logo atua objetivamente e não de modo subjetivo. Por outro lado, "se o interesse não for satisfeito pelo *sujeito passivo*, a vontade do *sujeito ativo* pode manifestar-se, tomando a direção cabível, forçando a satisfação do interesse para que integre o direito assegurado"[244] (g. a.). Aqui teríamos as garantias fundamentais atuando, pois estaríamos diante de um ato arbitrário.

No nosso caso, se o Estado rompe um limite protegido, o interesse relativo ao direito fundamental violado não mais receberá proteção, pois era uma recusa voluntária. Ora, como se tutela o interesse referente a uma abstenção estatal se o Estado efetivamente interveio? É por isso que, caso um direito fundamental estrito seja desrespeitado pelo Estado, o que resta é um ato arbitrário. E, contra isso, teremos as garantias fundamentais para fazer frente contra o arbítrio.

Contudo, nessa condição, a diferença está no comportamento exigido pelas garantias fundamentais em uma relação jurídica, se comparadas com os direitos fundamentais estritos, qual seja: (1) as garantias fundamentais geram um vínculo jurídico-obrigacional contra o Estado em relação ao cidadão, a fim de eliminar, por meio da vontade, um comportamento arbitrário que já ocorreu ou está na iminência de ocorrer. Enquanto no caso dos direitos fundamentais estritos, por serem poderes limitáveis, são analisados diferentemente em uma relação jurídica para obterem um comportamento negativo estatal com vistas

---

[244] COSTA, Wille Duarte. *Relação jurídica*: conceito e estrutura. Belo Horizonte: Del Rey, 1994. p. 33-35.

ao interesse do indivíduo, porque independe da sua vontade. Assim sendo, é o Estado que tem o ônus de justificar o seu comportamento (princípio distributivo e regra da proporcionalidade) em face de um direito fundamental. Então (2) o dever do Estado de se abster de um comportamento em uma relação jurídica independe do uso do direito fundamental mediante a vontade do indivíduo.

A abstenção em referência é tomada pela conduta própria do Estado (respeito ao direito fundamental), por isso ela é objetiva em virtude do indivíduo. Assim parece que estamos ao lado de Martins ao afirmar que a "denominada 'competência negativa' refere-se justamente ao fato de decorrerem limites ou negação das competências legislativas, executivas e judiciais da dimensão objetiva dos direitos fundamentais". É por essa razão que a "retirada das competências estatais é objetiva porque independe de avocação pelo particular".[245] O direito fundamental visa à abstenção do Estado e não à correção do seu comportamento inadequado diante do exercício de uma competência imprópria. Mas, por outro lado, a conformação do comportamento estatal é subjetiva no que se refere ao cidadão, pois pode ser exigida voluntariamente como uma espécie de resistência ou reação através de uma garantia fundamental.

Em um sentido aproximado, pensamos estar alinhados a Eduardo José da Fonseca Costa. Isso porque a distinção entre os direitos e as garantias fundamentais feita pelo jurista não abraça completamente aquela proposta por Ruy Barbosa. Segundo Costa, a garantia fundamental é o "respectivo contrapoder do cidadão" quanto a cada poder do Estado. Por isso, de modo semelhante ao direito fundamental, "pode-se entender garantia individual como o amálgama unissonante de situações jurídicas ativas (pretensões, poderes, faculdades, imunidades etc.), atribuíveis por norma constitucional, são titulares os cidadãos, cujo exercício – isolado ou conjunto – tende a impedir ou desfazer os efeitos decorrentes de um abuso de poder pelo Estado". Por conseguinte, as garantias não se confundem com os direitos individuais, apesar de compor o bloco dos "direitos e garantias fundamentais de primeira geração ou dimensão". O direito individual é uma "situação jurídica ativa (pretensão, poder, faculdade, imunidade etc.), atribuível por norma constitucional, de que são titulares os cidadãos, cuja correlata situação passiva tem como conteúdo uma omissão ou abstenção pelo

---

[245] MARTINS, Leonardo. *Direitos fundamentais*: conceito permanente – novas funções. Rio de Janeiro: Marcial Pons, 2022. p. 169.

Estado". De modo idêntico às garantias, "os direitos individuais também limitam o poder, resguardando esferas de liberdade". A distinção sutil está no fato de que as garantias fundamentais (3) desfazem ou (4) impedem "os efeitos de um agir", enquanto o direito fundamental (5) "evita-se o próprio agir". Advirta que "a distinção aí é menos estrutural que funcional: direito e garantia são concategoriais, pois igualmente situações jurídicas ativas de direito constitucional, titularizadas pelo cidadão, oponíveis ao Estado".[246]

Segundo pensamos e, em diálogo com a posição doutrinária *supra*, o (3) desfazimento dos efeitos de um agir resolve-se por uma compensação (indenização) – pois entendemos serem esses efeitos os danos decorrentes do abuso de poder – e o (4) impedimento dos efeitos de um agir para não se prolongarem no tempo, de modo preventivo ou comissivo, decorre do afastamento ou da prevenção contra o ato funcional impróprio de uma competência estatal. Nos itens (3) e (4), estamos diante de uma lesão ou uma ameaça que se resolvem através de uma pretensão subjetiva, ou seja, uma garantia fundamental. Todavia, para (5) evitar o próprio agir, demandaria a intenção do próprio agente estatal e, na perspectiva de quem é o titular do direito fundamental estrito, essa conduta ocorre objetivamente, o que se revela através da dimensão jurídico-objetiva. Por isso as garantias fundamentais são "os" próprios direitos subjetivos da conceituação tradicional, porquanto elas dependem da subjetividade do cidadão. Segundo Dimoulis e Martins[247] "[d]ireitos fundamentais são direitos público-subjetivos de pessoas (físicas ou jurídicas), contidos em dispositivos constitucionais e, portanto, que encerram caráter normativo supremo dentro do Estado, tendo como finalidade limitar o exercício do poder estatal em face da liberdade individual".

A discriminação feita por Ruy Barbosa entre os direitos e as garantias fundamentais, a nosso ver, não é totalmente equivocada, visto que a função de segurança pode ser averiguada no texto constitucional, porém de modo indireto. Entretanto, não é exclusiva nem a principal função. Logo, o que se propõe é um aprimoramento do próprio conceito de Barbosa, o que decorre muito mais da posição do texto constitucional contemporâneo do que de um erro do festejado jurista.

Portanto, em breve distinção, o direito fundamental pela perspectiva do cidadão impede a ação do Estado objetivamente e a

---

[246] COSTA, Eduardo José da Fonseca. *Processo e garantia*. Londrina: Thorth. 2021. p. 76.

[247] DIMOULIS, Dimitri; MARTINS, Leonardo. *Teoria geral dos direitos fundamentais*. 6. ed. São Paulo: Revista dos Tribunais, 2018. p. 52.

2.1.4.3 A autonomia das garantias fundamentais

As garantias fundamentais têm em mira atacar um comportamento indevido que caracteriza o arbítrio. Com essa assertiva, podemos caminhar para confirmar a autonomia das garantias frente aos direitos fundamentais estritos.

O *caput* do artigo 5º da CRFB garante a inviolabilidade do direito fundamental à vida, à liberdade, à igualdade, à segurança e à propriedade. O dispositivo enuncia cinco direitos fundamentais e, além disso, indica as suas garantias para a inviolabilidade.

A inviolabilidade dos citados direitos fundamentais estritos é garantida por determinados termos elencados nos respectivos incisos do artigo 5º da CRFB, ou seja, por determinados modos, maneiras e procedimentos. Interessante notar que os incisos também irão promover as especificações e as enumerações referentes ao *caput* do dispositivo. No Brasil, a Lei Complementar nº 95, de 26 de fevereiro de 1998, dispõe sobre a elaboração, a redação, a alteração e consolidação das leis, conforme determina o parágrafo único do artigo 59 da CRFB. De todo modo, a forma de interpretar um dispositivo constitucional, a exemplo do artigo 5º, não foge das indicações constantes nesta legislação, mesmo porque estaria conforme a dogmática do tema.

Mas a terminologia utilizada pelos incisos gera certa confusão, por isso esses modos de proceder, as garantias, em muitos casos são denominadas simplesmente de "direitos". O artigo 5º, XXX, da CRFB, por exemplo, assevera o "direito de herança". Esse é assegurado para garantir a inviolabilidade do direito de propriedade na sucessão de bens. Todavia a denominação literal "direito" não é mais um problema, pois definimos que as garantias fundamentais são direitos-garantia ou mesmo "os" verdadeiros direitos fundamentais individuais subjetivos.

Uma análise detida do citado *caput* do artigo 5º faz crer que o termo *"inviolabilidade"* (g. n.) contém em si a ideia de violabilidade, como a sua literalidade indica. Violar é ultrapassar um limite proibido, e o inviolável subentende que o limite sofreu uma tentativa de ultrapassagem. É preciso esclarecer que, sem a tentativa de violação, não se pode afirmar que algo é inviolável. Portanto a inviolabilidade é afiançada diante de uma tentativa de ultrapassar um limite proibido. No nosso estudo, essa conduta se caracteriza como sendo uma arbitrariedade. Aqui precisamos pensar nesses termos, pois é a inviolabilidade do direito e não o direito em si que está protegida pelo *caput* do artigo 5º da CRFB sob a perspectiva das garantias. E esse modo de pensar gera consequências.

Na teoria liberal, a tentativa de violação de um direito fundamental é realizada por uma ação estatal arbitrária que acontece pelo exercício de uma competência imprópria. E, para garantir a inviolabilidade de um direito fundamental, deve-se impedir ou eliminar a ação arbitrária e, com isso, repor a competência excedida ou desviada. Tal conduta é assegurada pelas garantias fundamentais.

O que o *caput* do artigo 5º da CRFB assevera, repita-se, é a garantia "da inviolabilidade" do direito fundamental e não a garantia "do direito fundamental". O direito fundamental é inalienável; ele é permanente ou latente e não se esgota com o uso, mesmo depois de uma violação concreta. E qualquer arbitrariedade contra o direito fundamental não o faz inexistente.

Porém, entre os direitos fundamentais citados no *caput* do artigo 5º da CRFB, existe uma exceção quanto a sua permanência. O direito à vida totalmente violado gera, com certeza, a impossibilidade do seu próprio exercício posterior. Uma garantia serve para assegurar os prejuízos de um acontecimento futuro. Logo, com a morte do indivíduo, não haverá violação do direito à vida posteriormente.

Por outro lado, a violação do direito à liberdade, à igualdade, à segurança e à propriedade não significa a sua abolição, mesmo sendo a violação pontual, momentânea ou continuada.

Ademais, cumpre ressaltar que o direito fundamental é inalienável, não podendo seu titular se despojar dele. Assim, pontualmente violado pelo Estado, não significa que o direito fundamental não será doravante exercitável pelo indivíduo nos demais expedientes da vida, já que ele não deixa de existir.

Notemos o exemplo de uma prisão ilegal enquanto ato arbitrário. Se ela é revertida imediatamente, ao final prevalecerá o direito de locomoção e, por consequência, o direito fundamental à liberdade. Mas, se a prisão ilegal é mantida, ao final do cumprimento da pena, mesmo abusiva, também prevalecerá o direito de locomoção, ou seja, o direito fundamental à liberdade. No mesmo sentido quando a União atenta contra o direito à propriedade do indivíduo e desapropria um

CAPÍTULO 2
LIMITES E CONTROLES CONSTITUCIONAIS | **129**

bem fora dos parâmetros constitucionais; durante esse período, não significa, por exemplo, que esse direito não pode ser respeitado por um Município que tenha a mesma intenção de desapropriar ilegalmente um outro bem daquele indivíduo.

Por um lado, a garantia fundamental tem autonomia e independência para conter o arbítrio e, noutro sentido, não tem a finalidade direta de assegurar um direito fundamental, mas apenas indiretamente. A garantia de um direito fundamental é muito mais ampla do que a garantia da inviolabilidade do direito fundamental. A Constituição brasileira tem esta pretensão quando assegura que (1) "os direitos e garantias individuais" não podem ser abolidos (CRFB, art. 60, §4º, IV), que (2) "[a]s normas definidoras dos direitos e garantias fundamentais têm aplicação imediata" (CRFB, art. 5º, §1º) ou quando é estabelecido (3) o controle de constitucionalidade (CRFB, art. 102, I, II; art. 103). Aqui estamos diante de garantias constitucionais com a finalidade imediata de afiançar os direitos fundamentais.

Então não é certo afirmar que a garantia fundamental é um instrumento do direito fundamental ou um "direito conexo". Isso porque a garantia fundamental não visa diretamente resguardar o direito fundamental. O foco das garantias fundamentais é a inviolabilidade dos direitos fundamentais e não os próprios direitos fundamentais, por isso ela mira contra o arbítrio estatal, ou seja, um comportamento. A inviolabilidade, como visto, prescinde de uma ação arbitrária, o arbítrio; a finalidade da garantia fundamental é justamente combatê-lo. E só indiretamente que ela poderá assegurar o direito fundamental.

A autonomia das garantias frente aos direitos fundamentais estritos gera outra consequência importante, a saber.

As garantias fundamentais tornam-se de trânsito corrente. Sendo elas, a nosso ver, os próprios direitos subjetivos; aplicam-se também independentemente da tipologia dos direitos fundamentais, eis que os atos arbitrários independem da referida classificação.

Se um direito fundamental prestacional, por exemplo, exige uma ação estatal, a sua omissão pode gerar uma arbitrariedade e contra ela se impõe uma garantia fundamental volitiva. É próprio das garantias fundamentais dependerem do radical subjetivo. Elas são exercidas apenas mediante ato de vontade, ao menos de maneira indireta. Em outras palavras, as garantias fundamentais são aplicadas contra o arbítrio, independentemente da geração dos direitos fundamentais estritos (Karel Vasak).

As garantias fundamentais fiscalizam uma competência positiva, já os direitos fundamentais estritos se portam de modo distinto, pois criam uma competência negativa. Isso porque todo direito fundamental, enquanto uma incompetência, impõe um *non facere*, e a violação do limite imposto gera uma arbitrariedade. Pensando nos direitos fundamentais estritos, valemo-nos da lição de Dimoulis e Martins[248] quando acentua a posição de Carl Schimtt, que "impugna a tese de que os direitos de resistência podem em geral ser tutelados a 'custos zero', sendo suficiente uma abstenção estatal, principalmente quando se traz à pauta dos deveres estatais de tutela que aproveitam direitos fundamentais 'clássicos', como os direitos à vida, à incolumidade física e muitos direitos fundamentais da personalidade".

Tal ponto de vista foi recentemente colacionado pela doutrina estadunidense ao defender a teoria do custo dos direitos.[249] Note que os direitos fundamentais estritos de resistência que, *a priori*, impõem uma incompetência, em algumas situações jurídicas, servem-se de um dever secundário de o Estado fazer algo para viabilizar o seu exercício pelo indivíduo. As garantias fundamentais fiscalizam o Estado nos limites da sua competência positiva (dever estatal primário). Não obstante, atento à ideia do "custo dos direitos", cabe ao Estado um dever secundário de promoção das estruturas organizacionais das próprias garantias fundamentais previstas, todavia sem alterá-las ou inová-las em respeito à constitucionalidade. Imaginemos a garantia fundamental do juiz natural. Ela será inviável sem que antes o Estado promova, por concurso público de provas, ou de provas e títulos, os cargos à administração da justiça (CRFB, art. 96, I, "e"). Normalmente isso ocorre com todas as garantias fundamentais processuais. Enfim, tudo isso para esclarecer que, mesmo o Estado devendo circunstancialmente promover as garantias fundamentais, essa atitude não afasta o caráter subjetivo que dela decorre, pois prioritariamente elas são exercidas por ato de vontade diante de uma arbitrariedade.

De todo modo, o fato de as garantias fundamentais serem autônomas em relação aos direitos fundamentais estritos faz delas exercitáveis contra os atos arbitrários decorrentes de ações ou omissões, independentemente da geração dos direitos (Karel Vasak).

---

[248] DIMOULIS, Dimitri; MARTINS, Leonardo. *Teoria geral dos direitos fundamentais*. 6. ed. São Paulo: Revista dos Tribunais, 2018. p. 71.

[249] Cf. HOLMES, Stephen; SUNSTEIN, Cass R. *O custo dos direitos*: por que a liberdade depende dos impostos. São Paulo: WMF Martins Fontes, 2019. 212 p.

Portanto, para além dos direitos fundamentais de resistência a que temos dado destaque, é preciso constatar que todos os direitos fundamentais estritos (individuais, coletivos, sociais ou prestacionais, de nacionalidade, políticos e solidários) impõem, cada um ao seu modo, limitações ao Estado. A arbitrariedade surge a partir do descumprimento de um limite. As limitações constitucionais impostas servem para conter ou direcionar o poder estatal. Logo, a arbitrariedade independe da geração (Karel Vasak) do direito fundamental, pois ela surge por causa da violação de uma fronteira ou por um desvio da direção constitucional. Daí as garantias fundamentais do controle das arbitrariedades serem autônomas em relação aos direitos fundamentais estritos, pois a preocupação delas é com o comportamento inadequado.

As garantias fundamentais reclamam uma autonomia, mesmo que a sua atuação reponha uma competência desviada no futuro; enquanto os direitos fundamentais estritos, também autônomos, impõem uma incompetência desde já, no presente.

Essa perspectiva afasta-se daquela que define a garantia fundamental apenas como asseguradora de um direito fundamental. Elimina-se, destarte, a ideia de garantia como sendo apenas um instrumento do direito fundamental, dando-lhe independência e autonomia. Feita a distinção e firmada a autonomia das garantias fundamentais, doravante iremos isolar nossos estudos em relação a elas e evitaremos nos referir aos direitos fundamentais estritos, mesmo que as conclusões possam ser aplicáveis a eles.

2.1.4.4 As garantias fundamentais como direitos subjetivos condicionados ao arbítrio

A autonomia em relação aos direitos fundamentais estritos é uma característica das garantias. Ainda que tenha sido mencionado e não suficientemente esclarecido, as garantias fundamentais têm uma relação com o tempo futuro.

O direito fundamental é sempre exercido independentemente de uma condição, pois ele está disponível a qualquer tempo. Isso não significa que ele é absoluto. Especificamente nos casos dos direitos de resistência que determinam uma abstenção, eles são incondicionados a qualquer ato do Estado, uma vez se tratar de liberdades públicas dos cidadãos. Por isso o direito fundamental de *status* negativo reflete uma incompetência; com ela, espera-se uma inação estatal.

O direito fundamental à intimidade, à vida privada, à imagem e à honra (CRFB, art. 5º, X, 1ª parte), por exemplo, não depende de nenhum critério para ser exercido. Essa análise vale ainda para o direito à manifestação do pensamento (CRFB, art. 5º, IV), para o direito de consciência e para o direito de crença (CRFB, art. 5º, VI, 1ª parte). Como visto, em todos esses casos, o indivíduo tem o direito fundamental à sua disposição independentemente de uma atuação ou autorização estatal, pois, como dito, são direitos incondicionados.

Por outro lado, a garantia fundamental, como observado, é de fato um direito subjetivo e tem o seu exercício condicionado a um evento futuro. O direito fundamental estrito é exercido presentemente, pois incondicionado, mas, ao contrário, a garantia fundamental apenas será exercida em face de uma condição. Esclarecendo melhor, a garantia fundamental existe no presente, mas será exercida no futuro.

Uma demonstração literal disso que estamos afirmando é a leitura do Apêndice I, em que foram destacados os tempos verbais das estruturas gramaticais. Em suma, quando um dos incisos do artigo 5º da CRFB se referir ao tempo futuro ou mesmo ao tempo presente, valer-se das expressões de segurança, tais como "assegurado" ou "garantido", estaremos diante de garantias fundamentais. Mas, se as estruturas gramaticais se referirem apenas ao tempo presente, estaremos diante da delimitação de um dos direitos fundamentais estritos citados no *caput* do dispositivo.

O evento futuro apontado é a própria arbitrariedade do Estado. O cidadão dispõe de uma garantia contra o arbítrio no presente para ser utilizada no futuro. É um direito de resistência, eis que vai de encontro a um ato estatal arbitrário que interfere na sua liberdade negativa.

O acontecimento condicionante pode estar subentendido ou expresso no texto normativo, que refletirá o caráter repressivo ou preventivo da garantia fundamental. Deste modo, por exemplo, apresenta-se o direito-garantia de herança (CRFB, art. 5º, XXX); com a morte, abre-se a sucessão em favor dos herdeiros para prevenir que o Estado não se aproprie dos bens do *de cujus*. Aqui o ato arbitrário de apropriação está subentendido no texto normativo. Outro exemplo, para ficar apenas nesses, é o direito-garantia ao juiz natural (CRFB, art. 5º, LIII); se alguém for processado ou sentenciado por uma autoridade incompetente, constata-se um ato arbitrário a ser extirpado, o qual está expresso no texto normativo.

Logo resta esclarecido que a garantia fundamental é autônoma em relação ao direito fundamental, porém condicionada a um ato estatal arbitrário futuro para ser exercida.

2.2 Classificação das garantias fundamentais

Linhas atrás, tratamos dos limites e dos controles constitucionais. Se os limites e os controles são inerentes à constituição, importa destacar os comandos constitucionais brasileiros que justificam este aporte. Para tanto, é possível assinalar uma essência constitucional ligada à limitação do poder representado pelos limites materiais do poder de reforma; e destacar, nesse contexto, as formas individuais de controle, ou seja, as garantias fundamentais de modo autônomo. A partir deste momento, faz-se necessário desenvolver uma classificação constitucional que situe as garantias implícitas.

Isso nos faz lembrar que Paul Cézanne traz a lume uma das garantias fundamentais mais relevantes da nossa República na pintura *O advogado – Tio Dominique* (1866-67).[250] Apesar dessa garantia estar presente de modo expresso no artigo 133 da CRFB, ou seja, fora do catálogo do Título II do texto constitucional, de modo algum significa demérito para ser arrolado junto às demais garantias fundamentais.

2.2.1 Quanto à localização

2.2.1.1 Garantia extraconstitucional

A classificação ora proposta, como todas as demais que se seguirão, pretende ser extraída da análise literal e sistemática da Constituição Federal de 1988. Iniciaremos a nossa empreitada a partir da leitura do artigo 5º, §2º, da CRFB.

Já fizemos referência em outra oportunidade que, neste estudo, assumimos que há uma distinção, mesmo que sucinta, entre os direitos e as garantias fundamentais. Isso decorre outrossim da leitura do texto constitucional, no qual, em diversos dispositivos, inclusive no Título II da Constituição Federal, constatamos a expressão "Dos direitos e garantias fundamentais". Podemos pensar, portanto, em uma classificação exclusiva das garantias fundamentais, a fim de delimitar as garantias implícitas.

No artigo 5º, §2º, da CRFB, consta que "os direitos e garantias expressos nesta Constituição não excluem outros decorrentes do regime e dos princípios por ela adotados, ou dos tratados internacionais em

---

[250] Disponível em: https://fr.wikipedia.org/wiki/Fichier:L%27Avocat,_par_Paul_C%C3%A9 zanne.jpg.

que a República Federativa do Brasil seja parte". Analisando o primeiro segmento da redação do preceito constitucional, temos a constatação elementar de que existem garantias expressas na Constituição brasileira, o que é obviamente constatável pela sua leitura. A segunda parte do referido preceito indica que existem garantias decorrentes de outras fontes. A primeira seria o regime adotado pela Constituição Federal de 1988; a segunda localiza-se nos princípios adotados pela referida constituição e, finalmente, a terceira está nos tratados internacionais de que é parte a República Federativa do Brasil. As duas primeiras fontes são intraconstitucionais e a última extraconstitucional.

A fonte que está situada fora da constituição são os tratados internacionais de que é parte a República Federativa do Brasil. A sua localização não significa que ela poderia ser considerada desimportante. Já vimos que o artigo 5º, §2º, da CRFB (cláusula de abertura), juntamente com o respectivo §3º, abriga o que se convencionou denominar de bloco constitucional, garantindo o *status* constitucional a esse sistema. Luís Fernando Sgarbossa preferiu denominar esses "outros" direitos e garantias fundamentais de "extravagantes" justamente para não empregar o termo "extraconstitucional". Segundo o autor:[251] "Preferimos a expressão *extravagantes* à expressão extraconstitucionais porque, como visto, reputamos que tais direitos e garantias, embora não radiquem formalmente no texto constitucional, são direitos de natureza constitucional, de modo que a expressão extraconstitucionais poderia induzir o leitor à compreensão equívoca acerca de nossa posição. Tais direitos já foram nominados implícitos ou decorrentes, conforme observa Sarlet".

Apartamo-nos deste pensamento, porque a ideia de bloco constitucional já é perene no nosso sistema jurídico. A garantia fundamental fora da Constituição Federal não prejudicaria seu *status* constitucional; e a justificativa para existir entre nós a doutrina do bloco de constitucionalidade é justamente o próprio artigo 5º, §§2º e 3º, da CRFB.

A título de exemplo, podemos pensar os tratados internacionais sobre direitos humanos como equivalentes às emendas constitucionais. Até o final do ano de 2023, tínhamos três atos decorrentes do artigo 5º, §3º, da CRFB.[252]

---

[251] SGARBOSSA, Luís Fernando. *Direitos e garantias fundamentais extravagantes:* interpretação jusfundamental "pro homine". Porto Alegre: Sérgio Antônio Fabris Editor, 2008. p. 32.

[252] (1) Decreto nº 10.932, de 10.1.2022 - Publicado no DOU de 11.1.2022 (Convenção Interamericana contra o Racismo, a Discriminação Racial e Formas Correlatas de

CAPÍTULO 2
LIMITES E CONTROLES CONSTITUCIONAIS | 135

Portanto existe uma série de garantias fundamentais situadas fora da Constituição Federal de 1988 – uma vez que decorrem de tratados internacionais –, porém dentro do bloco de constitucionalidade.

2.2.1.2 Garantia intraconstitucional

As garantias fundamentais de liberdades individuais encontram-se situadas, a princípio, no rol estabelecido dentro do artigo 5º da CRFB. Elas são direitos subjetivos fundamentais de liberdade. A doutrina se refere a elas de modo amplo, de direitos de primeira geração (ou dimensão), de *status* negativo, de direitos de defesa ou de direitos de resistência. A garantia do contraditório, por exemplo, é uma garantia intraconstitucional.

Por outro lado, existem garantias fundamentais que se situam fora do catálogo (Título II), porém dentro da Constituição brasileira. Essas são as garantias heterotópicas (Apêndice II). A advocacia – como destacado pelo quadro de Paul Cézanne que inaugura este capítulo – e a fundamentação das decisões são exemplos de garantias fundamentais fora do rol do Título II, entretanto situadas na Constituição Federal.

Já havíamos delineado que o artigo 5º, §2º, da CRFB aponta para a existência de garantias fundamentais a partir de fontes dentro e fora da Constituição Federal. Quanto às primeiras fontes (regime e os princípios), elas constam expressamente em seu texto, de onde surgem as chamadas garantias intraconstitucionais decorrentes, que também estão fora do "Título II" da Constituição Federal de 1988.

Intolerância, firmado pela República Federativa do Brasil, na Guatemala, em 5 de junho de 2013); (1.1) Decreto Legislativo nº 1, de 18.2.2021 - Publicado no DOU de 19.2.2021 (Aprova o texto da Convenção Interamericana contra o Racismo, a Discriminação Racial e Formas Correlatas de Intolerância, adotada na Guatemala, por ocasião da 43ª Sessão Ordinária da Assembleia Geral da Organização dos Estados Americanos, em 5 de junho de 2013); (2) Decreto nº 9.522, de 8.10.2018 - Publicado no DOU de 9.10.2018 (Promulga o Tratado de Marraqueche para Facilitar o Acesso a Obras Publicadas às Pessoas Cegas, com Deficiência Visual ou com Outras Dificuldades para Ter Acesso ao Texto Impresso, firmado em Marraqueche, em 27 de junho de 2013); (2.2) Decreto Legislativo nº 261, de 25.11.2015 - Publicado no DOU de 26.11.2015 (Aprova o texto do Tratado de Marraqueche para Facilitar o Acesso a Obras Publicadas às Pessoas Cegas, com Deficiência Visual ou com outras Dificuldades para Ter Acesso ao Texto Impresso, concluído no âmbito da Organização Mundial da Propriedade Intelectual (OMPI), celebrado em Marraqueche, em 28 de junho de 2013); (3) Decreto nº 6.949, de 25.8.2009 - Publicado no DOU de 25.8.2009 (Promulga a Convenção Internacional sobre os Direitos das Pessoas com Deficiência e seu Protocolo Facultativo, assinados em Nova York, em 30 de março de 2007); (3.3) Decreto Legislativo nº 186, de 9.7.2008 - Publicado no DOU de 10.7.2008 (Aprova o texto da Convenção sobre os Direitos das Pessoas com Deficiência e de seu Protocolo Facultativo, assinados em Nova Iorque, em 30 de março de 2007).

Note que, no artigo 1º da CRFB, consta que o regime da República Federativa do Brasil é o democrático. A leitura do artigo 34, VII, "a", da CRFB,[253] ressaltamos, preceitua o "regime democrático" como um princípio constitucional; é a partir desse regime que decorrem as garantias fundamentais. Segundo José Afonso da Silva, o regime é o "democrático representativo"[254] e, no mesmo sentido, Leonardo Martins entende regime como, sobretudo, "o regime de governo democrático, de respeito à soberania popular exercida pelos instrumentos da democracia representativa e os admitidos instrumentos da democracia deliberativa, tais como o plebiscito, o referendo e a iniciativa popular".[255]

Ademais, esse mesmo dispositivo (artigo 1º) e os seguintes até o artigo 4º da CRFB são abrangidos pelo Título I: "Dos princípios fundamentais". No artigo 1º da CRFB, apresentam-se os fundamentos, os quais os princípios adotados pela nossa Constituição, como a soberania, a cidadania, a dignidade da pessoa humana, os valores sociais do trabalho, a livre-iniciativa e o pluralismo político. Os princípios inseridos nesses dispositivos constitucionais, portanto, serão as fontes para decorrerem as garantias fundamentais. Segundo Leonardo Martins:[256] "Sob 'princípios adotados' encontram-se, especialmente, os que decorrem daqueles que poderiam ser alcunhados, de modo a diferenciá-los materialmente dos demais, de "preceitos fundamentais". Especialmente referidos são aqui os "princípios fundamentais" positivados nos arts. 1º ao 4º que compõem o Título I da CF. Em todo caso, é tarefa do intérprete demonstrar sua vigência e aplicabilidade como parâmetro, a depender da constelação fática e do objeto a ser controlado diante de sua compatibilidade normativa vertical (constitucionalidade)".

As garantias intraconstitucionais são aquelas dentro e fora do Título II, considerando também as decorrentes do regime e dos princípios situadas na Constituição brasileira.

---

[253] Art. 34. A União não intervirá nos Estados nem no Distrito Federal, exceto para:
[...]
VII - assegurar a observância dos seguintes princípios constitucionais:
a) forma republicana, sistema representativo e regime democrático;

[254] SILVA, José Afonso. *Comentário contextual à Constituição*. 2. ed. São Paulo: Malheiros, 2006. p. 178.

[255] MORAES, Alexandre de *et al.* [organização Equipe Forense]. *Constituição Federal Comentada*. 1. ed. Rio de Janeiro: Forense, 2018. p. 682.

[256] *Ibid.*, p. 682.

2.2.2 Quanto ao objeto

2.2.2.1 Garantia contra-arbítrio

Na esteira do pensamento de Eduardo José da Fonseca Costa, a palavra limite "transmite as ideias de *negação de competência, competência negativa, exclusão de competência, competência cortada e afastada*" (g. a.). Nesse contexto, a expressão limitação do poder significa "retirar dele tudo quanto nele não se queira e, desse modo, fazer com que sofra um recorte".[257]

O jurista, ao determinar o que entende por "limite", conclui pela existência constitucional de um tipo de garantia. A denominada "garantia de limite" resulta de "uma autêntica relação jurídica: de um lado, o titular de uma imunidade [*immunity*]",[258] e também de um direito subjetivo fundamental de liberdade como se verá adiante; "de outro, o titular da correlata «incompetência», «competência negativa» ou «falta de poder» [*disability*]". As garantias de limite vão além das imunidades, pois se relacionam também com os direitos subjetivos fundamentais de liberdade. Nesse sentido, atesta o jurista Costa que as limitações constitucionais aos poderes do Estado, ou seja, "as chamadas *garantias de limite* – não se realizam apenas por imunidades, senão por todo e qualquer direito subjetivo fundamental de liberdade". Nesse sentido, são exemplos das garantias de limite, segundo o jurista: "da garantia da livre manifestação do pensamento, da garantia da individualização da pena, da garantia da livre associação, da garantia de reunião pacífica e da garantia de propriedade".[259] Aqui os direitos fundamentais são aqueles de *status* negativo, os quais impõem uma abstenção estatal.

Antes de prosseguir, é preciso um alerta quanto ao parágrafo anterior: o que o autor chamou de "garantias" nós denominamos de direitos fundamentais estritos, situados no *caput* do artigo 5º da CRFB e detalhados nos respectivos incisos. Isso ocorre, provavelmente, pelo fato de o termo "garantias" ter sido elegido pelo jurista como um gênero das espécies direitos e das garantias fundamentais em sentido estrito.

Para nós, em consonância com Eduardo Costa, os direitos fundamentais em sentido estrito seriam o que ele denominou de garantias de limite. Todavia, iremos abandonar essa categoria em razão da

---

[257] COSTA, Eduardo José da Fonseca. Garantia de limite e garantia de controle. *Contraditor*, 17 de novembro de 2021. Disponível em: https://www.contraditor.com/garantia-de-limite-e-garantia-de-controle/. Acesso em: 21 dez. 2022.

[258] *Ibid.*

[259] *Ibid.*

estrutura lógica desenvolvida na presente pesquisa, que considera a autonomia da garantia em relação ao direito fundamental. Acatamos a assertiva de que os direitos fundamentais em sentido estrito criam limites ontológicos contra o Estado, ou seja, incompetências. Segundo Leonardo Martins,[260] "ao outorgar direitos e garantias fundamentais diretamente aos particulares mediante direitos fundamentais, esses mesmos direitos retiram do Estado objetivamente competências".

Ao lado das garantias de limite, Eduardo José da Fonseca Costa propõe as chamadas "garantias de controle", cuja relação está no afastamento do poder arbitrário. Para tanto, segundo ele, controlar o poder significa, (1) "no plano horizontal, instituir um sistema de vigilância recíproca entre os exercentes das funções administrativa, jurislativa e jurisdicional (*«check and balances»*)" e, (2) "no plano vertical, dispor o cidadão de meios para impedir ou reprimir o exercício arbitrário do poder". Os exemplos de garantias de controle no plano vertical, conforme Costa, seriam: "*habeas corpus, habeas data*, mandado de segurança, mandado de injunção, reclamação constitucional, reclamação ao Conselho Nacional de Justiça, reclamação às ouvidorias de justiça, reclamação ao Conselho Nacional do Ministério Público, advocacia". De acordo com Costa, "no controle, a competência não é excluída, mas tão só supervisionada". Ademais é uma "competência positiva, que se exerceu ou que se está prestes a exercer com arbítrio". Na garantia de controle, "não se trata de excluir competência, mas de fiscalizá-la".[261]

Para os fins do presente tópico, o enfoque será o plano vertical, uma vez que se destina ao estudo da perspectiva do cidadão.

O que fortemente diferencia um "limite" de um "controle", no sistema constitucional, é que, no primeiro, o seu objeto é uma incompetência (competência ausente) e, no segundo, o seu objeto é uma competência controlada (competência presente).

Avancemos em nossa análise para doravante traçar nossa conclusão, salvo melhor juízo, de modo um pouco distinto daquele exposto pelo festejado jurista referenciado anteriormente.

Afirmamos que os direitos e as garantias fundamentais são distintos e, pelo que percebemos, o autor não fez tal diferenciação no decorrer de seu texto em destaque.

---

[260] MARTINS, Leonardo. *Direitos fundamentais*: conceito permanente – novas funções. Rio de Janeiro: Marcial Pons, 2022. p. 169.

[261] COSTA, Eduardo José da Fonseca. Garantia de limite e garantia de controle. *Contraditor*, 17 de novembro de 2021. Disponível em: https://www.contraditor.com/garantia-de-limite-e-garantia-de-controle/. Acesso em: 21 dez. 2022.

Parece-nos claro que, ao sustentar que as garantias de limite abrangem os "direitos subjetivos fundamentais de liberdade" e mesmo as "imunidades", deva-se relacionar a um dever de abstenção do Estado diante das liberdades dos cidadãos.

Uma obrigação estatal de não fazer algo contra o cidadão não é uma competência positivada pelo texto constitucional, mas uma incompetência decorrente de liberdades asseguradas.

A Constituição de 1988 não trouxe, no seu texto, o termo "incompetência" e isso tem uma razão elementar. Ela parte da primazia da liberdade, pois, o poder decorre da soberania popular (CRFB, art. 1º, parágrafo único). O raciocínio tem um sentido claro: se o povo é o titular do poder, inicialmente se reserva a ele a sua "cota parte", e isso se materializa nos direitos fundamentais. E, apenas em um segundo momento, a Constituição Federal distribui o poder "restante" aos entes estatais, ou seja, às competências.

Como dito, o texto constitucional não atribuiu incompetências diretas ao Estado, mas competências, porque a legalidade impõe um fazer aos Poderes Públicos apenas quando decorre da Lei (constituição e lei). Assim, objetivamente, atua o artigo 34, *caput*, da CRFB; e subjetivamente como direito público (direito fundamental) o artigo 5º, II, da CRFB, somado ao princípio do Estado de direito (CRFB, art. 1º, *caput*).

As garantias fundamentais, a nosso ver, amoldam-se ao conceito das denominadas "garantias de controle", tão bem desenvolvidas pelo jurista em comento. Todavia, algumas garantias fundamentais – sob a perspectiva da nossa classificação posta neste estudo – são apontadas pelo jurista como sendo garantias de limite, a exemplo do contraditório e da ampla defesa. Segundo Costa:[262] "No âmbito do processo em juízo, *e. g.*, a constrição sobre juízes e tribunais deve intensificar-se por outras garantias contrajurisdicionais de limite: algumas delas explícitas no texto constitucional (juiz natural, contraditório, ampla defesa, publicidade, motivação das decisões judiciais, presunção de inocência penal, vedação à prova ilícita etc.);".

Repetimos: nada disso significa que estamos apontando um erro. O jurista não parte da diferença entre direitos e garantias fundamentais com base no texto constitucional nos moldes tratados nesta pesquisa para então estabelecer um critério de distinção entre competência e incompetência; mas inicia sua jornada a partir dessa última para

---

[262] COSTA, Eduardo José da Fonseca. Garantia de limite e garantia de controle. *Contraditor*, 17 de novembro de 2021. Disponível em: https://www.contraditor.com/garantia-de-limite-e-garantia-de-controle/. Acesso em: 21 dez. 2022.

classificar os dois tipos de garantias (limite e controle) sem fazer distinção entre direitos e garantias fundamentais.

No Estado constitucional, o poder se transmuta em uma competência, que é fiscalizada nos moldes da citada garantia de controle. Dito de outro modo: o controle admite o agir estatal, mas impõe uma fiscalização.

Apesar da importância elucidativa e criativa dos tipos de garantias aventadas, especialmente a garantia de controle, não adotaremos a denominação para respeitar nossos apontamentos e preservar a posição do jurista aludido. A definição de limite será adotada exclusivamente para os direitos fundamentais estritos e o conceito de controle unicamente para as garantias fundamentais. Assim usaremos a denominação garantia contra-arbítrio, que se trata, a nosso sentir, de um gênero e que também foi utilizada pelo jurista Costa, "[p]ois quando uma constituição garante, atribui garantia, é garante, ela faz exatamente isto: protege o cidadão dos eventuais arbítrios cometidos pelo Estado. Nesse sentido, garantia = [tutela contra arbítrio]".[263]

É preciso salientar que o poder não é bom ou ruim *a priori*, mas a sua qualificação é constatável apenas *a posteriori*, ou seja, somente depois ou na iminência do seu exercício arbitrário (futuro). Todavia, em algumas situações excepcionais, como dito, o controle pode ser iminente, mas não prévio e, em tais circunstâncias, constatam-se indícios que apontam para um provável ato arbitrário futuro que merece controle imediatamente (futuro-no-limite-do-presente).

Neste ponto, chamamos a atenção para um critério temporal já referido. A garantia contra-arbítrio refere-se a uma arbitrariedade futura preocupada com um ato arbitrário que pode ocorrer ulteriormente, porque o Estado pode agir no presente dentro da sua competência.

Direitos fundamentais estritos, por outro lado, têm, no seu objeto, uma incompetência estabelecida contraestatal. A ausência de competência não permite uma ação estatal e, ao agir quando não se tinha competência para tanto, produz-se um ato arbitrário, pois previamente já havia uma incompetência, isto é, uma obrigação por parte do Estado de não fazer.

Em suma, podemos fazer as seguintes considerações finais:

Os direitos fundamentais estritos são uma forma de limitação do poder ontológico porque impõem uma incompetência originariamente

---

[263] COSTA, Eduardo José da Fonseca. *Processo e garantia*. Londrina: Thorth. 2021.

CAPÍTULO 2
LIMITES E CONTROLES CONSTITUCIONAIS | 141

contra o Estado. Esse último está, de modo objetivo, vinculado a uma inação. No caso dos direitos prestacionas ou solidários, há um direcionamento, ou seja, o Estado está vinculado a uma ação. O direito fundamental é uma causa de limitação do poder, e o ato estatal que desrespeita a sua incompetência gera uma arbitrariedade, que é tratada pelas garantias fundamentais.

As competências do Estado são atribuídas pela constituição. Os direitos fundamentais estritos não atribuem uma competência estatal; nesse contexto, o ato arbitrário é uma competência imprópria à constituição, seja por ação ou por inação. A garantia contra-arbítrio afasta diretamente o ato arbitrário e repõe a competência estatal no seu devido lugar. As garantias contra-arbítrio são uma forma, *a posteriori*, de controle do poder arbitrário.

2.2.2.2 Garantia compensatória

A garantia também age como uma compensação da violação contra um direito fundamental estrito. Nesse caso, violado o direito fundamental em algumas situações, a garantia assegura uma indenização pelo dano ocorrido.

É importante frisar que não se está assegurando um direito fundamental, mas compensando os prejuízos que a sua violação causou ao cidadão. A reparação é do dano, seja patrimonial ou extrapatrimonial.

O texto constitucional mostra exemplos dessa garantia compensatória, o que também foi destacado no Apêndice I.

O artigo 5º, V, 2ª parte, da CRFB mostra que há direito-garantia de indenização por dano material, moral ou à imagem quando o Estado ofender a honra de alguém. Apesar de o texto não se referir ao direito à honra, ele pode ser inferido pelo direito-garantia de resposta, que se aplica ao direito de manifestação do pensamento disposto no inciso.

É exequível, outrossim, o direito-garantia de indenização por dano material ou moral (CRFB, art. 5º, X, 2ª parte) se houver uma violação da intimidade, da vida privada, da honra ou da imagem.

Da desapropriação, sobressai o direito-garantia de indenização justa, prévia e em dinheiro (CRFB, art. 5º, XXIV, 2ª parte). Notemos: indenização e não pagamento. Ainda haverá direito-garantia à indenização ulterior pelos danos em uma propriedade particular requisitada e utilizada pelo Estado (CRFB, art. 5º, XXV, 2ª parte).

Por fim, o indivíduo condenado por erro do Estado (Judiciário) terá o direito-garantia de indenização (CRFB, art. 5º, LXXV).

A garantia compensatória, portanto, é o ressarcimento pelos efeitos (danos) causados pelo ato arbitrário estatal.

2.2.2.3 Garantia institucional

Algumas instituições (direito público) e alguns institutos (direito privado), por suas imprescindibilidades, devem ser assegurados. O Apêndice I apresenta as garantias institucionais situadas no artigo 5º da CRFB.

Na definição de Andrade, as garantias institucionais são "um *conjunto jurídico-normativo* que regula um determinado sector da realidade económica, social ou administrativa em torno de um 'direito' fundamental e em vista a sua realização" (g. a.). É que a constituição pode "reconhecer e garantir, nos seus lineamentos essenciais, esses complexos normativos de direito ordinário, sem prejuízo de os redefinir e cunhar a nível constitucional". Andrade exemplifica "o caso das instituições tradicionais do processo civil e (sobretudo) do processo penal, na parte e na medida em que assegurem, consoante as hipóteses, a realização prática dos direitos das pessoas". Enfim, "as garantias institucionais se referem aos *complexos jurídico-normativos* na sua *essência* e não à realidade social em si"[264] (g. a.).

Em princípio, a preocupação está diante da atividade legislativa. A lei pode ter a finalidade de investir contra uma instituição; e, apesar de o papel legislativo ser impactante nessa conduta deletéria, não se pode infirmar que atos do Executivo e do Judiciário também podem afetar sobremaneira uma determinada instituição. Vejamos o seguinte exemplo: A instituição família foi ressignificada pelo Judiciário. A entidade familiar não é mais apenas a união estável entre homem e mulher, nos termos do texto normativo do artigo 226, §3º, da CRFB. O STF, em 5.5.2011, na ADI nº 4.277[265] e na ADPF nº 132,[266] conferiu interpretação conforme a Constituição (CC, art. 1.723), a fim de declarar a aplicabilidade de regime da união estável às uniões entre pessoas do mesmo sexo.

---

[264] ANDRADE, José Carlos Vieira de. *Os direitos fundamentais na Constituição portuguesa de 1976*. 6. ed. Coimbra: Almedina, 2019. p. 133.

[265] BRASIL. Supremo Tribunal Federal. *Ação direta de inconstitucionalidade nº 4.277*. Brasília, DF, 5 de novembro de 2011.

[266] BRASIL. Supremo Tribunal Federal. *Ação de Descumprimento de Preceito Fundamental nº 132*. Brasília, DF, 5 de novembro de 2011.

CAPÍTULO 2
LIMITES E CONTROLES CONSTITUCIONAIS | 143

A possibilidade de as garantias institucionais serem opostas contra o Judiciário já havia sido apontada por Stern na Alemanha da Lei Fundamental de Bona.[267] A garantia do conteúdo mínimo da instituição, além de ser contra o Legislativo e o Executivo, foi complementada em face do Judiciário.

Andrade centraliza na garantia, na realização e na promoção da dignidade da pessoa humana, motivo pelo qual, em determinadas ocasiões, "a Constituição estabelece regras ou impõe deveres, designadamente às entidades públicas" sem, entretanto, investir "os indivíduos em situações de poder ou de disponibilidade com esse objecto específico".[268] Importante notar que, no pensamento do autor português, não há uma limitação para um ou para outro poder público, porém a garantia institucional vale contra todos.

A garantia institucional é uma proteção constitucional a favor de uma determinada instituição, cuja importância é fundamental para a sociedade, e de determinados direitos fundamentais, que têm um elemento institucional comum. Segundo Paulo Bonavides,[269] "[a] garantia institucional não pode deixar de ser proteção que a Constituição confere a algumas instituições, cuja importância reconhece fundamental para a sociedade, bem como a certos direitos fundamentais providos de um componente institucional que os caracteriza".

O objeto da instituição é um complexo de normas jurídicas; o que está em jogo, portanto, é a proteção da sua respectiva essencialidade, com a preservação das normas jurídicas que compõem a instituição. Segundo Paulo Gustavo Gonet Branco,[270] "[e]ssas garantias existem, afinal, para que se possam preservar direitos subjetivos que lhe dão sentido. Têm por escopo preponderante reforçar o aspecto de defesa dos direitos fundamentais". Dessa posição, infere-se que um conjunto de direitos fundamentais pode fundar uma instituição e ser objeto de proteção constitucional conjunta, pois se assegura a imprescindibilidade de uma instituição.

A garantia institucional protege a instituição; a função de uma garantia institucional é preponderantemente defensiva.[271] Essa função

---

[267] Cf. STERN, Klaus. *Das Staatsrecht der Bundesrepublik Deutschland – Allgemeine Lehre der Grundrechte*, vol. III/I. C.H. Beck, Munique, 1988.

[268] ANDRADE, José Carlos Vieira de. *Os direitos fundamentais na Constituição portuguesa de 1976*. 6. ed. Coimbra: Almedina, 2019. p. 131.

[269] BONAVIDES, Paulo. *Curso de direito constitucional*. 35. ed. São Paulo: Malheiros, 2020. p. 549.

[270] MENDES, Gilmar Ferreira; COELHO, Inocêncio Mártires; BRANCO, Paulo Gustavo Gonet. *Curso de direito constitucional*. 4. ed. São Paulo: Saraiva, 2009. p. 303.

[271] SARLET, Ingo Wolfgang. *A eficácia dos direitos fundamentais*. 10. ed. Porto Alegre: Livraria do Advogado, 2009. p. 184.

defensiva faz com que a garantia institucional se situe ao lado dos direitos fundamentais de *status* negativo. Ignacio Villaverde Menéndez preceitua no seu texto *Concepto, contenido objeto y límites de los derechos fundamentales*: "Assim, as garantias institucionais são, por um lado, complementos dos direitos de liberdade e, por outro, fonte de poderes individuais. No primeiro caso, a garantia institucional cumpre a sua função originária de assegurar uma instituição jurídica específica, estreitamente ligada a um direito de liberdade, ou que a redação do direito fundamental vincula-se a um direito de liberdade (independência judicial, apreensão judicial de publicações, decisões judiciais que autorizam determinadas ações do Estado em áreas específicas de direitos fundamentais, como escutas telefônicas e buscas domiciliares, controle parlamentar de certas atividades, criação de órgãos *ad hoc* controle e vigilância)".[272]

As garantias institucionais, portanto, estão mais próximas do *status* negativo do que do *status* positivo, porque elas estão próximas aos direitos-garantia (garantias fundamentais). Ademais, as garantias institucionais não possuem regime jurídico distinto do dos direitos fundamentais.

As garantias institucionais, tangencialmente, exigem a criação de estruturas organizacionais e procedimentais para viabilizar as instituições. A função prestacional dos direitos fundamentais segue ao lado das garantias de organização e de procedimento, mas tal fato não permite afirmar que as garantias institucionais estão situadas em *status* positivo.

A finalidade da garantia institucional é assegurar a permanência da instituição e, na relevância da proteção contra o seu perecimento, está a finalidade em mantê-la em seus traços mínimos. Segundo Paulo Bonavides:[273] "A garantia institucional visa, em primeiro lugar,

---

[272] "De ahí que las garantía institucional son, por un lado, complementos de los derechos de libertad, y, por otro, fuente de facultades individuales. En el primer caso, la garantía institucional cumple su función originaria de aseguramiento de una institución jurídica determinada, íntimamente ligada a un derecho de libertad, o que el enunciado del derecho fundamental liga a un derecho de libertad (independencia judicial, secuestro judicial de publicaciones, resoluciones judiciales que habilitan ciertas actuaciones del Estado en ámbitos propios de los derechos fundamentales como las intervenciones y escuchas telefónicas o los registros domiciliarios, control parlamentario de ciertas actividades, creación de órganos *ad hoc* de control y vigilancia)". LLORENTE, Francisco Rubio. *La democracia constitucional:* estudios en homenaje al profesor Francisco Rubio Llorente. vol. 1. Madri: Centro de Estudios Políticos y Constitucionales, 2002. p. 346, tradução nossa.

[273] BONAVIDES, Paulo. *Curso de direito constitucional*. 35. ed. São Paulo: Malheiros, 2020. p. 549.

assegurar a permanência da instituição, embargando-lhe a eventual supressão ou mutilação e preservando invariavelmente o mínimo de substantividade ou essencialidade, a saber, aquele cerne que não deve ser atingido nem violado, porquanto se tal acontecesse, implicaria já o perecimento do ente protegido".

De pronto, as garantias institucionais se caracterizam pela ausência da dimensão subjetiva, porque têm papel complementar em relação às garantias fundamentais.

Como Maria D'Oliveira Martins, "pensamos que a existência das instituições apenas se justifica na plena realização da pessoa e no pleno exercício da sua liberdade".[274]

Podemos citar, a título de exemplo, a propriedade, a herança – essas duas também se desdobrando como direitos subjetivos – e o júri como instituições ou institutos situados respectivamente no artigo 5º, XXII, XXX e XXXVIII, da CRFB.

Pensamos, com a devida vênia, ser o processo – devido e legal –, segundo apontado no artigo 5º, LIV, da CRFB, uma instituição que tem, nesse preceito, a sua garantia. O devido processo legal não se trata propriamente de um direito fundamental; ele não é uma posição subjetiva individual. Não se exerce "o" devido processo legal; o seu "exercício" decorre do desenvolvimento de outros direitos-garantia fundamentais que o compõem, tais como o contraditório, ampla defesa, o juiz natural, a advocacia. O processo é exercido ainda por uma diversidade de direitos elencados em procedimentos individuais concernentes ao Código de Processo Civil, ao Código de Processo Penal, à Consolidação das Leis Trabalhistas, ao Código Tributário Nacional; ou coletivos, segundo as regras do Código de Defesa do Consumidor, da Lei da Ação Civil Pública, da Lei da Ação Popular. Existe um complexo normativo de direitos infraconstitucional que merece proteção, não obstante, conjuntamente, existir um complexo normativo de direitos-garantia fundamentais que estabelece um núcleo essencial do devido processo legal. Esse núcleo essencial torna-se intacto, na medida em que a limitação de um dos direitos-garantia fundamentais que o compõe deve ser analisada com a repercussão ante os demais direito-garantias fundamentais de que fazem parte. A Constituição brasileira preceitua o vínculo dos poderes públicos aos direitos fundamentais, mediante sua aplicação imediata (CRFB, art. 5º, §1º), bem como estabelece a

---

[274] MARTINS, Maria D'Oliveira. *Contributo para a compreensão da figura das garantias institucionais*. Coimbra: Almedina, 2007. p. 197.

impossibilidade de sua abolição (CRFB, art. 60, §4º). Lado outro, não temos firmeza constitucional quanto ao núcleo essencial dos direitos fundamentais. O processo, enquanto instituição, é composto por garantias fundamentais (processuais) e se revela um mecanismo de reforço. Uma limitação a uma das garantias fundamentais do processo, além de averiguar a possibilidade diante do "limite dos limites" (regra da proporcionalidade), haverá de verificar se afetou as demais garantias que compõem a instituição processo. Isso porque a limitação necessária, adequada e proporcional em relação a uma garantia, poderá repercutir negativamente em outra e, assim, afetar a instituição processo.

Em sentido aproximado, interessante ressaltar a posição de Rafael Tomaz de Oliveira *et. al.*,[275] que afirma que o processo enquanto instituição é vinculado à proibição de excesso e à proibição de proteção deficiente: "Do mesmo modo, o processo – enquanto instituição jurídica – representa um elemento fundamental para o Direito que se constitui a partir da modernidade na medida em que as estruturas e formas processuais adquirem uma função de legitimação de determinados atos praticados pelo poder político". [...] "No fundo, os dilemas da teoria processual podem ser pensados a partir de dois princípios: de um lado, o tradicional princípio da proibição de excesso (Übermassverbot) e, de outro, o princípio da proibição de proteção deficiente (Untermassverbot). Ou seja, por vezes – e parece ser a maioria – o Estado exorbita no seu poder de punir, devendo ser contido pela possibilidade de, contra ele, esgrimir-se o escudo contra o excesso; já em outras ocasiões, o Estado fica aquém desse dever, tornando-se leniente e, com isso, violando direitos fundamentais por não protegê-los suficientemente. A análise do excesso ou da proteção deficiente nunca pode, à evidência, descurar um milímetro da Constituição".

As garantias institucionais estão dispostas na Constituição brasileira como um reforço para as garantias fundamentais.

2.2.3 Quanto à função

2.2.3.1 Garantia contraestatal

Já foi dito que competência é o poder limitado no Estado Democrático de Direito. A competência é exercida através das funções

---

[275] STRECK, Lenio; OLIVEIRA, Rafael Tomaz de. *O que é isto*: as garantias processuais penais? 2. ed. Porto Alegre: Livraria do Advogado, 2019. p. 30-31.

CAPÍTULO 2
LIMITES E CONTROLES CONSTITUCIONAIS | 147

constitucionais dos poderes constituídos. Lado a lado, atuam a função legislativa, a função administrativa e a função jurisdicional.

A nossa atenção se volta sempre para a competência imprópria à constituição, ou seja, o arbítrio. O ato arbitrário perpetrado pelo exercício inadequado de uma das funções dos poderes constituídos deve corresponder a uma garantia para cessar a prática ilegal.

É assim que surgem as respectivas garantias contralegislativa, contra-administrativa e contrajurisdicional para fazer frente às referidas funções desviadas. Segundo Eduardo José da Fonseca Costa:[276] "Sob o ponto de vista *analítico*, as garantias constitucionais se podem submeter a várias classificações. Certamente a principal delas tem como critério a *função estatal enfrentável pela garantia*. Nesse caso, fala-se em: (a) *garantias contra-administrativas* (ex.: concurso público; licitação; legalidade; impessoalidade; publicidade; eficiência; ação popular; mandado de segurança; *habeas data*; justa e prévia indenização nas desapropriações); (b) *garantias contralegislativas* (ex.: «limitações constitucionais ao poder de tributar»; «limitações constitucionais ao poder de punir»; ação direta de inconstitucionalidade; ação direta de inconstitucionalidade por omissão; ação declaratória de constitucionalidade; arguição de descumprimento de preceito fundamental; controle difuso de constitucionalidade; mandado de injunção); (c) *garantias contrajurisdicionais* (ex.: reclamação ao Conselho Nacional de Justiça, reclamação às ouvidorias de justiça; devido processo legal ou processo-garantia; contraditório; ampla defesa; juiz natural; duplo grau de jurisdição; advocacia)".

Somando-se à tríplice garantia mencionada, por um critério acidental, cumpre acrescer às garantias aqui postadas aquelas que são atribuídas contra as funções exercidas pelo Ministério Público. Então, a arbitrariedade cometida pelo *parquet* é salvaguardada pelas garantias contraministeriais.

Em termos gerais, estas são as garantias contraestatais.

2.2.3.2 Garantia contraindividual?

Há quem defenda a oponibilidade de garantias constitucionais não só a abusos estatais como também a abusos privados. E poder-se-ia eventualmente pensar numa espécie diferente, ou seja, uma garantia

---

[276] COSTA, Eduardo José da Fonseca. *Processo e garantia*. Londrina: Thorth. 2021. p. 123.

contraprivada (*e.g.* devido processo legal; ampla defesa; contraditório), que neste tópico denominamos de contraindividual.[277]

As garantias contraindividuais exigiriam uma reflexão aprofundada. O intento desta subseção que ora apresentamos é, ao final, afiançar o destaque necessário para as garantias implícitas. Por isso é demasiadamente despretensioso o seu denso tratamento por hora; todavia, para não passar *in albis* a nossa perspectiva a respeito da possibilidade deste tipo de garantia, entendemos importante trazermos algumas luzes.

Os direitos fundamentais de *status* negativo se preocupam com a abstenção estatal e, a partir deste ponto, podemos apresentar alguns ajustes para melhor entendermos a possibilidade ou não de sustentar as garantias contraindividuais.

Para além de uma eficácia vertical dos direitos fundamentais, a dogmática jurídica tem assentada, ainda, uma eficácia horizontal. Nesse ponto da dogmática jurídica dos direitos fundamentais, é aceito que eles podem ser exercidos entre indivíduos.

Em regra, os direitos fundamentais servem para serem empregados contra o Estado, e a exceção está no seu uso nas relações jurídicas formadas entre particulares.

É certo, a menos ao nosso ver, que os direitos fundamentais, para serem utilizados em face de outros indivíduos como destinatários, devem ser mediados por leis infraconstitucionais. É como se – para utilizar uma imagem – os direitos fundamentais fossem tão poderosos que seria preciso calibrar sua força para evitar ferir fatalmente o particular como destinatário. Essa intermediação é o que a doutrina denomina de eficácia indireta dos direitos fundamentais, ao contrário da eficácia direta, que significa a aplicação dos direitos fundamentais situados na constituição imediatamente nas relações jurídicas entre os particulares. Segundo Dimoulis e Martins:[278] "Em resumo, o ordenamento jurídico brasileiro vale como regra geral que o destinatário dos deveres que correspondem aos direitos fundamentais é apenas o Estado, tanto no sentido do dever de abstenção como no sentido do dever de ação mediante prestações. Os particulares devem respeitar os direitos fundamentais na exata medida em que estes forem concretizados por leis infraconstitucionais (o direito fundamental à vida corresponde à punição do homicídio etc.). Em sentido estritamente formal, tem-se aqui apenas um caso de

---

[277] Cf. COSTA, Eduardo José da Fonseca. *Processo e garantia*. Londrina: Thorth. 2021. p. 123.

[278] DIMOULIS, Dimitri; MARTINS, Leonardo. *Teoria geral dos direitos fundamentais*. 6. ed. São Paulo: Revista dos Tribunais, 2018. p. 132.

CAPÍTULO 2
LIMITES E CONTROLES CONSTITUCIONAIS | 149

vínculo de particulares à legislação ordinária no sentido do princípio da legalidade, dispensando-se a retórica da horizontalidade da eficácia. No mais, os direitos fundamentais desenvolvem como aludido um efeito de irradiação da interpretação da legislação comum, principalmente de cláusulas gerais. Esse sim, ao contrário da terminologia que pode induzir em erro, é mais preciso apesar do uso da metáfora da luz".

Todavia, parece-nos correto afirmar que um direito fundamental repetido no texto infraconstitucional deixa de sê-lo e, ainda que tenha um conteúdo idêntico, não seria um direito fundamental legal (infraconstitucional). A lei, mesmo a lei constitucional, caracteriza-se por ser geral e abstrata. Segundo Rafael Tomaz de Oliveira e outros:[279] "Assim, a lei é o produto do ato legislativo por excelência, não podendo ser confundido com o ato administrativo (Executivo), nem com a jurisprudência (Poder Judiciário). A partir de um ponto de vista estritamente formal, a lei pode ser considerada todo texto normativo de caráter geral e abstrato cuja aplicação seja para o futuro".

Porém isso não ocorre com os direitos fundamentais sob a perspectiva da teoria liberal, uma vez que ele tem destinatário específico: o Estado. Dito de outro modo, enquanto a lei é geral (contratodos), os direitos fundamentais são específicos (contraestatal). Por isso, na chamada eficácia horizontal dos direitos fundamentais, não são propriamente eles que são aplicados, mas os direitos infraconstitucionais, que repetem seu conteúdo por conveniência do legislador – como se fossem direitos reflexos.

As garantias contraindividuais, portanto, não serão adotadas aqui, embora existam direitos individuais infraconstitucionais como reflexo dos fundamentais direcionados contra abusos cometidos pelo particular.

2.2.4   Quanto ao exercício

2.2.4.1 Garantia individual e coletiva

Em apreço aos direitos fundamentais, é importante, com efeito, saber distinguir os direitos individuais dos direitos coletivos. Braga[280]

---

[279] ABBOUD, Georges; CARNIO, Henrique Garbellini; OLIVEIRA, Rafael Tomaz de. *Introdução ao direito*: teoria, filosofia e sociologia do direito. 5. ed. São Paulo: Revista dos Tribunais, 2020. p. 394.

[280] BRAGA, Gustavo Haddad. *O Estado constituído*: um curso de direito constitucional. Rio de Janeiro: Lumen Juris, 2016. p. 35.

ensina que "[é] distinção que se faz pela forma de exercício: o direito à livre manifestação do pensamento (art. 5º, IV), por exemplo, é direito individual, porque pode ser individualmente exercido, ao contrário do direito de reunião (art. 5º, XLI), que só coletivamente se exerce, porquanto sozinho ninguém pode reunir-se".

Seguindo a orientação dada no parágrafo anterior no que tange aos dois direitos fundamentais estritos citados, o mesmo ocorre frente às garantias fundamentais, pois o ato arbitrário pode afetar a órbita individual ou, de modo coletivo, vários sujeitos. Em ambos os casos, elas estão ligadas a um radical subjetivo. Dito de outra forma, para combater o arbítrio, é necessário um ato de vontade para deflagrar uma garantia fundamental individual ou coletiva.

Preliminarmente, cumpre ressaltar a eventual discussão a respeito de garantias do tipo difusas. Afastamo-nos dessa possibilidade simplesmente porque essa qualificação não deixa de ser coletiva, embora não quantifique os indivíduos, ou seja, trata-se de "pessoas indeterminadas", segundo aponta o inciso I, parágrafo único, do artigo 81 do CDC. A referência ao termo "difuso" tem relevância para os fins do exercício da defesa em juízo, cuja importância está na atribuição da legitimação extraordinária. Mas, para fins materiais, o critério de aplicação, tanto para os direitos quanto para as garantias fundamentais, é restrito à categoria coletiva, porque essa qualificação é assegurada a partir do exercício de, no mínimo, dois indivíduos e, assim, independe da quantidade, mesmo que ela seja indeterminada. Portanto, ficamos apenas com as garantias individuais e coletivas.

Cumpre ressaltar que a autonomia das garantias fundamentais as faz perpassar qualquer categoria de direitos fundamentais (Karel Vasak). Elas têm um sentido transversal e miram contra o arbítrio a partir de um ato volitivo. Por isso não seria adequado pensar em garantias sociais ou prestacionais, de nacionalidade, políticas ou solidárias, além das individuais e das coletivas. A rigor, não se aplica para as garantias fundamentais, portanto, o modelo de classificação por geração (Karel Vasak), por *status* (Georg Jellinek), por proteção (Vieira de Andrade). Contudo, se quisermos manter as citadas classificações didaticamente, elas servirão apenas para estruturar os direitos fundamentais estritos.

Pensemos na seguinte hipótese: o direito de associação (CRFB, art. 5º, XVII) apenas se exerce coletivamente. Se a autoridade competente não permitir que ele ocorra, poderá agir arbitrariamente e será garantido aos indivíduos se insurgirem contra tal circunstância.

O direito de associação é um direito de resistência – que determina uma abstenção estatal –, porém a respectiva garantia poderá conformar o comportamento do Estado diante do ato arbitrário. Estabeleçamos outra hipótese: o direito de transporte (CRFB, art. 6º) independe da vontade individual, pois decorre de uma prestação estatal. Todavia, se o Estado falhar com seu dever, isso pode ser caracterizado como uma arbitrariedade, e ela pode ser afastada pela garantia fundamental heterotópica, por exemplo, assegurada pelo artigo 230, §2º, da CRFB: "[a]os maiores de sessenta e cinco anos é garantida a gratuidade dos transportes coletivos urbanos". O direito social do transporte deve ser realizado em favor da coletividade, mas o eventual arbítrio decorrente dele pode ser afastado por um ato de vontade individual ou coletivo. Neste ponto, mesmo diante de um direito de segunda geração (Karel Vasak), que a rigor tem por definição uma obrigação de fazer estatal, a sua correspondente garantia fundamental será exercida por vontade individual ou coletiva.

Tudo indica que a viabilidade dogmática dos direitos fundamentais de cerne liberal defendida neste trabalho – ainda que diante do constitucionalismo social – apoia-se no fato de que (1) a sua essencialidade está no combate do arbítrio. E, (2) se o radical subjetivo não estiver imediatamente presente em todos os direitos fundamentais estritos – como ocorre nos direitos sociais –, ele estará sempre perante as garantias fundamentais.

Por fim, extrapolando a ideia posta no Apêndice I, construímos o Apêndice II, porém sem a pretensão taxativa, a fim de demostrar a presença de outras garantias fundamentais fora do artigo 5º da CRFB – que tem em si a pretensão de ser o reduto dos direitos de resistência – como uma espécie de garantias fundamentais heterotópicas. A constatação é que textualmente as garantias fundamentais assumem as mesmas características relacionadas ao tempo verbal futuro ou, no tempo presente, traz consigo uma expressão de segurança. E, assim, mantém o radical subjetivo atuando sempre contra o ato arbitrário futuro, seja de modo individual ou coletivo.

2.2.5 Quanto ao modo

2.2.5.1 Garantia expressa

Chegamos a um dos pontos culminantes do nosso trabalho, pois poderemos afirmar como é o modo de ser das garantias fundamentais.

Essa certeza também é assegurada na Constituição Federal de 1988, especialmente pelo citado artigo 5º, §2º.

Na primeira parte do dispositivo referenciado, dá-se conta dos "direitos e garantias expressos nesta Constituição". A afirmativa da existência de garantias fundamentais expressas atesta a sua positivação através de um processo legislativo que indubitavelmente tem a qualificação como "devido".

Ao lado do devido processo legal situado no artigo 5º, LIV, da CRFB, há essencialmente o devido processo legislativo desenvolvido no texto constitucional a partir do artigo 59. Isso porque o processo, enquanto instituição, é uno, mas pode se desenvolver por outros procedimentos, como o legiferante.

As garantias fundamentais expressas são, pois, obra do poder constituinte frente ao devido processo legislativo.

2.2.5.2 Garantia ampliada

A garantia ampliada decorre da extensão do âmbito protetivo de uma garantia fundamental expressa.

O âmbito de proteção, também chamado de âmbito normativo, é o domínio que a norma jurídica-fundamental recorta da realidade da vida como objeto de proteção. A conduta, no âmbito de proteção de uma garantia fundamental, é o seu próprio exercício. Ela deve ser a mais ampla possível em termos de atuação, de limitação ou do simples estar. Segundo Bodo Pieroth e Bernhard Schlink:[281] "Os diferentes direitos fundamentais aplicam-se a diferentes domínios da vida. Nestes, ora limitados, ora amplos, os direitos fundamentais, ao impor ao Estado o ônus de justificação jurídica das ingerências, protegem o particular contra ingerências do Estado, ora na sua conduta em geral, ora também apenas em modos de conduta determinados. [...] Este é o domínio da vida protegido pelos direitos fundamentais, o âmbito de proteção dos direitos fundamentais. Por vezes, também se lhe chama âmbito normativo do direito fundamental, isto é, o domínio que a norma jurídica-fundamental recorta da realidade da vida como objeto de proteção. Quando falamos de âmbito de regulação, tem-se em vista não o âmbito de proteção, mas o domínio da vida a que se aplica o direito fundamental e em que só ele vem determinar o âmbito de proteção. [...]

---

[281] PIEROTH, Bodo; SCHLINK, Bernhard. *Direitos fundamentais*. 2. ed. São Paulo: Saraiva, 2019. p. 120-121.

A conduta no âmbito de proteção de um direito fundamental pode ser designada como *uso do direito fundamental* ou como *exercício do direito fundamental*. Quando aqui se fala em conduta no âmbito de proteção dos direitos fundamentais, pretendemos que isso seja entendido no sentido mais amplo possível. O que se tem em mente quando não é apenas atuação (a chamada liberdade positiva), mas também a omissão (a chamada liberdade negativa) e, em certas circunstâncias, o simples estar. O que se tem em mente é a conduta que se situa não apenas no âmbito de proteção dos direitos fundamentais que no seu texto falam de atuações ('exprimir a sua opinião', 'informar se', 'reunir-se' etc.), mas também no âmbito de proteção de direitos fundamentais formulados com referência não tanto a atuações mas antes a coisas ('a arte e a ciência são livres')" (g. a.).

A amplitude possível frente à conduta no âmbito de proteção dos direitos fundamentais permite alargar o entendimento e interpretar novas possibilidades de proteção dos direitos fundamentais sem, contudo, criá-los ineditamente. É uma garantia ampliada e não implícita em sentido estrito.

Isso ocorre, por exemplo, com a regra do (1) duplo grau de jurisdição na seara civil. Não se trata de uma garantia implícita, mas é a ampliação do âmbito de proteção da garantia fundamental do contraditório (CRFB, art. 5º, LV). De igual forma, o fenômeno encontra-se presente nas regras (2) da presunção de inocência civil,[282] (3) da vedação à autoincriminação e (4) na motivação dos atos administrativos.

Portanto, a garantia ampliada não se confunde com a garantia implícita em sentido estrito.

2.2.5.3 Garantia implícita

Na doutrina brasileira, são comuns as designações aos "outros" direitos e garantias fundamentais referidos no artigo 5º, §2º, da CRFB, tais como: implícitos, decorrentes, não escritos, extravagantes, atípicos. Inicialmente, gostaríamos de esclarecer que a opção pela denominação "garantias implícitas" foi pensada para adequar-se ao texto constitucional. Quando o artigo 5º, §2º, da CRFB dispõe que os direitos e as garantias expressos na Constituição brasileira de 1988 não excluem

---

[282] Cf. COSTA, Eduardo José da Fonseca. Presunção de inocência civil: algumas reflexões no contexto brasileiro. *Revista Brasileira de Direito Processual – RBDPro*, Belo Horizonte, ano 25, n. 100, p. 129-144, out./dez. 2017.

os outros decorrentes do regime e dos princípios por ela adotados; ou dos tratados internacionais dos quais a República brasileira faça parte, há, portanto, direitos e garantias expressos no texto constitucional e outros decorrentes do regime e dos princípios, os quais também são considerados incluídos na constituição, apesar de não expressos, e por isso considerados implícitos.

As garantias não expressas mencionadas pelo artigo 5º, §2º, da CRFB são, na verdade, "de direito", garantias implícitas. No caso da ampliação hermenêutica do âmbito de proteção de uma garantia fundamental, tal indicação não consta no texto constitucional, nos termos mencionados anteriormente. Assim, para diferenciar, compreendemos que melhor seria denominar o fenômeno pelo que reflete "de fato", ou seja, uma ampliação do âmbito de proteção de uma garantia já expressa no texto constitucional. Daí a denominação "garantia ampliada" vista no item anterior. Então, a princípio, a denominação poderia parecer ser uma mera escolha. Contudo, a nosso ver, o indicativo extraído do artigo 5º, §2º, da CRFB nos "obrigou" a denominar as garantias relacionadas a esse dispositivo de implícitas e buscar outra denominação para caracterizar a "ampliação do âmbito de proteção".

Não obstante, é preciso afirmar que as duas garantias (implícitas e ampliadas) fazem parte de um mesmo gênero. Tanto a garantia implícita quanto a garantia ampliada têm em comum a implicitude, o subentendimento, a inexplicitação, a subjacência, o velamento. Nesse caso, a garantia implícita e a garantia ampliada são espécies do gênero que poderíamos denominar de garantia implícita *lato sensu* ou em sentido amplo.

No presente estudo, para facilitar, referimos apenas como "garantia implícita" aquela em sentido estrito, que corresponde ao artigo 5º, §2º, da CRFB. Então, teríamos: a garantia implícita ampla como gênero, cujas espécies são a garantia implícita estrita – neste estudo chamada apenas de garantia implícita – e a garantia ampliada.

No que se refere às garantias, o importante no Estado Democrático é ter em mira que elas são espécies de controles subjetivos contra atos arbitrários.

No Estado de Direito, obviamente, a lei é deflagrada pelo devido processo legislativo. E, quando assumimos nesta pesquisa que existe uma lógica constitucional subjacente de que todo poder tem seu controle e, por isso, sempre que existir um poder ou um ato arbitrário sem controle haverá um desequilíbrio. Logo, o recurso a uma garantia implícita é residual. Apenas diante de uma lacuna e considerando a insuficiência das garantias expressas – tendo em vista que o poder inadmite vácuo e é tendencialmente expansionista –, é que os cidadãos se servirão das garantias implícitas para tornar a equilibrar a lógica constitucional apontada.

Os direitos fundamentais positivados em um determinado texto constitucional nunca serão considerados os únicos, pois haverá a possibilidade subjacente de formular outros direitos fundamentais, denominados por Jorge Barcelar Gouveia de direitos fundamentais atípicos. Os direitos fundamentais atípicos colocam três questões, ainda segundo esse autor: (1) a extensão material de tais direitos; (2) as fontes de onde emanam esses direitos; e (3) o regime que lhes é aplicável. [283]

A origem das garantias implícitas, no Brasil, remonta à Constituição de 1891. Por isso não é inédita a existência delas no nosso ordenamento jurídico, entretanto sempre foi incerto o seu afloramento.

A justificação das garantias implícitas se correlaciona com a salvaguarda dos cidadãos perante os desmandos estatais incontrastáveis. A questão primordial, a nosso ver, é como desvelar legitimamente as garantias fundamentais implícitas sem ilegalidades ou oportunismos.

Esses apontamentos demonstram a insuficiência e a ineficácia das garantias explícitas, porque, em termos jurídicos, é impossível positivar todas as garantias fundamentais. E, em termos sociais, a completude das garantias fundamentais (explícitas e implícitas) assegura a cidadania na sociedade.

Por certo, a ideia das garantias implícitas (decorrentes) está sendo e ainda será delineada na presente pesquisa. Entretanto, nessa oportunidade, basta referir-se a elas como sendo todas as garantias que decorrem das fontes estabelecidas pelo artigo 5º, §2º, da CRFB, com exceção daquelas oriundas dos tratados internacionais e, por isso, não estão expressas na Constituição brasileira.

Neste tipo de cláusula de abertura, a exemplo do artigo 5º, §2º, da CRFB, destaca-se uma "função de integração" – pois, direitos fundamentais subjacentes surgem apesar de no momento da expressão da vontade constituinte terem sido esquecidos – e uma "função de aperfeiçoamento" – porquanto, outras fontes podem apresentar contornos mais precisos dos direitos e frisar a existência de novas faculdades, até certo momento desconhecidas ou desconsideradas.[284]

Doravante veremos o desenrolar desses apontamentos.

---

[283] GOUVEIA, Jorge Barcelar. *Direitos fundamentais*: teoria geral dogmática da constituição portuguesa. Coimbra: Almedina, 2023. p. 241-243.

[284] Cf. GOUVEIA, Jorge Barcelar. *Os direitos fundamentais atípicos*. Lisboa: Aequitas, 1995. p. 72.

CAPÍTULO 3

GARANTIAS IMPLÍCITAS

3.1 Individualização das garantias implícitas

A classificação das garantias fundamentais idealizada na subseção anterior foi direcionada para delimitar as garantias implícitas como espécies de garantias contra-arbítrio e, assim, possibilitar a criteriologia que será desenvolvida na sequência. De todo o exposto, agora temos os meios para individualizar e desvelar as garantias implícitas, como faremos a seguir.

Interessante notar que a arte abstrata, conforme nossa percepção, diz o indizível, mostra o invisível e Vasily Kandinsky é um dos seus precursores. A *Composição nº 4* (1911)[285] possui elementos figurativos, iconográficos e abstratos. As garantias implícitas são da ordem da abstração e merecem concretização; elas estão presentes no texto constitucional prontas para serem desveladas a fim de conter arroubos autoritários.

3.1.1 A pertinência das garantias implícitas

No decorrer deste estudo, apontamos que a soberania absoluta e ilimitada foi neutralizada pelo constitucionalismo – que teve suas bases na forma mista de governo (constituição mista) e se fundiu fortemente a partir das constituições escritas do final do século XVIII que serviram de parâmetro para as demais constituições contemporâneas.

No Estado Constitucional e, em regra, no Estado Democrático de Direito brasileiro, a partir de 1988, a atribuição de poder é ontologicamente limitada pela criação de competências. O Estado deve exercer

---

[285] Disponível em: https://commons.wikimedia.org/w/index.php?curid=37611480.

limitadamente sua competência mediante as funções dos seus poderes constituídos.

Há uma limitação ontológica imposta pelos direitos fundamentais estritos e um controle dado pelas garantias fundamentais, do mesmo modo que existem controles realizados pelos próprios órgãos estatais entre si.

O eixo que acolhe todas essas modalidades de limitação e de controle é a constituição. No caso brasileiro, afirmamos, com base em Loewenstein, que a Constituição Federal de 1988 é uma instituição de limitação e de controle do poder por excelência. Por esse prisma, enxergamos a sua finalidade primordial. E, dito isso, podemos assegurar que a Constituição brasileira deve ser sempre interpretada para restringir e para limitar o poder estatal e nunca para assegurar outros poderes que não foram instituídos pelos representantes da população, preferencialmente em uma Assembleia Nacional Constituinte ou, durante a sua vigência, por meio de reformas constitucionais.

A lógica para tal posicionamento, em última análise, parece-nos elementar. Se a titularidade do poder é do povo (CRFB, art. 1º, parágrafo único), somente ele ou aqueles que o representam podem atribuir poderes. É apenas através do devido processo legislativo que o poder pode ser conferido a um ente estatal, mesmo que seja para fornecer condições de exercício dos poderes previamente estabelecidos. *A contrario sensu*, a lógica constitucional se perderia e, ao invés de limitar, ampliaria os poderes.

É por isso que jamais poderia se admitir a existência de poderes implícitos na constituição ou no bloco constitucional brasileiro. Isso é uma anomalia a ser afastada. Ora, diante de uma constituição rígida e analítica como a brasileira, não é crível sustentar a existência de poderes que não tenham sido explicitados pelo devido processo legislativo. Uma teoria desse tipo seria a lógica perante constituições sintéticas, como aquela do sistema americano. A Constituição brasileira, ao que tudo indica, rechaça tal possibilidade. A interpretação ampliativa de uma garantia fundamental por um lado significa uma interpretação restritiva de uma cláusula e por outro um ato de poder irrestrito. Logo a criação de uma cláusula de poder e a análise dos meios para sua execução devem seguir os caminhos próprios conduzidos pelo Poder Legislativo. Não se trata, porquanto, de uma questão hermenêutica, mas de obedecer ao devido processo legislativo. Por isso sustentamos inadequada a teoria dos poderes implícitos. Conforme Eduardo José da

Fonseca Costa: [286] "Isso implica a inadequação da «teoria dos poderes implícitos» [*inherent powers ou implied powers*], que se justifica, quando muito, nas constituições sintéticas (como a Constituição Americana de 1787), não nas analíticas (como a Constituição Brasileira de 1988). Isso implica, outrossim, a adequação de uma teoria das garantias implícitas ou subentendidas, que no ambiente autoritário brasileiro jamais foi desenvolvida".[287]

---

[286] COSTA, Eduardo José da Fonseca. Garantismo é textualismo? Disponível em: https://www.eduardojfcosta.com.br/artigos/GARANTISMO-e-TEXTUALISMO-/. Acesso em: 2 set. 2023.

[287] A teoria dos poderes implícitos foi criada em 1819 durante a corte capitaneada pelo *Chief Justice* Marshall. A teoria em questão "surgiu para permitir ao legislador federal, por decorrência implícita do texto constitucional, criar lei cujo texto obrigasse também os estados federados em relação a *commerce clause*, cláusula constitucional que confere à União os poderes para regular o comércio" (SOUSA, Pedro; DUARTE, Evandro Piza. A teoria dos poderes implícitos na determinação das competências constitucionais (legislativas e materiais) nos Estados Unidos e no Brasil: a trajetória constitucional para fundamentar os poderes de investigação do Ministério Público. *Revista da Academia Brasileira de Direito Constitucional*, Curitiba, vol. 13, n. 25, p. 210-232, ago./dez. 2021, p. 212). A teoria surgiu, então, para limitar a competência do poder legislativo estadual e garantir a competência do poder legislativo federal. Desde já é preciso fazer uma ressalva. A engenharia institucional brasileira que consiste na repartição de competências constitucionais é distinta daquela estabelecida nos Estados Unidos da América. Por isso a importação dessa teoria deveria considerar este ponto. As competências são modalidades de poder que servem para realizar funções em um Estado Democrático de Direito. A Constituição brasileira é minudente ao estabelecer as competências legislativas e as competências materiais. As primeiras possibilitam o exercício do poder legiferante, enquanto as segundas dispõem do dever de agir do Estado, porém sem a necessidade de anuência do legislador. Mas o tratamento não é semelhante se comparado à Constituição americana. Para fortalecer o debate, é importante demonstrar em qual contexto a denominada teoria dos poderes implícitos surgiu nos Estados Unidos da América. O *dual federalismo* foi o período em que se deflagrou a teoria dos poderes implícitos. Naquele momento, a intervenção da União nos assuntos pertinentes aos Estados federados era mínima. No caso seminal McCulloch *versus* Maryland (1819), a Suprema Corte estadunidense decidiu sobre a possibilidade de um Estado federado taxar o *Bank of America*. A discussão girou em torno do bancário James McCulloch, que estava sendo demandado pelo Estado de Maryland por não ter recolhido o devido imposto pela prática da atividade junto ao citado banco. A controvérsia foi que a Lei Federal de 1816 incorporou o *Bank of America* ao patrimônio da União. E, em contrapartida, a Lei do Estado de Maryland de 1818 determinava a taxação de todos os bancos que exerciam atividades na sua jurisdição, o que incluía a citada instituição bancária. Diante do recurso interposto por McCulloch, a Suprema Corte entendeu que: (1) a Constituição norte-americana não faz referência expressa a que a Federação possa incorporar um banco; (2) a referida possibilidade de incorporação poderia existir de modo implícito no texto constitucional; (3) a constituição deveria regular o comércio (*commerce clause*) sobre a legitimação da *necessary and proper clause*; (4) finalmente, sendo legítima a incorporação do *Bank of America* pelo Governo Federal, o Estado de Maryland não poderia taxá-lo. Note ser importante salientar que a autonomia dos Estados Federados é a pedra de toque da Constituição americana. Isso porque ela se ergue com a teoria da *necessary and proper clause*, decorrente do art. I, Seção 8, da Constituição americana, uma vez que será da competência do Congresso elaborar todas as leis necessárias e apropriadas ao exercício dos poderes acima especificados e dos

demais que a Constituição americana confere ao Governo dos Estados Unidos, ou aos seus Departamentos e funcionários. Feita esta contextualização, cumpre destacar um trecho do voto do *Chief Justice* Marshall no referido caso McCulloch *versus* Maryland, em que se obteve apoio unânime da sua respectiva corte. É imprescindível advertir que o juiz apontou como justificativa para a teoria dos poderes implícitos o fato de que a Constituição americana não seria do tipo analítica ou prolixa. Nesse trecho específico do voto dispôs o magistrado que se "[...] uma Constituição que contivesse um detalhamento preciso de todas as subdivisões do que seus poderes amplos permitiriam e os meios pelos quais eles seriam colocados em execução estaria tomada pela prolixidade de um código legislativo e poderia ser mal compreendida pela mente humana". (*United States*, 1809, p. 407). Na sequência do raciocínio, enfatizou que a constituição daquele país traria apenas os objetos centrais do poder federal, enquanto "os ingredientes menores que compõem estes objetos são deduzidos da própria natureza do objeto" (*United States*, 1809, p. 407). Obviamente, em comparação com a Constituição brasileira, a situação se inverteria. É notório que o nosso texto constitucional é do tipo analítico ou prolixo. Logo o amplo detalhamento, inclusive dos poderes estatais, é facilmente manejado e constatado na Constituição brasileira de 1988. Aliás, basta lembrar que em 16.11.2023 existiam 131 emendas constitucionais em 35 anos de vigência o que demonstra, apesar de ser um texto rígido, a forte atuação do poder constituinte derivado reformador. Nesse sentido, a conclusão é de que a teoria dos poderes implícitos serve para as constituições sintéticas, como no caso da americana. Outro detalhe que merece atenção, a partir da análise da decisão em referência, é que a aplicação da teoria dos poderes implícitos serviu para justificar a edição de uma lei federal. A referida teoria surgiu, portanto, como uma regra de hermenêutica que justificou a criação de uma lei, mas que limitou a própria competência do Congresso estadunidense. Isso porque estaria em jogo a criação de uma lei por essa instituição desrespeitando a competência legislativa dos Estados a partir de um anterior parâmetro constitucional existente, que, no caso concreto, seria a teoria da *necessary and proper clause*, decorrente do art. I, seção 8, da Constituição americana. Ainda com vistas à comentada decisão, constatamos que o Poder Judiciário não criou poderes implícitos diretamente da norma constitucional, pois tal tarefa seria do Poder Legislativo, que tem a função de criar leis federais. O Judiciário, nesse contexto, apenas exerceu o controle constitucional da validade ou invalidade de um poder criado pela via legislativa. Então, quatro pontos podem ser ratificados a título conclusivo na análise da história da referida decisão. A uma, a questão referente à teoria dos poderes implícitos diz respeito a uma competência legislativa e não a uma competência material. A duas, o Judiciário não cria poderes implícitos diretamente da norma constitucional. A três, a referida teoria, em si, é uma forma de limitação da competência legislativa da União. E, finalmente, a quatro, a teoria dos poderes implícitos serve para as constituições sintéticas e não para as do tipo analíticas, como é o caso da Constituição brasileira. É interessante notar que Canotilho se refere à teoria em debate como sendo a "teoria das competências implícitas". O aludido modo de pensar vai ao encontro daquilo que afirmamos linhas atrás, ou seja, um poder, em um Estado Democrático de Direito, é uma competência. Ao tratar dos temas das competências, ganha relevo, conforme ensina Canotilho, "o princípio da indisponibilidade de competências ao qual está associado o princípio da tipicidade de competências" (g. a.). No primeiro caso, "as competências constitucionais fixadas não podem ser transferidas para órgãos diferentes daqueles a quem a Constituição atribuiu". E, no segundo caso, "as competências dos órgãos constitucionais [são] [...], em regra, apenas as expressamente enumeradas na Constituição". Canotilho, a propósito, alerta para uma eventual "admissibilidade" das competências não escritas. Segundo o mestre português, "a aceitação indiscriminada desse tipo de competência acabará por violar não só o princípio da conformidade funcional mas também os princípios da tipicidade e indisponibilidade de competências". Isso porque "[a] força normativa da Constituição é incompatível com a existência de competências não escritas, salvo nos casos de a própria Constituição autorizar o legislador a alargar o leque de competências normativo-constitucionalmente especificado". Todavia, o mestre lusitano admite uma "complementação de competências constitucionais através do manejo de instrumentos metódicos de interpretação (sobretudo

CAPÍTULO 3
GARANTIAS IMPLÍCITAS | 161

Feitos estes apontamentos, podemos assegurar que as competências estatais devem ser criadas pelos representantes do povo segundo o devido processo legislativo.

E, tendo em vista que as garantias fundamentais têm por função especial, mesmo que não exclusivamente, neutralizar o arbítrio, elas são pertinentes e indispensáveis para o projeto constitucional brasileiro idealizado em 1988.

3.1.2 A origem remota e a demarcação das garantias implícitas

Durante o progresso do presente trabalho, foi justificado o desenvolvimento da garantia fundamental isoladamente do direito fundamental. A doutrina pesquisada a seguir irá se referir sempre aos direitos fundamentais em sentido amplo e, caso necessário, faremos a devida adaptação ao âmbito das garantias fundamentais.

A redação do artigo 5º, §2º, da CRFB foi inspirada na Nona Emenda da Constituição dos Estados Unidos da América ("A enumeração de certos direitos na Constituição não deve ser interpretada no sentido de negar ou menosprezar outros retidos pelo povo").[288] Segundo Leonardo Martins:[289] "Como a primeira Constituição da então recém-proclamada Primeira República brasileira foi muito influenciada pela Constituição dos EUA, essa norma certamente foi inspirada na Nona Emenda à Constituição norte-americana, aprovada em 1791, que

---

de interpretação sistemática ou teológica)". Logo, duas seriam as hipóteses de competências implícitas complementares: (5) aquelas enquadráveis no "programa normativo-condicional de uma competência explícita e justificável porque não se trata tanto de alargar competências, mas de aprofundar competências"; e (5) aquelas "necessárias para preencher lacunas condicionais patentes através da leitura sistemática e analógica dos preceitos constitucionais" (CANOTILHO, José Joaquim Gomes. *Direito constitucional e teoria da constituição*. 7. ed. Coimbra: Almedina, 2003. p. 546-549). No que tange a todas essas importantes lições, pensamos ser adequado, por tudo que se defendeu até aqui e mesmo diante da advertência inicial do próprio Canotilho, sustentar a inexistência de competências implícitas, exceto se a própria Constituição autorizar o legislador. A engenharia constitucional autoriza a ampliação de garantias para limitar o poder estatal, mas o inverso não seria verdadeiro. Finalmente, importante argumentar que, ao criar competências implícitas, elas não seriam automaticamente contrastadas, mesmo de modo subjacente, por outras garantias. A lógica é reequilibrar.

[288] The enumeration in the Constitution, of certain rights, shall not be construed to deny or disparage others retained by the people. U.S GOVERNMENT INFORMATION. Disponível em: https://www.govinfo.gov/content/pkg/GPO-CONAN-2002/pdf/GPO-CONAN-2002-9-10.pdf. Acesso em: 8 out. 2022, tradução nossa.

[289] MORAES, Alexandre de [et al.] [organização Equipe Forense]. *Constituição Federal Comentada*. 1. ed. Rio de Janeiro: Forense, 2018. p. 679.

representou uma resposta ao suposto risco de se restringir direitos, implícito no ato de enumerá-los".

As emendas à Constituição americana tiveram a nítida preocupação com os direitos fundamentais de liberdade. Não é por outro motivo que a localização da regra semelhante no nosso texto constitucional está em um dos parágrafos do artigo 5º, cujo capítulo correspondente denomina "Dos Direitos e Deveres Individuais e Coletivos".

A finalidade da Nona Emenda americana foi evitar que os direitos individuais afirmados não conduzissem automaticamente à supressão de outros que não foram descritos no texto constitucional. É uma segurança para o povo contra o Estado, para que não se tratem os direitos fundamentais como resíduos, porém como reservas de poderes com a possibilidade de aventar outros se for necessário. A solução dada pela nossa Constituição brasileira de 1891, inspirada na Nona Emenda americana, repetiu-se nas suas outras versões e esclareceu que existem direitos e garantias subsistentes, desde que decorressem de determinadas fontes consagradas. João Barbalho, ao comentar o artigo 78 da Constituição de 1891 ("Art. 78 – A especificação das garantias e direitos expressos na Constituição não exclui outras garantias e direitos não enumerados, mas resultantes da forma de governo que ela estabelece e dos princípios que consigna"), atesta:[290] "similar da que contém na Emenda IX das addicionaes à Constituição dos Estados Unidos Norte-Americanos, foi ahi estabelecida, dizem os comentadores, como cautela contra a má aplicação da máxima, demasiado repetida, que uma afirmação em casos particulares importa uma negação em todos os mais e *vice-versa*. [...] Para afastar essa falsa conclusão, a Constituição declara que a enumeração n'ella feita quanto a direitos e garantias não deve ser tida como supressiva de outros não mencionados, os quaes ficam subsistentes uma vez que sejam decorrentes da forma de governo no que ella estabelece e dos princípios que consagra".

Entre nós, é importante ressaltar a doutrina denominada "direitos não escritos". Para teorizar a categoria das denominadas garantias implícitas, devem-se considerar "nossas ponderações em torno do significado e alcance do art. 5º, §2º, da nossa Lei Fundamental".[291]

---

[290] CAVALCANTI, João Barbalho Uchôa. *Comentários à Constituição brasileira*. 2. ed. Rio de Janeiro: F. Briguiet, 1924. 568 p.

[291] SARLET, Wolfgang Ingo. *A eficácia dos direitos fundamentais:* uma teoria geral dos direitos fundamentais na perspectiva constitucional. 10. ed. Porto Alegre: Livraria do Advogado, 2009. p. 84.

Os direitos fundamentais, segundo Sarlet, poderiam ser divididos em dois grupos. Por um lado, há aqueles "direitos expressamente positivados (ou escritos)" e, por outro, "os direitos fundamentais não escritos", os quais "não foram objeto de previsão expressa pelo direito positivo (constitucional ou internacional)".[292]

As garantias escritas são expressamente previstas no catálogo dos direitos fundamentais ou em outras partes do texto constitucional, bem como sediadas em tratados internacionais.

Entretanto, ainda conforme Sarlet, os direitos fundamentais não escritos poderiam ser categorizados como implícitos e decorrentes. A primeira categoria (implícitos) representaria as posições fundamentais subentendidas nas normas definidoras dos direitos fundamentais. A segunda categoria (decorrentes) corresponderia às garantias fundamentais decorrentes do regime e dos princípios apontados pelo artigo 5º, §2º, da CRFB.[293] Todavia, não pensamos nestes termos.

Interessante notar que a posição adotada pelo jurista, em virtude dos direitos e das garantias implícitas, salvo melhor juízo, merece um ajuste. Segundo Sarlet,[294] essa categoria (implícitos) "pode corresponder também – além da possibilidade de dedução de um novo direito fundamental com base nos constantes do catálogo – a uma extensão (mediante o recurso da hermenêutica) do âmbito de proteção de um determinado direito fundamental expressamente positivado".

A correta afirmação, pensamos, deve considerar a ideia da existência de um gênero relacionado à implicitude, com já defendido. Note que a ampliação do âmbito de proteção não seria propriamente, com base no autor, uma "criação jurisprudencial de um novo direito fundamental, mas, sim, uma redefinição do campo de incidência de um determinado direito fundamental já expressamente positivado".[295]

A nosso ver, a diretriz apontada sem o ajuste fino proposto quanto à ampliação do âmbito de proteção de um direito e de uma garantia fundamental parece inviabilizar a própria ideia de garantias fundamentais implícitas fora da previsão constitucional do artigo 5º, §2º. Isso porque não se trata de um novo direito com base no rol existente (catálogo), porém de uma interpretação ampliativa (hermenêutica).

---

[292] SARLET, Wolfgang Ingo. *A eficácia dos direitos fundamentais*: uma teoria geral dos direitos fundamentais na perspectiva constitucional. 10. ed. Porto Alegre: Livraria do Advogado, 2009. p. 87.

[293] Cf. *Ibid.*, p. 87.

[294] *Ibid.*, p. 89.

[295] *Ibid.*, p. 89.

Ademais, a possibilidade de dedução de um novo direito fundamental ou de uma nova garantia fundamental com base naqueles constantes no catálogo parece não encontrar guarida no texto constitucional, exatamente por estar fora daquilo que preceitua o artigo 5º, §2º. Por essa razão, ao nosso sentido, entendemos contraditória a seguinte passagem de Sarlet:[296] "Ainda no que diz com os direitos implícitos, desimporta a averiguação de sua decorrência do regime e dos princípios de nossa Carta, na medida em que esta se refere apenas – ao menos segundo o que leva a crer a redação do art. 5º, §2º, da CF – à categoria dos direitos fundamentais decorrentes. Por derradeiro, convém atentar para a circunstância de que a existência de direitos fundamentais implícitos, no sentido ora emprestado ao termo, mesmo que possa, sob certo ponto de vista, ser tida como abrangida pela norma contida no art. 5º, §2º, da nossa Carta, dela não depende. Os direitos fundamentais implícitos têm, isto sim, sua existência indiretamente reconhecida pelo citado preceito constitucional. Assim sendo, tenho para mim que a dedução de direitos implícitos é algo inerente ao sistema, existindo, ou não, norma permissiva expressa neste sentido".

É conflitante reconhecer garantias implícitas em sentido estrito – para aqueles que sustentam decorrer do catálogo dos direitos fundamentais – fora da previsão constitucional *retro* mencionada. Ora, se este dispositivo informa que as garantias fundamentais implícitas decorrem apenas do regime e dos princípios, significa que elas não decorrem do catálogo de modo estrito, porém apenas como outra espécie do gênero (garantia ampliada). A não ser que se defenda que os direitos fundamentais em sentido amplo seriam princípios, o que não admitimos. Por todos, Friedrich Müller:[297] "Direitos fundamentais não são 'valores', privilégios, 'exceções' do poder de Estado ou 'lacunas' nesse mesmo poder, como o pensamento que se submete alegremente à autoridade governamental [ovrigkeitsfreudges Denken] ainda teima em afirmar. Eles são normas, direitos iguais, habilitações dos homens, *i.e.*, dos cidadãos, a uma participação ativa [aktive Ermáchtingung]. No que lhes diz respeito, *fundamentam* juridicamente uma sociedade libertária, um estado democrático".

---

[296] SARLET, Wolfgang Ingo. *A eficácia dos direitos fundamentais*: uma teoria geral dos direitos fundamentais na perspectiva constitucional. 10. ed. Porto Alegre: Livraria do Advogado, 2009. p. 92.

[297] MÜLLER, Friedrich. *Quem é o povo?* A questão fundamental da democracia. 4. ed. São Paulo: Revista dos Tribunais, 2009. p. 51-52.

Não se pode confundir o rol exemplificativo dos direitos fundamentais – que serve para não excluir outros não expressos – com a taxatividade das fontes das garantias fundamentais não expressas (implícitas).

Aliás, com o devido respeito, pensamos não ser possível que a denominada garantia ampliada – equivocadamente, a nosso ver, chamada pela doutrina elegida linhas atrás de "direitos fundamentais implícitos" – derivada do alargamento do âmbito de proteção de direitos fundamentais tenha sua existência reconhecida indiretamente no artigo 5º, §2º, mas concordamos que seria algo inerente ao sistema constitucional, independente de uma norma permissiva. Nesse caso, apesar de esta pesquisa ter a finalidade valorativa da cidadania e maximizar suas garantias, não se pode permitir onerar o Estado, ilimitada e desnecessariamente, à revelia do poder constituinte.

A incidência do artigo 5º, §2º, da CRFB afasta outras fontes, tal qual a possibilidade de dedução de novas garantias fundamentais de outros direitos fundamentais. O ineditismo das garantias fundamentais é fruto de um devido processo legislativo por força do poder constituinte. As garantias fundamentais implícitas decorrem do regime e dos princípios já existentes, devendo apenas ser desveladas. Fora disso, estamos no campo da arbitrariedade.

Com a justificativa apontada, portanto, entendemos que as denominações "decorrente" e "implícita" podem ser conjugadas, pois é impertinente a sua desvinculação. O texto constitucional dispõe que as garantias fundamentais implícitas decorrem do regime, dos princípios e dos tratados internacionais. Assim, as garantias fundamentais implícitas seriam aquelas "decorrentes" apenas do regime e dos princípios, pois aquelas advindas dos tratados internacionais seriam expressas.

Então extrairíamos do artigo 5º, §2º, da CRFB os seguintes tipos: (1) as garantias fundamentais implícitas decorrentes (espécie); (2) as garantias fundamentais expressas decorrentes. E, ainda, em face de um critério hermenêutico inerente ao sistema constitucional – que foge especificamente do âmbito da nossa pesquisa –, surge a possibilidade tangencial da (3) ampliação do âmbito de proteção das garantias fundamentais explícitas, por nós denominadas de garantias ampliadas, as quais também são espécies do gênero garantias implícitas, uma vez que é subentendido o seu âmbito normativo.

3.1.3 Critérios subjetivos dos direitos e das garantias fundamentais

3.1.3.1 A materialidade e a equivalência

Na Constituição portuguesa de 1976, da mesma forma que na Constituição brasileira de 1988, o conteúdo material dos direitos e das garantias fundamentais não está apenas no catálogo. É esse o sentido que deriva do nº 1 do artigo 16º da Constituição portuguesa de 1976 ao dispor que "os direitos fundamentais consagrados na Constituição não excluem quaisquer outros constantes das leis e das regras aplicáveis de direito internacional".

A leitura desse texto assevera a existência de direitos fundamentais em leis ordinárias ou em normas internacionais, não obstante existirem direitos previstos em outras partes da Constituição portuguesa que devam ser considerados também fundamentais. Apesar de haver alguma distinção com o Direito brasileiro, especialmente na previsão constitucional dos denominados direitos fundamentais legais, ambos os dispositivos – do Direito português (artigo 16, nº 1) e o do Direito brasileiro (artigo 5º, §2º) – têm em comum a inspiração na Nona Emenda da Constituição americana.

No mesmo sentido dado pelos comentaristas brasileiros, os portugueses acreditam que "tudo indica que os preceitos desse tipo só se justificam razoavelmente se forem entendidos como referências ao reconhecimento da existência de outros direitos fundamentais para além dos enumerados nos textos constitucionais".[298]

Por essa linha de raciocínio e pelas semelhanças dos preceitos dos dois países, pensamos ser a doutrina portuguesa um bom parâmetro para buscar a indicação dos critérios materiais para a caracterização dos direitos fundamentais.

Para tanto, elegemos o jurista português José Carlos Vieira de Andrade, que sistematizou alguns critérios que demonstram a materialidade dos direitos fundamentais. É certo que esse autor, ao realizar tal empreitada, não se preocupou com a distinção que fizemos entre o direito fundamental e a garantia fundamental. Isso fará com que nós ajustemos posteriormente essa circunstância quando estabelecermos os critérios referenciais específicos para as garantias fundamentais implícitas.

---

[298] ANDRADE, José Carlos Vieira de. *Os direitos fundamentais na Constituição portuguesa de 1976*. 6. ed. Coimbra: Almedina, 2019. p. 71.

Vieira de Andrade elege três critérios para definir o domínio dos direitos fundamentais. O primeiro critério seria dado pela importância do "radical subjectivo" dos direitos fundamentais. O jurista lusitano informa que o núcleo estrutural da matéria dos direitos fundamentais é constituído por "posições jurídicas subjetivas consideradas fundamentais e atribuídas a todos os indivíduos ou a categorias abertas de indivíduos". E acrescenta uma ressalva: "esse elemento subjectivo não abrange a totalidade dos efeitos jurídicos das normas respectivas, que por vezes se limitam a estabelecer garantias para estas posições jurídicas". Ao que parece, aqui o jurista se refere às garantias institucionais, "normas constitucionais que não instituem posições subjetivas".[299] Portanto o elemento subjetivo é nuclear e mostra-se preponderante para a aplicação prática dos direitos fundamentais. O segundo critério é funcional. Os direitos fundamentais teriam a função de "protecção e a garantia de determinados *bens jurídicos das pessoas* ou de certo conteúdo das *posições ou relações* na sociedade que sejam consideradas essenciais ou primários" (g. a.). O presente critério é alternativo. Caso o preceito não tenha o elemento subjetivo nuclear (primeiro critério), só pertencerá à matéria dos direitos fundamentais "se contiverem normas que se destinam *directamente* e por *via principal* a garantir essas posições jurídicas" (g. a.). O terceiro critério, e não menos importante, é a intenção específica de explicitar, no conjunto de direitos fundamentais, uma ideia de Homem. Segundo Vieira de Andrade, no âmbito cultural, a ideia de Homem "se manifesta juridicamente num princípio de valor, que é o primeiro da Constituição portuguesa: o princípio da *dignidade da pessoa humana*"[300] (g. a.). O artigo 1º da Constituição da República Portuguesa preceitua que "Portugal é uma República soberana, baseada na dignidade da pessoa humana e na vontade popular e empenhada na construção de uma sociedade livre, justa e solidária". O raciocínio do autor provavelmente não se encaixaria perfeitamente na Constituição brasileira de 1988, vez que a dignidade da pessoa humana não é o primeiro e muito menos o único dos princípios fundamentais citados no artigo 1º, os quais deveriam ser considerados em conjunto, pois não assumimos uma hierarquia entre as disposições constitucionais. Todavia, pensamos não ser necessário nos aprofundarmos nesse discurso, uma vez que a intenção final é indicar critérios objetivos prevalentes aos critérios subjetivos para desvelar as garantias fundamentais implícitas.

---

[299] ANDRADE, José Carlos Vieira de. *Os direitos fundamentais na Constituição portuguesa de 1976*. 6. ed. Coimbra: Almedina, 2019. p. 131.

[300] *Ibid.*, p. 77.

O critério tríplice arquitetado por Vieira de Andrade implica a afirmação do caráter essencial do seu núcleo subjetivo, mas é certo que não se reduz a isso, porque poderá a matéria dos direitos fundamentais ser definida dando-lhes solidez institucional e algum relevo jurídico-dogmático. Veja que o autor português adere à categoria dos direitos apenas formalmente fundamentais.

Analisando especificamente o artigo 5º, §2º, da CRFB, Sarlet apresenta um critério de equivalência para os direitos fundamentais implícitos. Segundo ele, "toda e qualquer posição jurídica, seja ela enquadrada na noção de direitos implícitos ou decorrentes, seja ela encontrada na Constituição (fora do catálogo) ou em algum tratado internacional, deverá, para ser considerado autêntico direito fundamental, equivaler – em seu conteúdo e dignidade – aos direitos fundamentais do catálogo".[301] Assim o desvelamento somente poderá ser comparado aos expressos que porventura tenham o seu conteúdo e a sua importância equiparada aos constantes no catálogo. Notemos que diante do artigo 5º, §2º, segundo Martins, "o constituinte desistiu do adjetivo 'fundamentais', caracterizador dos referidos direitos e garantias [expressos], ao contrário do que fez ao cunhar o teor do [...] [artigo 5º] §1º", ambos da CRFB. Por um lado, o constituinte (1) "pretendeu com isso extrapolar os limites formais do Título II" e, por outro, (2) "indicou tratar-se de direitos *formalmente* fundamentais (aferíveis pelo simples dado de serem pertinentes ao Texto Constitucional)", isso porque não fez "valoração axiológica quanto ao mérito de tais direitos e garantias".[302] Dito de outro modo: os direitos e garantias expressos citados no artigo 5º, §2º, da CRFB são, em sentido formal, o que se deduz também para aqueles implícitos.

O critério da equivalência contém o subcritério da importância e o subcritério do conteúdo. No subcritério da importância deve-se atentar para "a efetiva correspondência com o sentido jurídico dominante, cuja avaliação dependerá, sem dúvida, da sensibilidade do intérprete". O subcritério do conteúdo também se move "em terreno marcado por forte dose de subjetividade".[303]

Em suma, Vieira de Andrade nos auxilia com a construção dos elementos de identificação da materialidade das garantias fundamentais

---

[301] SARLET, Wolfgang Ingo. *A eficácia dos direitos fundamentais*: uma teoria geral dos direitos fundamentais na perspectiva constitucional. 10. ed. Porto Alegre: Livraria do Advogado, 2009. p. 91.

[302] MORAES, Alexandre de [et al.] [organização Equipe Forense]. *Constituição Federal Comentada*. 1. ed. Rio de Janeiro: Forense, 2018. p. 680-681.

[303] SARLET, *op. cit.*, p. 93.

e Sarlet nos ajuda com a construção de um critério para equivalência das garantias fundamentais implícitas com os direitos fundamentais expressos.

Todavia os critérios em jogo, como anotado, possuem alta carga subjetiva, inclusive aquele da equivalência, pois depende do intérprete para revelar as garantias fundamentais implícitas.

Para nós, a subjetividade é aquilo que se relaciona unicamente a um indivíduo e, por isso, não é acessível a ninguém. É diferente da objetividade, pois essa relaciona-se com a realidade externa (não-interna-do-indivíduo), com a existência fora do sujeito, mesmo que possa posteriormente ser por ele deformada ou transformada.

Um critério exclusivamente subjetivo é incontrolável, o que nos faz pensar na necessidade de encontrar outras maneiras de desvelar as garantias implícitas de modo objetivo. Não obstante os critérios subjetivos apontados, portanto, entendemos existirem outros que, objetivamente, fornecem parâmetros para o desvelamento das garantias fundamentais implícitas, que não apenas dependam do voluntarismo do intérprete.

3.1.4 Critérios objetivos das garantias implícitas

3.1.4.1 Primeiro critério: competência imprópria

Uma competência imprópria para fins deste estudo, por exemplo, é uma competência desviada ou excedida, ou seja, um abuso de poder.

A nossa posição quer destacar a existência de critérios objetivos para desvelar as garantias fundamentais implícitas decorrentes. Aqui pretendemos nos afastar da exclusividade e da primazia dos critérios subjetivos para delimitar as garantias implícitas, por exemplo, o vetor da "dignidade da pessoa humana", nos termos destacados por Vieira de Andrade.[304] Isso porque caberia ao intérprete identificar, apenas através da sua subjetividade, qual garantia defende a dignidade humana para considerá-la "fundamental".

É mais seguro, segundo nosso entendimento, para além dos critérios subjetivos oportunamente aludidos, estabelecer determinada objetividade no desvelamento de uma garantia fundamental implícita.

Inicialmente adotamos a distinção clássica entre os direitos e as garantias fundamentais, porém com acréscimos. Em seguida, as

---

[304] Cf. ANDRADE, José Carlos Vieira de. *Os direitos fundamentais na Constituição portuguesa de 1976.* 6. ed. Coimbra: Almedina, 2019. p. 77.

garantias fundamentais foram classificadas em várias categorias e nos interessa agora destacar aquela relacionada ao seu objeto. Elas foram categorizadas como sendo "garantias contra-arbítrio", ou seja, garantias que servem para controlar o poder arbitrário do Estado e repor uma competência estatal inadequada; as denominadas "garantias compensatórias", que estariam a serviço de uma contraprestação patrimonial ou extrapatrimonial perante uma violação de um direito fundamental pelo Estado; e, finalmente, as garantias institucionais.

Entre as categorias apresentadas, apenas as garantias contra-arbítrio se relacionam com as garantias implícitas decorrentes citadas no artigo 5º, §2º, da CRFB. Isso porque essas espécies de garantias servem para combater o arbítrio estatal e, portanto, controlar o poder do Estado. A Constituição brasileira é, por si só, uma instituição de limitação de poder e, portanto, presume-se que todo poder tem a sua respectiva garantia. E, nos casos em que esses controles não estejam expressos, significa que estão subentendidos, portanto implícitos. A única razão para desvelar uma garantia implícita é fazer frente a um poder estatal sem limites, logo arbitrário.

No nosso Estado Democrático de Direito, vimos ser possível uma percepção diferente do fenômeno democrático. O princípio da teoria democrática estaria baseado em instituições de controle contra o arbítrio para além do mero critério da maioria.[305] O controle democrático ajusta-se às garantias implícitas. Dito isso, é possível sustentar que o critério para defender uma garantia fundamental implícita é muito menos, por exemplo, a dignidade da pessoa humana e, muito mais, o controle de um poder abusivo.

Fora desse parâmetro, não faz qualquer sentido, nos termos do texto constitucional brasileiro, sustentar garantias fundamentais implícitas. Caso contrário, estaríamos onerando, a despeito do devido processo legislativo, o próprio Estado ou até mesmo o cidadão, mesmo admitida a eficácia horizontal indireta dos direitos fundamentais.

A proposta desse critério objetivo afasta a exclusiva subjetividade do intérprete, especialmente do juiz diante do caso concreto. O decisor, por exemplo, não irá de forma voluntária revelar uma garantia fundamental a partir do que entende por dignidade da pessoa humana. Todavia, em primeiro lugar, irá declarar uma garantia fundamental em face de algo externo a ela, ou seja, a existência de uma arbitrariedade.

---

[305] Cf. POPPER, Karl Raimund. *A sociedade aberta e seus inimigos*. t.1 Belo Horizonte: Itatiaia: São Paulo, 1998. p. 141.

O critério objetivo ora proposto visa defender que não há poderes sem garantias, sob pena do desequilíbrio da engenharia constitucional republicana estabelecida pela Constituição brasileira de 1988. Por esses motivos, prevalece a ideia de que as garantias devem ser interpretadas ampliativamente e não restritivamente. As características do ordenamento jurídico interferem na interpretação restritiva. Em países que "reconhecem a supremacia do legislador, como no Brasil, os métodos de analogia e restrição são, em geral, rejeitados". No Brasil, temos "ordenamentos jurídicos legicêntricos, ou seja, fundamentados no direito escrito, que só pode ser criado e modificado pelas autoridades competentes segundo as regras do processo legislativo". Essa característica impõe um dever ao intérprete, sendo ele quem for e, especialmente, ao juiz. A vontade do legislador, a qual foi "indicada de forma solene no texto da lei", deve ser respeitada pelo intérprete. Logo, não cabe ao intérprete "usurpar a competência normativa 'corrigindo' as palavras do legislador". Ainda, a aplicação do aspecto restritivo está ligada às peculiaridades de cada ramo do Direito. No estudo em desenvolvimento, estamos na seara do Direito Constitucional. Nesse ramo do Direito, "prevalece o princípio 'em caso de dúvida a favor da liberdade do indivíduo e contra os interesses do Estado' (*in dubio pro libertate*)". Em geral, os direitos fundamentais e, em especial, as garantias fundamentais "devem ser interpretados de forma ampla em caso de conflito entre o indivíduo e o Estado". Em situações desse tipo, "a analogia é permitida a favor dos titulares de direitos fundamentais, sendo excluída a restrição de sentido". Mas vale uma importante ressalva: a referida regra "não se aplica em caso de conflito entre os direitos fundamentais de duas ou mais pessoas, já que não podemos preferir a liberdade de um contra a liberdade do outro".[306] De modo semelhante, Müller aponta para uma posição ligada ao Tribunal Constitucional alemão, que considera a efetividade dos direitos fundamentais como um princípio da interpretação. Segundo o jurista alemão, o tribunal "infere desse princípio que os direitos fundamentais devem ser submetidos a uma interpretação ampla. Com isso, a jurisprudência se avizinha diretamente ao enunciado '*in dubio pro libertate*', que parte de uma presunção de liberdade em favor do cidadão".[307] O enunciado *in dubio pro libertate*

---

[306] DIMOULIS, Dimitri. *Manual de introdução ao estudo do direito*. 7. ed. São Paulo: Revista dos Tribunais, 2017. p. 160-162.

[307] MÜLLER, Friedrich. *Metodologia do direito constitucional*. 4. ed. São Paulo: Revista dos Tribunais, 2010. p. 85.

está alinhado à essência da constituição, cujo papel fundamental está na limitação do poder. A presunção de liberdade é a premissa básica para interpretar conflitos entre o indivíduo e o Estado. E, nessa seara, as controvérsias dizem respeito ao modo de condução do poder pelo Estado. Diante de uma competência estabelecida pela constituição, ele deve segui-la adequadamente, sem descumpri-la por ação ou inação. E, frente a uma incompetência gerada por um direito fundamental, o Estado deve se abster, respeitando a liberdade individual previamente estabelecida pela constituição.

Conforme Leonardo Martins, a presença de explícitas cláusulas de abertura como a do art. 5º, §2º, da CRFB corrobora a vontade do constituinte de promover uma proteção jusfundamental em sentido amplo, especialmente das liberdades negativas. É de máxima procedência a situação pela qual "juízes não podem fazer as vezes de legisladores, estando, ao contrário, claramente vinculados à lei".[308] A conclusão é unidirecional. As garantias devem ser ampliadas sempre que o poder estatal se avultar sem o devido contraste. E, consequentemente, as garantias fundamentais implícitas apenas podem ser de *status* negativo, pois querem controlar a ação ou inação estatal.

Ainda conforme Martins,[309] o princípio da legalidade da administração pública, em sentido amplo, "abrange a jurisdição, garantindo tanto objetivamente, no art. 34, *caput* da CF, quanto como direito público-subjetivo (direito fundamental), no art. 5º, II da CF, aliado ao princípio do Estado de direito (art. 1º, *caput* da CF), estatui aos órgãos jurisdicionais como primeira baliza a lei em sentido formal e material ou apenas em sentido material".

Para tanto a criação de direitos fundamentais sociais não transfere "a outro órgão ou instituição a competência de sua positivação, que é originalmente do constituinte, ou para sua configuração legislativo-ordinária quando o constituinte, tal como brasileiro, tiver positivado amplo rol de direitos prestacionais".[310]

A disfunção ou a usurpação do poder, como visto, significa uma competência imprópria. As garantias fundamentais são adequadas para corrigir tais condutas no futuro, todavia, diante da ocorrência de uma competência imprópria sem controle, subentende-se a existência de uma garantia que está implícita na constituição. As garantias fundamentais,

---

[308] MARTINS, Leonardo. *Direitos fundamentais*: conceito permanente – novas funções. Rio de Janeiro: Marcial Pons, 2022. p. 125-126.

[309] *Ibid.*, p. 127.

[310] *Ibid.*, p. 128.

sendo um instrumento de proteção do cidadão, têm, nas garantias implícitas, seu verdadeiro reforço.

3.1.4.2 Segundo critério: fontes taxativas

É certo asseverar que o artigo 5º, §2º, da CRFB assegura o caráter exemplificativo das garantias fundamentais expressas, mas não trata apenas desse ponto. Ele elegeu determinadas fontes e afirmou, portanto, que o regime e os princípios são "as" fontes das garantias fundamentais implícitas.

O constituinte de 1987-1988 poderia ter deixado as fontes em aberto, como optou o legislador norte-americano na Nona Emenda; poderia ter feito como na Constituição portuguesa de 1976 (art. 16, nº 1) e estendê-la às leis infraconstitucionais; ou poderia ter sido mais generoso e referir-se, por exemplo, à analogia, aos costumes, à política, à moral, à religião, à economia.

Entretanto, o legislador constituinte de 1987-1988 decidiu politicamente taxar as fontes. São duas as conclusões: (1) o artigo 5º, §2º, da CRFB estabeleceu que as garantias fundamentais expressas na constituição são exemplificativas; e (2) o artigo 5º, §2º, da CRFB estabeleceu que as fontes, pelas quais as garantias implícitas são decorrentes, classificam-se como taxativas.

O presente critério não depende do intérprete. As fontes estão objetivamente inseridas no texto constitucional e isso, a rigor, significa uma restrição direta em face do desvelamento das garantias fundamentais implícitas através de outras fontes, senão aquelas indicadas pelo artigo 5º, §2º, da CRFB.

A contrario sensu, essa visão não significa prejuízo ao cidadão. Há uma diversidade de princípios situados entre o artigo 1º e o 4º da CRFB, além do regime democrático representativo de onde decorrerão as garantias implícitas.

Ademais esse critério objetivo não afasta a possibilidade das garantias ampliadas – expansão do âmbito de proteção das garantias fundamentais expressas – e, principalmente, o exercício do poder de reforma constitucional para dispor de uma garantia fundamental inédita, tal como ocorreu com o direito-garantia à razoável duração do processo criado em 2004 pela Emenda Constitucional nº 45[311] e com o

---

[311] Artigo 5º, LXXVIII, da CRFB: "a todos, no âmbito judicial e administrativo, são assegurados a razoável duração do processo e os meios que garantam a celeridade de sua tramitação".

direito-garantia à proteção dos dados pessoais formulado em 2022 pela Emenda Constitucional nº 115.[312]

A taxatividade das fontes das garantias implícitas está indicada no artigo 5º, §2º, da CRFB e tenta-se torcer essa previsão para, por exemplo, afirmar que os próprios direitos fundamentais seriam outra espécie de fonte contrária à supremacia da constituição.

As fontes taxativas, portanto, não são idealizadas pelo intérprete, e isso representa termos dados objetivos de grande valia para a identificação das garantias implícitas.

3.1.4.3 Terceiro critério: fontes textuais

A "Constituição de 1988 também se denomina 'Texto Magno'. Ela é também, portanto, *texto*"[313] (g. a.). O Estado de Direito é uma estrutura textual. E a separação de poderes (*Gewaltenteilung*) é, antes de mais nada, separação de textos e controle de textos.[314]

Apesar de o âmbito de proteção de um direito fundamental exigir um âmbito fático, a sua concretização não afasta a análise do texto normativo. Segundo Müller, "[...] nos Estados Constitucionais modernos isso se estrutura de forma mais específica: como estrutura textual da democracia e do estado de direito. E, no âmbito dessa massa textual estruturada, a 'constituição' é distinguida 'em nível supremo', assim como a 'concretização da constituição' é relevante para a práxis 'em nível supremo'",[315] a mesma razão deve ser considerada quanto às garantias fundamentais implícitas decorrentes do regime e dos princípios. Essas fontes devem estar consignadas na constituição, especialmente a brasileira, que é do tipo escrita e analítica.

O regime e os princípios positivados na constituição tornam-se texto, mormente, cláusulas gerais. Segundo Nery e Nery, cláusulas gerais "significam a manifestação dos princípios".[316] Rafael Tomaz de

---

[312] Artigo 5º, LXXIX, da CRFB: "é assegurado, nos termos da lei, o direito à proteção dos dados pessoais, inclusive nos meios digitais".

[313] MÜLLER, Friedrich. Vinte anos da Constituição: reconstruções, perspectivas e desafios. *Revista da Escola Superior da Magistratura do Estado do Ceará*, Fortaleza, ano 2008, n. 2, p. 63-78, ago./dez. 2008. p. 78.

[314] Cf. BORNHOLDT, Rodrigo Meyer. *Métodos para resolução do conflito entre direitos fundamentais*. São Paulo: Revista dos Tribunais, 2005. p. 39.

[315] MÜLLER, Friedrich. *O novo paradigma do direito*: introdução à teoria e metódica estruturantes. 3. ed. São Paulo: Revista dos Tribunais: Renovar, 2013. p. 131-132.

[316] NERY JUNIOR, Nelson; NERY, Rosa Maria de A. *Código civil comentado*. 1. ed. São Paulo: Revista dos Tribunais, 2014. 2432 p. Vide comentários ao artigo 187 do Código Civil (item 10).

Oliveira *et al.* afirmam que as cláusulas gerais "são dispositivos legais de textura genérica" e, em sua grande parte, "costumam ser consectárias de princípios constitucionais ou dos princípios gerais do direito".[317]

Situado em uma "cláusula geral, o princípio não aparece como orientação definida ou passível de definição, mas como causa, critério e justificação". Nas cláusulas gerais, "também não existe ainda uma norma", pois incompleta nela "é apenas a densidade do texto normativo". Por isso, "os dados linguísticos fornecidos pelo texto normativo apenas por meio de formulação acentuadamente vaga oferecem aos operadores do direito, em todos os estágios do processo de concretização, maiores exigências do que as disposições 'normais'".[318]

A regra do artigo 5º, §2º,[319] não é uma novidade da Constituição de 1988. Ela segue a tradição do nosso Direito Constitucional republicano; iniciou-se na Constituição de 1891 (artigo 78)[320] e foi mantida na Constituição de 1934 (artigo 114),[321] na Constituição de 1937 (artigo 123),[322] na Constituição de 1946 (artigo 144),[323] na Constituição de 1967 (artigo 150, §35)[324] e na Emenda nº 1, de 1969 (artigo 153, §36);[325] com algumas variações literais ocorridas no decorrer do tempo, entretanto com a mesma finalidade, conforme se observa melhor no Apêndice III deste trabalho.

---

[317] ABBOUD, Georges; CARNIO, Henrique Garbellini; OLIVEIRA, Rafael Tomaz de. *Introdução ao direito*: teoria, filosofia e sociologia do direito. 5. ed. São Paulo: Revista dos Tribunais, 2020. p. 414.

[318] MÜLLER, Friedrich. *Teoria estruturante do direito*. 3. ed. São Paulo: Revista dos Tribunais, 2011. p. 260.

[319] Art. 5º, §2º. Os direitos e garantias expressos nesta Constituição não excluem outros decorrentes do regime e dos princípios por ela adotados, ou dos tratados internacionais em que a República Federativa do Brasil seja parte.

[320] Art. 78 - A especificação das garantias e direitos expressos na Constituição não exclui outras garantias e direitos não enumerados, mas resultantes da forma de governo que ela estabelece e dos princípios que consigna.

[321] Art. 114 - A especificação dos direitos e garantias expressos nesta Constituição não exclui outros, resultantes do regime e dos princípios que ela adota.

[322] Art. 123 – A especificação das garantias e direitos acima enumerados não exclui outras garantias e direitos, resultantes da forma de governo e dos princípios consignados na Constituição. O uso desses direitos e garantias terá por limite o bem público, as necessidades da defesa, do bem-estar, da paz e da ordem coletiva, bem como as exigências da segurança da Nação e do Estado em nome dela constituído e organizado nesta Constituição.

[323] Art. 144 – A especificação dos direitos e garantias expressas nesta Constituição não exclui outros direitos e garantias decorrentes do regime e dos princípios que ela adota.

[324] Art. 150, §35 – A especificação dos direitos e garantias expressas nesta Constituição não exclui outros direitos e garantias decorrentes do regime e dos princípios que ela adota.

[325] Art. 153, §36 – A especificação dos direitos e garantias expressos nesta Constituição não exclui outros direitos e garantias decorrentes do regime e dos princípios que ela adota.

Na comparação entre os textos das Constituições brasileiras, é possível defender que o regime e os princípios devem estar registrados. O artigo 78 da Constituição de 1891 já se referia à "forma de governo" e aos "princípios que a Constituição consigna". O termo "consignar" significa "registrar por escrito".[326] E a atual expressão citada na Constituição de 1988, "por ela adotados", não faz crer possível que o regime e os princípios poderiam estar subentendidos na Constituição brasileira. O termo "adotar", aqui, significa "seguir".[327] Apenas será possível, logicamente, atestar que uma instituição (constituição) segue algo – em virtude da impossibilidade de ela expressar subjetivamente sua vontade – se objetivamente estiver descrito este desejo. O termo "adoção" atual não se afasta do termo "consignado" de outrora. Dito de outro modo, apenas podemos saber se algo foi adotado pela constituição se foi expresso. A análise seria diferente se o texto constitucional considerasse a expressão "adotados pelo Direito",[328] e, nesse sentido, teríamos que admitir a eventualidade de considerar princípios não expressos na constituição e que não fazem parte do ordenamento jurídico, o que não é o caso. Fora desse parâmetro textual, estaremos em mar aberto e à deriva. Segundo Costa, "[n]outras palavras: direito = ordenamento jurídico + principiologia. Os princípios habitam a região entre o Direito e a Moral, mas estão do lado do Direito. As regras estão dentro do Direito e dentro do ordenamento jurídico; os princípios, dentro do Direito, mas fora do ordenamento jurídico;" disso resulta a conclusão de que a constituição está dentro e os princípios fora do ordenamento jurídico, porém ambos dentro do Direito. Logo, se a constituição adota um princípio que está fora de onde se situa (ordenamento jurídico), isso deve ser expresso. Caso contrário, subentende-se que a constituição adota todos os princípios existentes no Direito, e isso não ocorre, até para evitar contradição.

Disso resulta a conclusão de que a constituição está dentro e os princípios fora do ordenamento jurídico, porém ambos dentro do Direito. Logo, se a constituição adota um princípio que está fora de onde se situa (ordenamento jurídico), isso deve ser expresso. Caso contrário, subentende que a constituição adota todos os princípios existentes no Direito, e isso não ocorre até para evitar contradição.

---

[326] HOUAISS, Antônio. *Pequeno dicionário Houaiss da língua portuguesa*. São Paulo: Moderna, 2015. p. 247.

[327] *Ibid.*, p. 23.

[328] COSTA, Eduardo José da Fonseca. Princípio não é norma (1ª parte). *Empório do Direito*, São Paulo, 2 jun. 2021. Disponível em: https://emporiododireito.com.br/leitura/abdpro-179-principio-nao-e-norma-1-parte. Acesso em: 5 ago.2023.

Então há indícios da exigência da textualidade do regime e dos princípios. Apenas poderá ser possível verificar a adoção do regime e dos princípios se houver algum indício expresso na constituição, pelo contrário alguém estará ao final falando indevidamente em nome do poder constituinte.

Outro ponto de análise é se tais fontes poderiam ser não escritas. A existência de garantias fundamentais implícitas decorrentes do regime e dos princípios não escritos apenas faria sentido, repita-se, em uma constituição sintética e nunca na Constituição brasileira, que é do tipo analítica e rígida. Com essas afirmações não se está negando a existência de princípios não escritos, mesmo porque eles são insinuados pela existência de regras grafadas, o que seria um indício de textualidade. Todavia, para fins da aplicação do artigo 5º, §2º, da CRFB, será necessária uma concretização a partir do texto normativo, que indica o regime e os princípios adotados pela Constituição Federal de 1988.

A textualidade, então, é imprescindível para o desvelamento da regra das garantias fundamentais implícitas.

3.1.4.4 Quarto critério: concretização

Para o critério objetivo da concretização, será oportuno destacar a teoria estruturante do Direito como um método para a espécie em questão. Aqui não é o palco para desenvolvimento extensivo do estudo da referida teoria, mas acreditamos ser importante apresentarmos alguns elementos básicos para situar a ideia.

A metódica estruturante foi desenvolvida na metade dos anos 1960 por Friedrich Müller com base na prática cotidiana, na metodologia jurídica, na teoria da norma jurídica, na teoria constitucional, na linguística jurídica e na dogmática jurídica com ênfase nos direitos fundamentais.

A teoria estruturante do Direito é resultado de um conceito pós-positivista de norma jurídica sem ser antipositivista. Müller destaca a necessidade do positivismo: "Para avançar no objeto em questão, precisamos não do *anti*positivismo, mas de uma teoria pós-positivista do direito" (g. a.).[329] O jurista Dimitri Dimoulis – um positivista convicto – reconhece em Müller a sua atitude de ferrenho crítico do moralismo,

---

[329] MÜLLER, Friedrich. *O novo paradigma do direito*: introdução à teoria e metódica estruturantes. 3. ed. São Paulo: Revista dos Tribunais: Renovar, 2013. p. 10.

que denomina antipositivismo, negando-se a abrir mão da tecnicidade do positivismo jurídico e insistindo na força coativa das fontes estatais do Direito, e se mostra surpreendido por algumas classificações o colocar ao lado de juristas como Theodor Viehweg, Chaïm Perelman, Ronald Dworkin e Robert Alexy.[330]

Segundo a teoria, a norma jurídica não se encontra pronta nos textos legais. Neles estão apenas as formas primárias, ou seja, os textos normativos. A norma é produzida em cada processo particular de solução jurídica de um caso concreto e será resultado de cada decisão judicial. A norma tem duas partes constitutivas, o âmbito normativo e o programa normativo. No âmbito da norma ou âmbito fático, está o conjunto parcial de todos os fatos relevantes como os elementos que sustentam a decisão jurídica como direito. O programa da norma é o resultado da interpretação de todos os dados linguísticos. Na prática, para a elaboração da norma jurídica, é necessário considerar tanto os dados linguísticos quanto os dados reais. A constituição do âmbito normativo é realizada ao submeter os fatos a um duplo exame com base no programa normativo. Em primeiro lugar, deve-se verificar se esses fatos continuam sendo relevantes para o programa normativo elaborado. Em segundo lugar, deve-se verificar se esses fatos são compatíveis com o conteúdo do programa normativo. Apenas em seguida, podem ser justificadamente incorporados na decisão judicial. A concretização da norma não significa torná-la mais concreta, como se ela já estivesse pronta no texto legal. A percepção do positivismo de que a norma é um dado pronto no texto legal é criticada pela metódica estruturante. Para a teoria estruturante do Direito, a concretização é a construção da norma jurídica no caso concreto. A norma jurídica não existiria *ante casum*, mas só se construiria *in casu*, e, no Estado Democrático de Direito, toda concretização deve ser passível de controle.[331] No Brasil, pode se considerar que a metódica estruturante é capitaneada e introduzida pelo Professor Paulo Bonavides.

Nelson Nery Júnior, também baseado em Müller, observa que "a normatividade essencial à norma não é produzida por esse mesmo texto". O que caracteriza o texto da norma, ainda segundo Nery,[332] é

---

[330] Cf. DIMOULIS, Dimitri. *Positivismo jurídico:* teoria da validade e da interpretação do direito. 2. ed. Porto Alegre: Livraria do Advogado, 2018. p. 183.

[331] Cf. MÜLLER, Friedrich. *Teoria estruturante do direito.* 3. ed. São Paulo: Revista dos Tribunais, 2011. p. 290-291.

[332] LEITE, George Salomão; SARLET, Ingo Wolfgang. *Direitos fundamentais e Estado constitucional:* estudos em homenagem a J.J. Gomes Canotilho. São Paulo: Revista dos Tribunais, 2009. p. 82.

CAPÍTULO 3
GARANTIAS IMPLÍCITAS

179

a sua validade, "que consiste, de um lado, na obrigação dirigida aos destinatários da norma de conformarem a esta o seu comportamento e, do outro, na obrigação dirigida ao juiz (ou a autoridade habilitada a interpretar) de utilizar, na sua integridade, os textos das normas jurídicas adequados ao caso particular e de trabalhar corretamente de um ponto de vista metódico".

Finalmente conclui o jurista não mais ser possível a confusão entre texto normativo e norma. Importante destacar que a interpretação não se opera de maneira meramente silogística e reprodutiva, na medida em que passa a ser circular e seu ato passa a ser produtivo.[333]

Müller acentua a necessidade de uma estrutura textual em um Estado Democrático de Direito. Segundo o autor:[334] "O direito está necessariamente vinculado à linguagem e, dentro de um sistema do *direito escrito*, as normas jurídicas emergem como textos normativos, isto é, como formulações oficialmente autorizadas do direito vigente. A ordem jurídica forma um *continuum* de textos sancionados, através de poder não-linguístico 'enquanto tal', para casos de conflito que não podem ser resolvidos de outra forma. Esse poder, por sua vez, é linguisticamente mediado por meio dos processos associados. O direito próprio a um estado de direito, enfim, trabalhar o menos possível com violência atual e o máximo possível com poder constitucional linguisticamente formado, mediado e controlável".

Segundo o jurista alemão, "o teor literal de uma prescrição juspositiva é apenas a 'ponta do *iceberg*'", e "o teor literal serve, via de regra, à formulação do programa da norma",[335] pois "[o] texto da norma no código legal é (apenas) um dado de entrada no processo de trabalho chamado 'concretização'".[336]

A ideia de concretização está longe de ser uma desconhecida no ordenamento jurídico brasileiro. O artigo 4º da LINDB enuncia que, "[q]uando a lei for omissa, o juiz decidirá o caso de acordo com a analogia, os costumes e os princípios gerais de direito". Aqui, para evitar o *non liquet*, há uma determinação para o juiz concretizar um texto normativo. Embora pudesse ser questionada a ideia de iniciar a

---

[333] Cf. LEITE, George Salomão; SARLET, Ingo Wolfgang. *Direitos fundamentais e Estado constitucional*: estudos em homenagem a J.J. Gomes Canotilho. São Paulo: Revista dos Tribunais, 2009. p. 82.

[334] MÜLLER, Friedrich. *Metódica jurídica e sistema político*. Joinville: Bildung, 2014. p. 144-145.

[335] MÜLLER, Friedrich. *Métodos de trabalho do direito constitucional*. 3. ed. Rio de Janeiro: Renovar, 2005. p. 38.

[336] MÜLLER, Friedrich. *O novo paradigma do direito*: introdução à teoria e metódica estruturantes. 3. ed. São Paulo: Revista dos Tribunais: Renovar, 2013. p. 11.

concretização pelos costumes – em tese não escritos, ao contrário da analogia e dos princípios que têm indício de textualidade –, poder-se-ia sustentar que o início se daria pelo âmbito normativo pela densidade dos fatos aceitos notoriamente na sociedade. Se se concretiza a partir de um texto normativo inexistente ("[q]uando a lei for omissa"), por que seria diferente para desvelar uma garantia fundamental implícita?

Após essa interlocução, uma primeira conclusão parcial se mostra presente: (1) o regime e os princípios devem ser textos legais e expressos para poderem ser concretizados.

Agora é relevante analisar a relação entre a concretização do regime e dos princípios citados no artigo 5º, §2º, da CRFB e as garantias fundamentais implícitas decorrentes.

É no contexto do próprio artigo 5º, §2º, da CRFB que está a possibilidade de sustentar constitucionalmente que uma garantia fundamental implícita decorre de um princípio – e também de um regime. Logo, são as garantias fundamentais implícitas que são aplicáveis na solução de um caso concreto e nunca diretamente um princípio.

Nossa preocupação está ao lado daqueles que pensam acertadamente que os princípios não têm normatividade.[337] Pablo Castro Miozzo demonstrou a inadequação da teoria dos princípios de Robert Alexy como modelo dogmático para os direitos fundamentais sociais no Brasil. A seu sentir, os direitos fundamentais sociais no Brasil não são princípios. E assim conclui:[338] "Caso se pretenda levar a sério a ideia de adequação do método ao objeto, aqui a compatibilidade entre o modelo de dogmática com o direito positivo, é forçoso concluir que as categorias da teoria dos princípios, como a distinção entre princípios e regras, a concepção dos direitos fundamentais sociais como princípios e a técnica da ponderação como modo de aplicação típico destes direitos, amplamente aceitas e praticamente inquestionadas por aqui, não oferecem um ponto de partida adequado para compreender o fenômeno dos direitos fundamentais sociais no Brasil. A recepção acrítica deste modelo como dogmática para tais direitos no Brasil é absolutamente equivocada, tendo em vista que, como demonstrado, a teoria dos direitos

---

[337] Nesse sentido, pensamos no conjunto de artigos dividido em 22 partes de autoria de Eduardo José da Fonseca Costa denominado "Princípio não é norma". O acesso facilitado ao conteúdo pode ser verificado no *site* do próprio autor (https://www.eduardojfcosta.com.br/artigos/).

[338] MIOZZO, Pablo Castro. Direitos fundamentais sociais não são princípios. Uma crítica à recepção da teoria dos princípios de Robert Alexy no Brasil. *Revista de Investigações Constitucionais*, Curitiba, vol. 9, n. 3, p. 619-643, set./dez. 2022. p. 639.

fundamentais de Alexy e sua teoria dos princípios foi desenvolvida para resolver problemas próprios do Direito Constitucional alemão, que não ocorrem ou não existem na mesma dimensão na Constituição brasileira. Tal fato torna urgente, de um lado, uma ruptura radical com o modelo e, de outro, o desenvolvimento de outro modelo dogmático, este sim adequado para o tipo de positivação que os direitos fundamentais sociais receberam na Constituição brasileira. A ruptura aqui defendida implica, entre outras questões, o abandono da distinção entre princípios e regras e da técnica da ponderação como parâmetros para interpretar e aplicar os direitos fundamentais sociais".

E não existe aqui um contrassenso diante da disposição constitucional em comento, em que as garantias fundamentais decorreriam de princípios.

Nossa posição a respeito disso é que os princípios nunca devem ser aplicados diretamente, mas tão somente a regra que deles decorre. Nesse ponto, é imprescindível citar a posição do jurista Rafael Tomaz de Oliveira, que, apesar de alguma divergência, especialmente pelo marco teórico, conclui que não há princípios sem regras:[339] "Não há um princípio para cada caso. Nem apenas dois princípios em colisão como quer Alexy. Isso é objetificar. É permanecer dentro da relação sujeito objeto a busca por determinar, previamente, qual princípio se aplica a um determinado caso e em qual caso se aplica um princípio (o problema da cisão estrutural entre *easy e hard cases*). Em todo caso singular há uma totalidade de princípios que operam juntos na formação da regulamentação pertinente que será lançada na decisão, por isso a 'distância' entre regras e princípios não é assim tão grande como quer Alexy; não há casos em que se aplicam regras e casos sim que se aplicam princípios, mas pelo contrário, em todo e qualquer caso a compreensão e interpretação de princípios e regras. Por isso, deve-se reconhecer razão a Lenio Streck quando diz que há uma diferença ontológica entre regra e princípio. Isso representa um resgate do mundo prático no âmbito do pensamento jurídico. Nos princípios se manifesta o caráter da transcendentalidade. Em todo caso, compreendido e interpretado já sempre aconteceram os princípios – e não *o* princípio; toda decisão deve sempre ser justificada na *comunidade* dos princípios, como nos mostra Dworkin. Não há regras sem princípios, do mesmo modo que não há princípios sem regras. Há entre eles uma diferença, mas seu

---

[339] OLIVEIRA, Rafael Tomaz de. *Decisão judicial e o conceito de princípio*. Porto Alegre: Livraria do Advogado, 2008. p. 222-223.

acontecimento sempre se dará numa unidade que é a antecipação do sentido" (g. a.).

Na maioria das vezes, a regra está transcrita no texto constitucional e, em outras situações, ela está subentendida, como no caso das garantias implícitas decorrentes aqui estudadas. Elas derivam de princípios que foram positivados no texto constitucional. O princípio expresso deixa de ser um valor e se torna o texto do princípio; e, enquanto uma cláusula geral, deve ser concretizado para obter normatividade.

Como visto, não será necessário criar uma "trilha metodológica" que possa esclarecer o pensamento em destaque, ou seja, o surgimento das garantias fundamentais a partir do texto que formalizou um princípio na constituição. Para se obter uma regra de Direito ou uma garantia fundamental, pensamos na teoria estruturante do Direito de Friedrich Müller, como já destacamos alhures.

J. J. Gomes Canotilho também nos auxilia a compreender que os princípios, quando positivados, tornam-se texto e precisam ser concretizados para obter normatividade. Segundo o mestre lusitano,[340] "[c]oncretizar a constituição traduz-se, fundamentalmente, no *processo de densificação* de regras e princípios constitucionais. A concretização das normas constitucionais implica um processo que vai do *texto da norma* (do seu enunciado) para uma norma concreta – *norma jurídica* – que, por sua vez, será apenas um resultado intermédio, pois só com a descoberta da *norma de decisão* para a solução dos casos jurídico-constitucionais teremos o resultado final da concretização" (g. a.).

O princípio expresso na constituição, portanto, não é aplicado diretamente, já que é apenas o texto da norma. Todavia a sua densidade textual normativa é incompleta. Podemos perceber, ainda com Canotilho,[341] que "[d]ensificar uma norma significa preencher, complementar e precisar o espaço normativo de um preceito constitucional, especialmente carecido de concretização, a fim de tornar possível a solução, por esse preceito, dos problemas concretos. As tarefas de concretização e de densificação de normas andam, pois, associadas: densifica-se um espaço normativo (= preenche-se uma norma) para tornar possível a sua concretização e a consequente aplicação a um caso concreto".

---

[340] CANOTILHO, José Joaquim Gomes. *Direito constitucional e teoria da constituição*. 7. ed. Coimbra: Almedina, 2003. p. 1201.

[341] *Ibid.*, p. 1201.

Para nós, fazendo referência ao caso artístico concebido por todas as pinturas mencionadas nesta obra, densificar significa colorir ou sombrear nos limites de uma imagem,[342] que, no caso jurídico, seria o referido texto normativo. O trabalho do jurista equivale ao labor artístico na expressividade da luz e da sombra entremeado ao ato de colorir.

A regra normalmente é disposta em uma estrutura base tipificada assim: "se A é, então B deve ser". O princípio se porta diferentemente, tendo em sua estrutura apenas: "B deve ser".[343] Nos dois casos, incide a concretização mülleriana, mas, como visto, o baixo grau de densidade anotado no texto do princípio faz com que a sua concretização até a norma jurídica e finalizada pela norma de decisão (parte dispositiva da sentença) passe por uma densificação do texto a ponto de surgir o desvelamento da regra, que é a garantia fundamental implícita.

A segunda conclusão parcial surge: (2) a norma jurídica concretizada desvela no interior do seu processo de concretização, o texto normativo implícito da garantia fundamental, ou seja, a regra.

A metodologia apontada nos socorre para justificar que uma garantia fundamental implícita pode decorrer de um princípio, justamente porque existe um indício (texto), aliado ao fato de que o nosso trabalho se agrupa ao critério objetivo de limitação do poder.

É por isso que o artigo 5º, §2º, da CRFB ressalta a existência de outras garantias fundamentais que podem decorrer de princípios. Caso contrário, bastaria aplicar os princípios diretamente na solução dos casos concretos sem a necessidade dessa advertência constitucional. A hermenêutica jurídica, notoriamente, aponta que a constituição não possui palavras inúteis.

Todo o raciocínio exposto até aqui vale para o regime adotado pela constituição. Interessante notar, como já mencionado oportunamente, que a Constituição brasileira de 1988 faz referência ao "regime democrático" como uma espécie de "princípio constitucional" (CRFB, art. 34, VI, "a").

Em nosso sentir, de modo geral, estamos diante de uma revelação de algo virtual durante o processo de concretização. Aquilo que se encontra implícito é virtual, não obstante ter realidade. O virtual carece de atualização. Segundo Deleuze, a atualização pertence ao virtual.[344]

---

[342] OSTROWER, Fayga. *Universo da arte*. Campinas: Unicamp, 2013. 510 p.

[343] COSTA, Eduardo José da Fonseca. Princípio não é norma (1ª parte). *Empório do Direito*, São Paulo, 2 jun. 2021. Disponível em: https://emporiododireito.com.br/leitura/abdpro-179-principio-nao-e-norma-1-parte. Acesso em: 5 ago. 2023.

[344] Antes de prosseguir, gostaríamos de fazer uma imersão filosófica e esclarecer que entendemos por virtual, atual, real e possível como sendo os quatro modos de ser. O tema em

discussão pode ser gerado a partir da obra *O que é o virtual*, de Pierre Lévy. Essa opção se justifica, pois acreditamos que ela se mostra didática, independente de outros trabalhos que serão citados, especialmente o *deleuziano*. Os modos de ser se expressam através do virtual, do atual, do real e do possível. Essas maneiras ocorrem simultaneamente. Eles são distinguíveis a partir de um ponto de vista, de maneira a não excluir as demais. O "real, o possível, o atual e o virtual são complementares e possuem uma dignidade ontológica equivalente". Eles são indissociáveis, formam juntos "uma espécie de dialética de quatro polos". Logo, apontar para uma ou outra das "quatro transformações" é distingui-las apenas *"conceitualmente"*. É por isso que a análise de um fenômeno particular sempre mostrará "uma mistura inextricável das quatro causas, dos quatro modos de ser, das quatro passagens de uma maneira de ser à outra". Feita essa ressalva quanto à indissociabilidade dos modos de ser, apenas didaticamente iremos isolá-los para termos um melhor entendimento do fenômeno. Ademais, importante destacar as passagens de um modo a outro, ou seja, o procedimento de transformação que se empreende nessa dinâmica infinita. Antes de falarmos sobre o real, melhor tratarmos do possível. O possível antecede o real. Ele "é uma forma à qual uma realização confere uma *matéria*". Ainda, o "possível contém formas não manifestas, ainda adormecidas: ocultas no interior, essas determinações *insistem*". Na relação entre o possível e o virtual, há semelhanças e diferenças. Uma distinção é que o possível é estático e já constituído e, contrariamente, o virtual é como o complexo problemático, "o nó de tendências ou de forças que acompanha uma situação, um acontecimento, um objeto ou uma entidade qualquer". O virtual atrai um procedimento de resolução denominado atualização. E o possível tem seu procedimento com vistas ao real, ou seja, sua tendência é a realização. Lado outro, o possível e o virtual "têm evidentemente um traço comum que explica sua confusão tão frequente: ambos são latentes, não manifestos. Anunciam antes um futuro do que oferecem uma presença". O possível se realiza por limitação. O limite do possível é o real que ele definiu em um conceito. Da mesma maneira em face do virtual, o possível também tem formas comuns e distintas perante o real. A semelhança está no fato de o possível ser "um real fantasmático, latente. O possível é exatamente como o real: só lhe falta a existência". Ele "já está todo constituído, mas permanece no limbo. O possível se realizará sem que nada mude em sua determinação nem em sua natureza". Por isso, a "diferença entre possível e real é, portanto, puramente lógica". O possível, não sendo real, não existe ainda, por isso não é virtual ou atual. Dito esses preceitos, o possível é o espelho do real aguardando apenas a realização para torná-lo existente. O real, a substância, a coisa, *subsiste* ou resiste. É possível tratarmos do virtual e do atual como reais, ao contrário do possível. O real existe e faz parte desta existência do virtual e do atual, como será tratado a seguir. Por isso, enquanto o possível é a imagem prévia do real, este último é a semelhança do possível. Sobre o virtual, é importante, mesmo que suscintamente e de modo prefacial, tecer alguns comentários sobre a etimologia da palavra que o constitui. Ela "vem do latim medieval *virtualis*, derivado por sua vez de *virtus*, força, potência. Na filosofia escolástica, é virtual o que existe em potência e não em ato. O virtual tende a atualizar-se, sem ter passado no entanto à concretização efetiva ou formal". Uma caraterística essencial do virtual é que ele "é problemático por essência. Ele é como uma situação subjetiva, uma configuração dinâmica de tendência, de forças, de finalidades e de coerções que uma atualização resolve". O problema é virtual. Um exemplo simples suscitado por Lévy é o da semente. O problema da semente "é fazer brotar uma árvore". A semente carrega em si "esse problema, mesmo que não seja somente isso". A semente tem o papel de inventar, coproduzir, expandir a folhagem acima dela até chegar à forma da árvore. (LÉVY, Pierre. *O que é o virtual*. 2. ed. São Paulo: 34, 2011. p. 15, 16, 136, 137, 140). O virtual, como um modo de ser, nunca abandona o ente, mesmo após se tornar um atual. Eles, virtual e atual, convivem em dinâmica. Segundo Deleuze, o "virtual não se opõe ao real, mas apenas ao atual. *O virtual possui uma plena realidade como virtual*" (g. a.). Por isso, pode-se afirmar que a "realidade do virtual consiste nos elementos e relações diferenciais e nos pontos singulares que lhes correspondem. A estrutura é a realidade do virtual. Aos elementos e às relações que formam uma estrutura devemos evitar, ao mesmo tempo, atribuir uma atualidade que eles não têm e retirar a realidade que eles têm". Dito de outra maneira, esse *modo de dispor* os elementos diferenciais e as relações diferenciais e, ainda,

CAPÍTULO 3
GARANTIAS IMPLÍCITAS | 185

A atualização é o movimento que interage com o contexto. Assim a atualização se faz diante da análise do caso concreto. O jurista Müller, para construir seu pensamento, não é alheio à posição do filósofo Deleuze.[345] Por isso, o virtual de Deleuze é o texto normativo de Müller.

---

seus pontos singulares é o contexto formador de uma estrutura. É esse conjunto que comporta a realidade do virtual. Mas tanto os elementos, quanto as relações não são atuais, porém não deixam de ser reais. Os elementos e as relações diferenciais do virtual formam uma estrutura e a sua realidade. A realidade do virtual é como uma tarefa a ser cumprida. E, do mesmo modo, a realidade do problema a ser resolvido. As soluções não se assemelham às condições do problema, senão estaríamos afirmando que o problema seria uma possibilidade. "O virtual tem a realidade de uma tarefa a ser cumprida, assim como a realidade de um problema a ser resolvido; é o problema que orienta, condiciona, engendra as soluções, mas estas não se assemelham às condições do problema". DELEUZE, Gilles. *Diferença e repetição*. 2. ed. Rio de Janeiro: Graal, 2006. p. 294, 299). A entidade do ser *"carrega e produz suas virtualidades:* um acontecimento, por exemplo, reorganiza uma problemática anterior e é suscetível de receber interpretações variadas. *Por outro lado, o virtual constitui a entidade:* as virtualidades inerentes a um ser, sua problemática, o nó de tensões, de coerções e de projetos que o animam, as questões que o movem, são uma parte essencial de sua determinação" (g. a.). O virtual não está aí, "sua essência está na saída: ele *existe*" (g. a.) (LÉVY, Pierre. *O que é o virtual*. 2. ed. São Paulo: 34, 2011. p. 16, 137). Por tal razão, repetimos que ele não se confunde com o atual. Esse modo de ser é uma parte do objeto real. Isso porque o "virtual deve ser definido como uma parte própria do objeto real – como se o objeto tivesse uma de suas partes no virtual e aí mergulhasse como numa dimensão objetiva". O virtual tem no atual a sua resposta, do mesmo modo que na relação problema-solução. Para tanto, vamos entender melhor o modo de ser atual para estabelecer claramente esta conexão entre eles. Porém, antes de seguir em frente, vale lembrar o alerta deleuziano. Segundo o filosofo, "o único perigo é confundir o virtual com o possível. Com efeito, o possível opõe-se ao real; o processo do possível é, pois, uma 'realização'. O virtual, ao contrário, não se opõe ao real; possui plena realidade. Seu processo é a atualização" (DELEUZE, Gilles. *Diferença e repetição*. 2. ed. Rio de Janeiro: Graal, 2006. p. 294, 298). O atual acontece, sua operação é a ocorrência. Ele é uma manifestação de um acontecimento ["no sentido forte da palavra"]. Notemos a sutileza: o atual surge de um acontecimento que reorganiza o virtual, sendo esse último a gênese do atual. É importante mostrar um pouco da dinâmica entre o atual e o virtual neste ponto. Vimos que "um acontecimento reorganiza a problemática anterior", que é um virtual por essência. Mas o atual, como manifestação de um acontecimento, fecha um ciclo virtuoso, pois se trata um ciclo criador. A bem da verdade, não se trata de um ciclo, mas de uma espiral sempre mostrando uma saída. É prudente estabelecer o que há de semelhante ou não entre o atual e o virtual. Em comum, como dito, o atual e o virtual possuem realidade. Esses dois modos de ser são reais, logo há um real-virtual e um real-atual. "O real e o atual, em troca, são um e outro patentes e manifestos". Por outro lado, o virtual e o atual não se confundem: eles se opõem. O "virtual não se opõe ao real, mas ao atual: virtualidade e atualidade são apenas duas maneiras de ser diferentes". O "atual em nada se assemelha ao virtual: *responde-lhe*" (g. a.) (LÉVY, Pierre. *O que é o virtual*. 2. ed. São Paulo: 34, 2011. p. 17, 137). Segundo Deleuze, a "atualização pertence ao virtual" (ALLIEZ, Éric. *Deleuze filosofia virtual*. São Paulo: 34, 1996. p. 51).

[345] A longa citação a seguir é necessária para arrematar o pensamento de Müller junto a Deleuze: "A norma jurídica e a norma de decisão são produzidas apenas na situação do caso jurídico determinado e por meio do trabalho com vistas a sua solução. Somente elas devem ser denominadas 'normativas', pois somente por meio dos seus textos se determina de forma suficientemente concreta como o conflito do caso deve ser solucionado e como se deve proceder para implementar a norma de decisão. Somente a norma jurídica e a norma de decisão, no termo do nosso trabalho, podem produzir esse efeito, são 'reais' nesse

Como visto, grande parte daquilo que se propõe neste trabalho decorre da engenharia constitucional. Entretanto é inegável que, para sistematizar o pensamento ora proposto, algumas reflexões de *lege ferenda* foram postas e ainda são necessárias.

A garantia fundamental implícita decorrente deverá ser declarada diante da análise de um caso concreto, e seus efeitos deverão ser entre as partes. Tal perspectiva afasta eventuais fraudes constitucionais, ou seja, uma alteração da Constituição Federal sem o uso dos mecanismos próprios. Segundo Nelson Nery Junior, [a] fraude à constituição "é a reforma constitucional inconstitucional, isto é, violação frontal e manifesta da Constituição".[346]

A reforma constitucional tem procedimento previsto, ancorada no devido processo legislativo, como bem ressaltam os limites formais e circunstanciais do poder de reforma indicados no artigo 60, I, II, III e os §1º, §2º, §3º, §5º da CRFB.

---

sentido. Para dizê-lo de forma mais precisa, elas são, então, 'atuais'. Essa expressão segue Gilles Deleuze, que aqui se reporta a Henri Bergson. Já Bergson distinguiu os pares conceituais "virtual/atual", e "possível/real". De acordo com isso, o possível é atual; falta-lhe realidade. E o virtual é, por outro lado, real, mas não atual. Mas na minha perspectiva o aspecto mais importante é aqui o seguinte: o "possível" sempre existe como entidade previamente dada, sempre está pré-formado, só necessita de realização. Encontra-se, por assim dizer, em *stand by*, está disponível para ser chamado. A sua realização é então essa chamada, a "aplicação" do que está previamente dado. Isso corresponde a obsoleta do positivismo legalista, segundo o qual o *law in the books* já seria a norma, já estaria disposição para ser aplicado de modo cognitivo o via do silogismo. A teoria pós-positivista do direito trabalha em outro foco. Segundo ela, a lei não contém normas, mas somente 'textos de normas'. Eles não são 'aplicáveis', pois ainda não são pré-formadamente normativos. Quando as trabalhamos, não se processa nenhum silogismo lógico. Pelo contrário, concretizamos, vale dizer, criamos, geramos, produzimos principalmente a norma jurídica a partir de regras de sustentabilidade argumentativa [*Vertretbarkeit*] o, para então derivar dela a fórmula de decisão, a parte dispositiva do julgamento, o teor ['Tenor']. A essa concepção realista da teoria estruturante do direito corresponde o outro par de conceitos virtual/atual: o virtual é apenas a forma prévia, o dado de entrada. Ele ainda exige a produção, o fazer criativo, para poder tornar-se algo atual; e a história da palavra nos remete a *actio* e *actus*, a *agere*. Já nesse estágio da nossa reflexão se recomenda interpretar a virtualidade em termos de teoria da ação. Isso permite ainda dois enunciados adicionais. Somente a teoria *pós*-positivista do direito apreende a virtualidade do direito legal, bem como a dimensão produtiva da sua 'atualização'. [...] Em contrapartida o texto da norma – compreendido na sua *generalidade* pressuposta pelo Estado Democrático de Direito – se vê instituído com força de lei, muito antes de ser enredado situacionalmente em um determinado caso individual. O texto da norma apenas *tenta* converter-se em normatividade por meio da antecipação tipificadora. Mas ele ainda não pode produzir esse efeito sem ter sido provocado por esse caso individual determinado – quer dizer, *ante casum*. Por isso vamos denominar o texto da norma sem restrições 'virtual'" (g. a.) MÜLLER, Friedrich. *O novo paradigma do direito*: introdução à teoria e metódica estruturantes. 3. ed. São Paulo: Revista dos Tribunais: Renovar, 2013. p. 108-109).

[346] LEITE, George Salomão; SARLET, Ingo Wolfgang. *Direitos fundamentais e Estado constitucional*: estudos em homenagem a J.J. Gomes Canotilho. São Paulo: Revista dos Tribunais, 2009. p. 94.

Neste ponto, é importante destacar que não há uma contradição em nossa fala. Dizemos isso, pois poderia gerar dúvidas pelo fato de que a garantia implícita é desvelada durante a concretização. Por isso poderia se sustentar que não haveria a fraude constitucional indicada, uma vez que a garantia implícita decorrente já existiria, carecendo apenas da sua declaração; dessa forma já teria efeitos contratodos. Lado outro, entendemos que não há contradição no raciocínio exposto, já que o efeito contratodos de uma garantia fundamental faz parte do procedimento do artigo 60 da CRFB. Esse procedimento leva em conta a publicização nos moldes de uma respectiva emenda constitucional. A publicização de uma garantia fundamental implícita que tenha vinculação contratodos cabe tão somente ao Poder Legislativo enquanto ato formal, nos moldes estritos do procedimento de elaboração de uma emenda à constituição. E, mesmo declarada (desvelada) para atingir todos, deve ser dada publicidade por procedimento próprio.

Portanto, por se apresentarem rarefeitos os textos do regime e dos princípios, resta esclarecida, nesta oportunidade, a viabilidade da metódica, da concretização para desvelar a regra que indica a garantia fundamental implícita que, por outro lado, está expressamente contida nos textos normativos densos.

3.1.5 Um esclarecimento necessário: a distinção entre o plano jurídico-metodológico e o plano jurídico-positivo adotados

A metodologia desenvolvida neste trabalho é representada por quatro critérios objetivos. A finalidade é desvelar uma garantia implícita.

O plano jurídico-metodológico representado por tais critérios não deve ser confundido com o plano jurídico-positivo, cuja designação é o artigo 5º, §2º, da CRFB, embora eles se complementem como demonstraremos na sequência.

Ao afirmarmos a necessidade dos critérios objetivos, não é porque eles decorrem necessariamente do artigo 5º, §2º, da CRFB. Veja que a adoção da metódica estruturante como um dos critérios representa uma base metodológica bastante em si e que demonstra a sua transcendência diante do citado dispositivo.

A metódica estruturante, como visto, tem sua viabilidade no texto normativo expresso, independentemente de ser uma regra (texto denso) ou um princípio (texto rarefeito). E tal contexto decorre da própria ideia de Estado Democrático de Direito, em que as leis criadas democraticamente por representantes eleitos governam todos.

O artigo 5º, §2º, da CRFB, então, não direciona a metódica estruturante, mas está em sintonia com ela ao afirmar que os princípios – e o regime – devem ser adotados pela constituição e, portanto, como justificado oportunamente, expressos. Entretanto é preciso considerar a supremacia constitucional que pode influenciar a dogmática e a metódica em questão.

Mas a abrangência dos critérios adotados para além da metódica estruturante acolhida justifica-se, pois é necessária para desvelar determinados tipos de regras – as garantias implícitas – em razão da sua finalidade no contexto jurídico brasileiro, como também foi esclarecido ao longo do trabalho.

Todavia, como sustentamos, para desvelar as garantias implícitas, a metódica estruturante (concretização) é ladeada por outros dois critérios indicados pela Constituição brasileira, isso porque as fontes textuais (terceiro critério) já estão relacionadas a ela (quarto critério).

Por sua vez, o combate contra a competência imprópria (primeiro critério) visa reequilibrar a engenharia constitucional abalada por um ato arbitrário.

No que tange às fontes taxativas (segundo critério), esta é uma forma de limitar o intérprete para não se valer de outras que ache subjetivamente conveniente, tais como a política, a moral, a religião ou a justiça. Este critério trata-se de uma decisão política que necessariamente pode ser adotada sem afetar a metodologia em si e sem confundir os planos ora analisados.

A criteriologia defendida, repitamos, não serve para socorrer o artigo 5º, §2º, da CRFB. O plano jurídico-metodológico não está fundado no plano jurídico-positivo em questão. Por isso não há incoerências no nosso discurso quando afirmamos que os princípios – e o regime – devem ser expressos, afastando os princípios não escritos.

Frisamos isso, pois poderíamos ser acusados de estarmos estrategicamente conduzindo à criteriologia para adaptá-la ao conteúdo do artigo 5º, §2º, da CRFB e, assim, confundir os citados planos analisados. Mas, definitivamente, não se trata disso, visto que não estamos asseverando que o artigo 5º, §2º, da CRFB justifica a criteriologia em si, pois ela tem vida própria fundada na *práxis*.

Sem o texto não há como concretizar e, consequentemente, não é possível desvelar a regra durante este processo que deverá necessariamente estar atrelada a um princípio e a um regime adotado pela

CAPÍTULO 3
GARANTIAS IMPLÍCITAS | 189

constituição. É uma segurança jurídica decorrente do Estado de Direito posto pelo Estado Democrático. Sem texto expresso, não se controla o direcionamento e os limites do ato concretizador.

A nossa criteriologia, enquanto direcionadora de um método, tem sua própria lógica e, embora não surja propriamente do artigo 5º, §2º, da CRFB, tem nele a sua ressonância. Ele existe independentemente. Logo é necessária uma conjugação entre os planos, sem prescindir de uma dependência.

Portanto, eis a lógica do método para o desvelamento das garantias implícitas defendida neste estudo.

3.1.6 Amostragem da criteriologia aplicada

Entendemos não ser a finalidade desta pesquisa sustentar, de modo exaustivo, todas as garantias implícitas – até mesmo porque seria impossível. Ademais, devemos considerar o fato de que a base para o surgimento das garantias implícitas está condicionada a um ato arbitrário futuro atrelado a um caso concreto. A intenção é propor uma abordagem diante das conclusões deste trabalho de modo a testar o que foi defendido. Não obstante, por exemplo, pensamos ser possível considerar como garantias implícitas (1) a resistência (desobediência civil), (2) a imparcialidade, a (3) independência judicial, (4) o promotor natural e (5) a proporcionalidade, além daquela que afirmaremos na sequência.

Como estratégia, iremos analisar uma Proposta de Emenda Constitucional (PEC). Isso porque ela pode representar uma garantia fundamental ainda implícita, uma vez que ainda não foi aprovada.

Em 5 de janeiro de 2023 tramitava, na Câmara dos Deputados (casa revisora), a PEC nº 47/2021, que acrescenta o inciso LXXX ao artigo 5º da CRFB, a fim de introduzir a inclusão digital no rol de direitos fundamentais.

A nova redação preceituará que "é assegurado a todos o direito à inclusão digital, devendo o poder público promover políticas que visem ampliar o acesso à internet em todo território nacional, na forma da lei".

A justificativa da PEC nº 47/2021 é (6) adequar-se à sociedade da informação que se caracteriza pelo uso intensivo de produtos e serviços baseados nas tecnologias da informação e da comunicação; (7) fomentar o exercício da cidadania e da concretização dos direitos sociais como a educação, a saúde e o trabalho que dependem da inclusão digital; (8) proporcionar mais do que o acesso à *internet*, porquanto embora essencial, é apenas um dos instrumentos para a inclusão digital; (9) viabilizar por meio do acesso à *internet* a comunicação entre as pessoas, a obtenção de informação e a utilização de serviços de interesse público. E assim possibilitar a análise dos conteúdos disponíveis na rede de computadores para a formação da própria opinião, de maneira crítica, o que é essencial para o exercício da cidadania; (10) assegurar a todos, por meio do Estado, uma efetiva inclusão digital que promova a educação e a cidadania, a ser alcançada com a ampliação do acesso à *internet* em todo o território nacional.

Antes de prosseguir, é preciso uma explicação. Ao longo do trabalho, defendemos a existência de limites e de controles constitucionais em face do poder estatal. E, no âmbito da dogmática dos direitos fundamentais, os direitos fundamentais estritos seriam limites do poder estatal e, portanto, uma incompetência. E, no que tange às garantias fundamentais, eles seriam espécies de controles visando combater atos arbitrários decorrentes do desrespeito de uma competência.

É mais fácil identificar uma arbitrariedade diante do desrespeito dos denominados direitos de resistência, porquanto eles impõem, em contrapartida, uma abstenção ao agente estatal. Contudo, como visto, o ato arbitrário também decorre de um direito prestacional. Neste caso, basta que o agente público se omita ou se afaste da sua obrigação direcionada pela constituição através de um direito social. A arbitrariedade pode derivar, por conseguinte, das duas espécies de direitos fundamentais estritos mencionados e, por isso, nas duas circunstâncias é possível desvelarmos garantias fundamentais implícitas como forma de controle, seja por contenção ou por direção.

Todavia o direito prestacional em si necessariamente deve ser criado pelo poder constituinte por meio do devido processo legislativo. Isso porque os direitos sociais não visam ontologicamente a uma abstenção, mas à promoção do poder estatal, mesmo que o seu exercício deva ser de modo controlado. A conclusão é simples: (11) é o poder constituinte, originário ou reformador, quem estabelece uma competência no Estado Democrático de Direito.

Note que, a princípio, os direitos sociais poderiam ser qualificados como melhorias para todos e, assim, seriam sempre bem-vindos e sem objeções. Mas a equação não é linear e possui diversas variantes. Apesar de, em tese, os direitos sociais serem um avanço para os indivíduos sem a ponderação necessária – a ser feita pelo devido processo legislativo –, podem causar certa ingovernabilidade e, paradoxalmente, criar prejuízos sociais.

A referida preocupação não acontece com os direitos de resistência. Eles podem ser reivindicados implicitamente, visto que ontologicamente eles estabelecem uma abstenção em face do poder que até então era incontrastável. Os direitos de resistência são uma forma de defesa direta contra o poder estatal.

Nesse ponto, cabe a seguinte ressalva: (12) os direitos fundamentais estritos do tipo prestacionais não podem ser considerados implícitos, mas podem ser implícitas as garantias fundamentais para controlar atos arbitrários advindos deles.

Portanto, os direitos e as garantias fundamentais implícitos de que trata o artigo 5º, §2º, da CRFB apenas podem ser os direitos fundamentais estritos de resistência e as garantias fundamentais que têm por função combater o arbítrio, independentemente do tipo de direito fundamental que ele deriva.

Continuando a análise da referida PEC, encontramos dois vieses: um cunho negativo e outro positivo. Isso fica claro na justificativa da PEC nº 47/2021 para implementar o exercício da cidadania e a concretização de direitos sociais. Por um lado, existe (13) a obrigação de fazer do Estado para que todos possam acessar a rede mundial de computadores para o exercício de direitos sociais, cuja obrigação compete ao Estado. Lado outro (14), há a abstenção do Estado perante o exercício dos direitos de liberdade de *status* negativo através da *internet*.

Ao nosso ver, o conteúdo do item (14) estaria mais próximo de um direito de resistência, enquanto o item (13) de um direito prestacional. No que tange à possibilidade do desvelamento de uma garantia implícita antes da emenda constitucional em análise entrar em vigor, a hipótese seria possível diante do item (14).

Ao que se refere o item (13), uma garantia fundamental implícita poderia ser declarada apenas após a vigência da emenda constitucional por se tratar nitidamente de um direito prestacional.

Logo, a inclusão digital será considerada uma garantia fundamental implícita contra o arbítrio perpetrado pelo Estado, por exemplo, (cf. item 14) ao impedir a liberdade de expressão de pensamento pela *internet* ou (cf. item 13) se ele omitir ou desviar da obrigação legal de fazer para que todos possam acessar minimamente a rede mundial de computadores para o exercício de direitos estabelecidos. Nessa última hipótese, o termo "obrigação legal" já indicado significa que ela já tenha sido devidamente positivada.

Em ambos os casos, destacam-se atos arbitrários, ou seja, existem competências impróprias que caracterizam o primeiro critério objetivo das garantias fundamentais implícitas decorrentes.

Ultrapassado este elemento inicial, cumpre a análise dos três restantes.

As fontes do artigo 5º, §2º, da CRFB (segundo critério objetivo) e suas respectivas textualidades (terceiro critério objetivo) estão caracterizadas na análise, ou seja, podemos apoiar o desvelamento da garantia no próprio regime democrático ligado à ideia de controle e no princípio fundamental da cidadania, os quais são textos da Constituição Federal de 1988, respectivamente situados no *caput* e no inciso II do art. 1º.

A textualidade propicia a verificação da garantia implícita que será revelada durante o procedimento de concretização (quarto critério objetivo). Como visto, as garantias são verdadeiros direitos subjetivos, ou seja, são regras que podem ser descritas na seguinte forma estrutural básica: "Se 'A', então 'B' deve ser". A letra "A" substituímos pela competência imprópria e a letra "B" representa o comportamento devido. Trazendo novamente à baila o item (14), teríamos a seguinte garantia fundamental implícita decorrente hipoteticamente: "Se 'o Estado-juiz determinar injustificadamente o bloqueio de uma rede social de um cidadão que está denunciando um ato normativo flagrantemente inconstitucional ou ilegal', então 'o restabelecimento do acesso à *internet* para a ampliação da manifestação do pensamento' deve ser". Nessa hipótese, não estamos diante de uma garantia ampliada em relação ao direito fundamental de livre manifestação do pensamento. O que está em jogo é a publicidade do direito de resistência.

A abordagem feita nesta oportunidade pretendeu comprovar a viabilidade dos critérios objetivos sustentados nesta obra, além de eventuais outros critérios subjetivos que poderiam ser destacados sequencialmente.

3.1.7 Amostragem das garantias implícitas no sistema jurídico brasileiro

É preciso demarcar que nos referimos neste trabalho apenas às garantias e não aos direitos fundamentais estritos, apesar de os dois serem indicados no art. 5º, §2º, da CRFB.

As garantias fundamentais, recapitulando, são antiarbitrárias. Se elas não visarem combater a arbitrariedade, estarão fora do nosso radar. Por isso faz sentido salientar o que não caracteriza uma garantia implícita.

CAPÍTULO 3
GARANTIAS IMPLÍCITAS | **193**

Uma arbitrariedade normalmente decorre, mas não de maneira exclusiva, da violação dos direitos fundamentais estritos de resistência, didaticamente denominados de primeira geração (Karel Vasak), porquanto eles impõem uma inação estatal. Mas o ato arbitrário também decorre de um direito prestacional ou solidário, pois o agente público pode se omitir ou se afastar da sua obrigação direcionada pela constituição. A arbitrariedade, que denominamos de competência imprópria, pode-se originar das violações de quaisquer direitos fundamentais: alguns por ação, outros por omissão. Por isso, em todas essas circunstâncias, é possível desvelar as garantias fundamentais implícitas como forma de controle, seja por contenção ou por direção.

Apesar de não ser o mote do nosso trabalho, é possível afirmar que os direitos fundamentais estritos apenas decorrem do artigo 5º, §2º, da CRFB se forem de resistência. Isso porque estão ligados a uma obrigação negativa contra o Estado, que lhe cria uma incompetência sempre tendo em mira a ideia de constituição equilibrada. Na hipótese de desvelar direitos fundamentais estritos de igualdade ou de solidariedade – que obrigam o Estado a fazer direta ou indiretamente algo –, a bem da verdade estarão outorgando mais poderes ao ente estatal, contrariando a lógica subjacente de que a constituição é equilibrada e o artigo 5º, §2º, é o dispositivo que socorre o cidadão diante do desequilíbrio, e não o contrário. É um mecanismo de reequilíbrio constitucional a favor do cidadão e contra o Estado. Portanto, na hipótese de pretender aumentar o poder estatal, isso deverá ser feito pelo devido processo legislativo, caso em que, não havendo a devida contragarantia no texto constitucional, valer-nos-emos justamente das garantias implícitas para tornar a equilibrar.[347]

---

[347] Por isso é impertinente, por exemplo, pensar na busca da felicidade como um direito ou uma garantia implícita. Como dito, em relação às garantias individuais implícitas, pouco importa se estão relacionadas a um direito de resistência ou a um direito prestacional, uma vez que sua finalidade é combater o arbítrio. Obviamente, respeitando o devido processo legislativo, o direito à busca da felicidade poderia ter sido inserido no rol do artigo 6º do texto constitucional como pretendeu a PEC nº 19/2010, atualmente arquivada. Somente após tal circunstância, poderíamos pensar na viabilidade das garantias implícitas. Então está descartada a possibilidade de se sustentar uma garantia fundamental implícita em relação ao direito à busca da felicidade, pois não está positivado no texto constitucional. Lado outro, não teríamos um direito fundamental implícito se a sua intenção for meramente prestacional, como é o caso do mencionado direito. Os argumentos colocados pelos tribunais quanto ao direito à busca da felicidade vêm de encontro ao nosso pensamento crítico. Por isso refutamos, por exemplo, a decisão oriunda do RE 477.554 AgR/MG. Nela a relação do direito à busca da felicidade como sendo um direito prestacional se mostrou evidente. O Ministro Relator Celso de Mello reconheceu que o direito à busca da felicidade "se mostra *gravemente* comprometido, *quando* o

Tendo esclarecido o que não são as garantias implícitas, podemos continuar e apresentar um rol não exaustivo em sintonia com nosso estudo.

A doutrina apresenta exemplos de direitos e de garantias implícitas. Ingo Wolfgang Sarlet apresenta uma compilação:[348] "No campo dos direitos implícitos e/ou decorrentes do regime e dos princípios, vale mencionar alguns exemplos que têm sido citados na doutrina, mas que também já encontraram aceitação na esfera jurisprudencial, ainda que se esteja longe de alcançar um consenso, especialmente (mas não exclusivamente, importa destacar) no concernente ao conteúdo e alcance destes direitos. Assim, verifica-se que na doutrina mais recente voltou a ser referido o direito de resistência ou o direito à desobediência civil, que, embora também possam ser tratados como equivalentes (desde que haja concordância em termos conceituais), têm sido apresentados com traços distintos pela doutrina nacional. Também o direito à identidade genética da pessoa humana, o dircito à identidade pessoal, as garantias do sigilo fiscal e bancário (em geral deduzidas, por expressiva parcela da doutrina e jurisprudência nacional, do direito à privacidade), o direito do apenado à progressão de regime e a garantia da sua gradual reinserção na sociedade, um direito à boa administração pública, bem como, mais recentemente, as referências (a despeito da polêmica que se trava a respeito) a um direito à felicidade, o assim chamado direito ao esquecimento como manifestação da dignidade da pessoa humana e da proteção da personalidade em face da liberdade de informação, e, ainda, igualmente com sua justificação vinculada à dignidade da pessoa humana, um direito individual à execução humanizada da pena revelam não apenas o quanto já tem sido feito nesta esfera, mas também as possibilidades de desenvolvimento da abertura material do catálogo também no que diz com os direitos não expressamente positivados".

Congresso Nacional, *influenciado por correntes majoritárias, omite-se* na formulação de medidas *destinadas* assegurar, *a grupos minoritários,* a fruição de direitos fundamentais (p. 306)" (g. a.). Por esse fundamento, o direito à busca da felicidade serve para impor (fazer) ao Congresso Nacional a formulação de determinadas medidas e não uma abstenção. E, como dito, as competências dos poderes públicos e suas respectivas funções são obra do poder constituinte e não do Poder Judiciário. Logo, não superado o primeiro critério objetivo proposto (competência imprópria), sem sentido verificar a adequação quanto aos demais: as fontes taxativas, as fontes textuais e a concretização. Isso posto, o direito à busca da felicidade na sua aspiração prestacional não está assegurado implicitamente no texto constitucional e não há elementos para que o Judiciário pense nela como garantia fundamental.

[348] SARLET, Ingo Wolfgang; MARINONI, Luiz Guilherme; MITIDIERO, Daniel. *Curso de direito constitucional.* 8. ed. São Paulo: Saraiva, 2019. p. 423.

Mas, diante da opção de pensar apenas as garantias fundamentais e considerando a criteriologia defendida, certamente teremos dificuldades de abraçar indistintamente tais exemplares.

Assim afirmamos algumas possibilidades para pensarmos as garantias implícitas sob nosso ponto de vista, cujo debate da utilização encontramos na prática jurídica. Para tanto, entendemos suficiente demarcar, com vistas a nossa criteriologia, a função contra-arbítrio, o regime e o(s) princípio(s) situado(s) no texto constitucional ligados à garantia implícita em análise e alertamos que não iremos desenvolver ou enfrentar as críticas pertinentes aos conceitos em si. Doravante, apresentaremos as espécies de garantias implícitas de maneira sucinta, consideradas as ressalvas anteriormente.

3.1.7.1 Garantia implícita da resistência

Primeiramente, refletimos sobre a garantia implícita da resistência. Na Alemanha, ela foi introduzida com uma dupla intenção. A uma, a proteção da ordem constitucional deveria transformar-se em função do Estado, não apenas por via das leis do estado de necessidade, mas como um direito dos cidadãos de opor resistência. A duas, devia-se garantir que a situação de necessidade ou de exceção, como na redução dos poderes constitucionais e da limitação da liberdade, não fosse mal utilizada pelo Poder Executivo para abolir a ordem constitucional.[349]

A ideia da resistência se relaciona com o direito constitucional, já que ele dispõe sobre os limites do poder político e os direitos e garantias fundamentais do cidadão. A resistência está concebida para ser exercida pelo cidadão por meio da liberdade, condição necessária para a existência de um Estado democrático.[350]

Eduardo Rodrigues dos Santos[351] assevera que: "os direitos à resistência e à desobediência civil são expressões jurídico-políticas legítimas que devem ser asseguradas em Estados Constitucionais que se designam democráticos e republicanos e que possuem ideologia política plural, sendo frutos do exercício amplo da cidadania e da soberania popular que visam resguardar a dignidade da pessoa humana e os

---

[349] Cf. PIEROTH, Bodo; SCHLINK, Bernhard. *Direitos fundamentais*. 2. ed. São Paulo: Saraiva, 2019. p. 507.

[350] Cf. BUZANELLO, José Carlos. *Direito de resistência constitucional*. 3. ed. Rio de Janeiro: Freitas Bastos, 2014. p. 21.

[351] SANTOS, Eduardo Rodrigues dos. *Direitos fundamentais atípicos:* análise da cláusula de abertura - art. 5º, §2º, CF/88. Salvador: Juspodivm, 2017. p. 250.

direitos fundamentais que lhes são inerentes. São direitos de proteção da pessoa e de seus próprios direitos, assim, são, de certo modo, garantias fundamentais da pessoa contra a opressão, a ilegalidade ou a injustiça praticada pelo Estado, ou por particulares".

Para Buzanello, a essência da resistência implícita está na materialidade dos princípios do regime democrático, tais como os princípios da dignidade da pessoa humana (CRFB, art. 1º, III) e do pluralismo político (CRFB, art. 1º, V), erguidos como fundamentos do Estado Democrático.[352]

Maria Garcia afirma que a desobediência civil – entendida por nós como espécie de resistência – é uma garantia das prerrogativas da cidadania, oriunda da cláusula de abertura constitucional estabelecida pelo art. 5º, §2º, da CRFB.[353] Isso porque estaria em consonância com nosso regime, que, no sistema atual, compreende todo o quadro da estrutura estatal definida no artigo 1º da CRFB, ou seja, "da forma pela qual se encontra constituída a República Federativa do Brasil, tendo como pontos basilares o modelo federativo de Estado e o exercício democrático do governo no Estado", pois o Estado Democrático de Direito que implica uma república se constitui em Estado, porque não é constituída pelo Estado, ainda que Democrático de Direito; e o faz pela afirmação da cidadania como um dos seus fundamentos. Ao analisar a decorrência da resistência em relação aos princípios, a jurista a faz diante do "princípio-direito da cidadania" (CRFB, art. 1º, II).[354]

Nessa direção, mostra-se útil também apresentar os princípios constitucionais propostos por Eduardo Rodrigues dos Santos, os quais fundamentam a regra da resistência: o "princípio do Estado Democrático de Direito", o "princípio republicano (ambos previstos no *caput* do art. 1º, da CF/88)", o princípio "da cidadania (art. 1º, II, da CF/88)", o princípio da "dignidade da pessoa humana (art. 1º, III, da CF/88)", o princípio do "pluralismo político (art. 1º, V, da CF/88)" e o princípio "da soberania popular (art. 1º, parágrafo único, da CF/88)".[355]

Portanto, como visto, a função contra-arbítrio, o regime e os princípios situados na Constituição brasileira *supra* indicados fazem da resistência uma garantia implícita.

---

[352] Cf. BUZANELLO, José Carlos. *Direito de resistência constitucional*. 3. ed. Rio de Janeiro: Freitas Bastos, 2014. p. 269.

[353] Cf. GARCIA, Maria. *Desobediência civil*: direito fundamental. 2. ed. São Paulo: Revista dos Tribunais, 2004. p. 235.

[354] Cf. *Ibid.*, p. 236-239.

[355] SANTOS, Eduardo Rodrigues dos. *Direitos fundamentais atípicos*: análise da cláusula de abertura - art. 5º, §2º, CF/88. Salvador: Juspodivm, 2017. p. 250.

3.1.7.2 Garantia implícita da imparcialidade e da independência judicial

Notável, a partir das nossas impressões, que a imparcialidade e a independência judicial são garantias implícitas.

A independência está intimamente ligada à imparcialidade. Todas as pessoas são iguais perante os tribunais e toda pessoa terá o direito de ser ouvida publicamente e com as devidas garantias por um tribunal competente, independente e imparcial, estabelecido por lei, na apuração de qualquer acusação de caráter penal formulada contra ela ou na determinação de seus direitos e obrigações de caráter civil. Essa ideia é extraída do artigo 14 do Pacto Internacional sobre os Direitos Civis e Políticos. Notamos que tanto a independência quanto a imparcialidade estão indicadas nesse tratado internacional, o que poderia sugerir serem garantias expressas. Não pensamos desta maneira, pois esse pacto internacional não faz parte do bloco de constitucionalidade, como estipula o artigo 5º, §3º, da CRFB. De tal modo, continuaremos ostentando que elas são garantias implícitas.

A imparcialidade é a ausência de interesse judicial no resultado do julgamento. Ela pode ser vista de modo objetivo e subjetivo: objetivamente é um esforço judicial; e, subjetivamente, uma garantia cidadã contra atos arbitrários judiciais que dispensam tratamento desigual contra as partes no decorrer da atividade jurisdicional.

A imparcialidade poderia estar situada nas vedações impostas aos juízes no artigo 95, parágrafo único, da CRFB, apesar da doutrina majoritária asseverar que a imparcialidade deriva do artigo 5º, LIV, da CRFB. Contudo, pensamos não ser adequada essa linha de raciocínio.

O princípio da soberania popular encarna a versão de que todo poder emana do povo (CRFB, art. 1º, parágrafo único). O princípio da cidadania atrai a ideia defendida no presente estudo de que o cidadão é aquele que tem igual oportunidade de controle e, perante o Estado-juiz, caracteriza-se pelo igual ensejo das partes em controlá-lo. Se objetivamente o juiz não se porta de forma adequada perante todas as partes, subjetivamente será coagido. E, a partir dessa citada principiologia constitucional, refletimos estar assentada a garantia implícita da imparcialidade.

No que tange à independência judicial, a Constituição brasileira apresenta algumas características relacionadas a ela. Na perspectiva do juiz, a previsão estaria na garantia dos magistrados (CRFB, art. 95) e na previsão da autonomia financeira e orçamentária do Poder Judiciário

(CRFB, art. 99). Mas tais dispositivos não resolvem o fundamento para a independência judicial como uma garantia fundamental do cidadão, a começar da posição topológica em que estão situados no texto constitucional.

Assim, entendemos que o Estado de Direito, dentre outras razões, estabelece-se como garantia de divisão de poderes, como garantia da legalidade e como garantia da independência judicial. Sob a perspectiva do cidadão, o ponto de referência da independência judicial é o princípio do Estado de Direito (CRFB, art. 1º), especialmente para vedar o arbítrio e o excesso de poder. O juiz sem independência não é imparcial e, portanto, estará livre para agir arbitrariamente.

Com estes apontamentos, resta minimamente justificada a ideia de que a imparcialidade e a independência judicial são garantias a serviço do cidadão, porém implicitamente consideradas com fundamento no artigo 5º, §2º, da CRFB.

3.1.7.3 Garantia implícita do promotor natural

Outra análise pertinente no que se refere às garantias implícitas diz respeito à ideia de promotor natural. Ela surgiu da mitigação do poder de designação do Procurador-Geral de Justiça e, em um momento posterior, passou a significar a necessidade de haver cargos específicos com atribuição própria a ser exercida pelo Promotor de Justiça. Assim, a designação arbitrária pelo Procurador-Geral de Justiça ficaria vedada.

O pleno do STF no HC 67.759/RJ, cuja relatoria foi do Ministro Celso de Mello, já fazia referência à garantia do promotor natural, uma vez "que se revela imanente ao sistema constitucional brasileiro, repele, a partir da vedação de designações casuísticas efetuadas pela chefia da Instituição, a figura do acusador de exceção.[356] Apenas para contextualizar o caso em tela, a discussão girou em torno de cidadãs que foram presas em flagrante, na cidade do Rio de Janeiro, acusadas de envolvimento no crime de tráfico de substância tóxica, como resultado da gigantesca operação policial chamada Operação Bandeja; o procedimento policial foi distribuído ao Juiz de Direito, onde o Promotor Público titular opinou pela concessão de liberdade provisória às pacientes, mediante o pagamento de fiança, entendendo ainda que

---

[356] Revista do Ministério Público do Rio de Janeiro. Rio de Janeiro: MP, v. 1, n. 1, p. 319, jan./jun. 1995.

na hipótese não se configurava tráfico ilícito de substância tóxica; no dia seguinte ao pronunciamento, o Procurador-Geral da Justiça do Estado editou portaria designando outro Promotor para acompanhar o inquérito em que as pacientes figuravam como indiciadas, bem como em todos os demais inquéritos resultantes da chamada Operação Bandeja; o Promotor designado ofereceu denúncia contra as pacientes, imputando a elas o crime de tráfico de substância tóxica.

De modo geral, sustenta-se que o promotor natural decorre de dois tópicos da normativa constitucional da própria instituição: de um lado, a independência funcional (CRFB, art. 127, §1º) e, de outro, a inamovibilidade dos seus membros (CRFB, art. 128, § 5º, I, "b"). Ainda, há aqueles que preferem que se situe o promotor natural apoiado na proibição do juízo ou tribunal de exceção (CRFB, art. 5º, XXXVII) e o devido processo legal (CRFB, art. 5º, LIV).

De modo evidente, afastamos o primeiro grupo de dispositivos, uma vez que o fundamento se refere ao poder institucional do *parquet*. No que tange ao segundo grupo, embora tratem de dispositivos que fundamentam a liberdade do cidadão, localizados no Título II da Constituição brasileira, entendemos não ser o caso de assumirmos como uma espécie de garantia ampliada.

O Ministério Público tem a fisionomia de uma parte imparcial e não um mero acusador, conforme posição da Corte Constitucional italiana, segundo Alexander Araujo de Souza.[357] O promotor natural "é verdadeira garantia constitucional, menos dos membros do *Parquet* e mais da própria sociedade, do próprio cidadão", que tem assegurado que "nenhuma autoridade ou poder poderá escolher Promotor ou Procurador específico para determinada causa".[358] E, ao ampliar o âmbito de proteção do artigo 5º, XXXVII, da CRFB ou do artigo 5º, LIV, CRFB, é forçar uma interpretação que, lado outro, teria bases seguras no artigo 5º, §2º, da CRFB, seja em razão do regime democrático, do princípio do Estado de Direito e do princípio da cidadania.

Por isso entendemos que o promotor natural está situado como uma garantia implícita.

---

[357] Cf. SOUZA, Alexandre Araujo. *O Ministério Público como instituição de garantia*: as funções essenciais do *Parquet* nas modernas democracias. Rio de Janeiro: Lumen Juris, 2020. p. 88.

[358] CARNEIRO, Paulo Cezar Pinheiro. *Ministério Público no Processo Civil e Penal*: promotor Natural, atribuição e conflito com base na Constituição de 1988. 3. ed. Rio de Janeiro: Forense, 1990. p. 53.

3.1.7.4 Garantia implícita da proporcionalidade

Finalmente, cumprindo a proposta de relacionar sucintamente algumas garantias imp lícitas que entendemos fundadas nas bases do presente estudo, apresentamos doravante a garantia implícita da proporcionalidade.

Para tanto, é importante fazermos uma demarcação, a fim de distinguir proporcionalidade de razoabilidade, porquanto entendemos que esta diferenciação faz da primeira uma garantia implícita e da segunda uma garantia ampliada.

Especificamente, a proporcionalidade é diferente da razoabilidade, apesar de parte da doutrina constatar uma identidade entre elas. Conforme Luís Roberto Barroso:[359] "Sem embargo da origem e do desenvolvimento diversos, um e outro abrigam os mesmos valores subjacentes: racionalidade, justiça, medida adequada, senso comum, rejeição aos atos arbitrários ou caprichosos. Por essa razão, razoabilidade e proporcionalidade são conceitos próximos o suficiente para serem intercambiáveis".

A confusão na jurisprudência brasileira, ao considerar a proporcionalidade e a razoabilidade como um único teste para analisar se a restrição é suportável ou excessiva, tem sua origem no RE 18.331-SP, sob relatoria do Ministro do STF Orozimbo Nonato, no julgamento de 21.9.1951.[360]

De modo geral, juntas, as ideias de proporcionalidade e de razoabilidade guardam uma forte relação com as noções de justiça, equidade, isonomia, moderação, prudência, além de traduzirem o entendimento de que o Estado de Direito é o Estado do não arbítrio.[361] Não obstante, alguns juristas defendem que a proporcionalidade é um critério mais seguro do ponto de vista argumentativo do que a razoabilidade. Segundo Silva:[362] "A regra da proporcionalidade no controle das leis restritivas de direitos fundamentais surgiu por desenvolvimento jurisprudencial do Tribunal Constitucional alemão e não é uma simples pauta que, vagamente, sugere que os atos estatais devem ser razoáveis,

---

[359] BARROSO, Luís Roberto. *Curso de direito constitucional*: conceitos fundamentais e a construção do novo modelo. São Paulo: Saraiva, 2009. p. 304.

[360] Cf. LAURENTIIS, Lucas Catib De. *A proporcionalidade no direto constitucional*: origem, modelos e reconstrução dogmática. São Paulo: Malheiros, 2017. p. 204.

[361] Cf. MENDES, Gilmar Ferreira; COELHO, Inocêncio Mártires; BRANCO, Paulo Gustavo Gonet. *Curso de direito constitucional*. 4. ed. São Paulo: Saraiva, 2009. p. 143.

[362] SILVA, Virgílio Afonso. O proporcional e o razoável. *Revista dos Tribunais*, São Paulo, n. 798, p. 23-53, 2002. p. 30.

CAPÍTULO 3
GARANTIAS IMPLÍCITAS | 201

nem uma simples análise da relação meio-fim. Na forma desenvolvida pela jurisprudência constitucional alemã, tem ela uma *estrutura racionalmente definida*, com subelementos independentes – a análise da *adequação*, da *necessidade* e da *proporcionalidade em sentido estrito* – que são aplicados em uma ordem predefinida, e que conferem à regra da proporcionalidade a individualidade que a diferencia, *claramente*, da mera exigência de razoabilidade" (g. a.).

A razoabilidade remonta ao sistema jurídico anglo-saxão; e, no Direito norte-americano, trata-se de um desdobramento do conceito de devido processo legal substantivo. Lado outro, a proporcionalidade decorre do sistema jurídico alemão de raízes romano-germânicas e foi desenvolvida dogmaticamente de modo mais analítico e ordenado. Então, neste particular, correta a posição de Ingo Wolfgang Sarlet:[363] "o fato é que proporcionalidade e razoabilidade, a despeito dos pontos de contato, não podem ser equiparadas. [...] A estruturação da metódica de aplicação da proporcionalidade em três níveis (adequação, necessidade e proporcionalidade em sentido estrito), tal como desenvolvida na Alemanha e amplamente recepcionada, não se confunde com o raciocínio (embora haja pontos de contato) utilizado quando da aplicação da razoabilidade".

A ausência de identidade entre ambas notadamente se situa quanto à aplicação. Se a proporcionalidade não for aplicada de maneira integral, ou seja, considerando seus três elementos (adequação, necessidade e proporcionalidade em sentido estrito), não será a proporcionalidade que estará efetivamente em causa. Em relação à razoabilidade, por sua vez, não reclama tal procedimento trifásico.

O que de fato ocorre no sistema jurídico brasileiro e especialmente durante as decisões é que a análise trifásica exigida pela proporcionalidade não é aplicada corretamente, mas tão somente a última fase, denominada de proporcionalidade *stricto sensu*, de modo a se confundir com a ideia de ponderação que permeia essencialmente o plano da razoabilidade.

É importante esclarecer que, entretanto, dado o propósito de ambas em conter o poder, podem ser aplicadas de maneira sequencial ou alternada após verificar a adequação da medida restritiva.[364]

---

[363] SARLET, Ingo Wolfgang Sarlet; MARINONI, Luiz Guilherme; MITIDIERO, Daniel. *Curso de direito constitucional*. 8. ed. São Paulo: Saraiva Educação, 2019. p. 287.

[364] Cf. LAURENTIIS, Lucas Catib De. *A proporcionalidade no direto constitucional*: origem, modelos e reconstrução dogmática. São Paulo: Malheiros, 2017. p. 205.

A distinção entre proporcionalidade e razoabilidade, de fato, se estabelece quando separamos os conceitos de excesso e suportabilidade. A proporcionalidade busca conter o poder de intervenção exercido pelo Estado, sendo um parâmetro para evitar excessos de poder. Já a razoabilidade está ligada à avaliação da insuportabilidade dos efeitos decorrentes da medida interventiva em relação ao sujeito que sofre tais consequências normativas. Portanto, a proporcionalidade avalia a intervenção estatal nos direitos fundamentais, enquanto a razoabilidade busca analisar se essa medida pode ser suportada pelo destinatário da norma.[365]

A razoabilidade, então, como desenvolvida no sistema americano, está ligada a um critério de justiça decorrente do devido processo substantivo, portanto, do devido processo legal. A nosso ver, a razoabilidade trata-se de uma garantia ampliada do âmbito de proteção do artigo 5º, LIV, da CRFB.

Por outro lado, a proporcionalidade não tem a mesma sorte. Ela não decorre do devido processo legal. E, segundo o sistema jurídico alemão, ela está ligada às ideias da proibição do excesso (Übermassverbot) e da proibição de proteção deficiente (*Untermassverbot*).

A proporcionalidade, pensada dogmaticamente, é um instrumento jurídico de contenção do poder que "preserva a noção de separação dos Poderes e tem um objetivo específico para sua aplicação: a defesa dos titulares dos direitos fundamentais contra abusos e excessos do poder estatal interventivo".[366] Ela é exigida em virtude dos direitos fundamentais como uma regulamentação ou uma atribuição de competência legal diante deles ou nos seus limites, sendo adequada e necessária para a consecução do objetivo respectivamente almejado. Na prática, quando uma lei, um ato administrativo fundado em lei ou uma ação do Judiciário são fulminados com a afirmação de sua inconstitucionalidade, esse vício fundamenta-se majoritariamente na falta de adequação e de necessidade para o cumprimento do propósito perseguido. Por isso, diante dos direitos fundamentais, a intervenção estatal é rechaçada quando existe uma alternativa a ela, com a qual o objetivo estatal possa ser alcançado da mesma forma, mas que poupe mais a liberdade do cidadão.[367]

---

[365] Cf. LAURENTIIS, Lucas Catib De. *A proporcionalidade no direto constitucional*: origem, modelos e reconstrução dogmática. São Paulo: Malheiros, 2017. p. 203.

[366] *Ibid.*, p. 260.

[367] Cf. SCHLINK, Bernhard. Liberdade mediante resistência à intervenção estatal: Reconstrução da função clássica dos direitos fundamentais. Tradução de Leonardo Martins. *Revista de Direito Civil Contemporâneo*, v. 11, p. 261-297, abr./jun. 2017. p. 267. p. 7.

CAPÍTULO 3
GARANTIAS IMPLÍCITAS | 203

A proporcionalidade opera como um limite à possibilidade de interferência no âmbito de proteção dos direitos fundamentais e ela não encontrou, a exemplo de outras ordens constitucionais, respaldo expresso no texto da Constituição brasileira.

Aliás, Paulo Bonavides[368] preceitua que a proporcionalidade tem sustentação no artigo 5º, §2º, da CRFB, dispositivo que "abrange a parte não escrita ou não expressa dos direitos e garantias da Constituição, a saber, aqueles direitos e garantias cujo fundamento decorre da natureza do regime, da essência impostergável do Estado de Direito e dos princípios que este consagra e que fazem inviolável a unidade da Constituição". No mesmo sentido Willis Santiago Guerra Filho.[369]

A proporcionalidade, sem dúvidas, estaria ligada ao regime democrático (CRFB, art. 1º), pelo modo de controle a que os atos estatais estão sujeitos. E, de acordo com a vertente germânica e aprofundando-se no texto constitucional de 1988, uma referência principiológica é o Estado de Direito, que, no texto constitucional, encontra-se no artigo 1º da CRFB, "notadamente naquilo que veda o arbítrio, o excesso de poder, entre outros desdobramentos";[370] e acrescentaríamos outro parâmetro: o princípio da cidadania (CRFB, art. 1º, III).

Portanto, feitos esses aportes, temos certeza da presença dos critérios apresentados nesta obra junto à proporcionalidade. Enquanto regra, é uma garantia contra-arbítrio do cidadão fundada no regime democrático e no princípio do Estado de Direito, bem como no princípio da cidadania.

À guisa de arremate deste tópico, gostaríamos de fazer o seguinte destaque: a resistência, a imparcialidade, a independência, o promotor natural e a proporcionalidade não foram desvelados por mero capricho do cidadão. O desvelamento dessas garantias ocorreu em virtude de leis despóticas, de julgamentos corrompidos, de decisões condicionadas, de resultados previstos, de limitações desmedidas. Portanto, as garantias implícitas são deflagradas ante a constatação da arbitrariedade, cujo fim nada mais é do que uma defesa posta à disposição da cidadania pela constituição.

---

[368] BONAVIDES, Paulo. *Curso de direito constitucional*. 35. ed. São Paulo: Malheiros, 2020. p. 446.

[369] Cf. GUERRA FILHO, Willis Santiago. Princípio da proporcionalidade e teoria do direito. *In*: GRAU, Eros Roberto; GUERRA FILHO, Willis Santiago (org.). *Direito constitucional*: estudos em homenagem a Paulo Bonavides. São Paulo: Malheiros, 2001. p. 278.

[370] SARLET, Ingo Wolfgang; MARINONI, Luiz Guilherme; MITIDIERO, Daniel. *Curso de direito constitucional*. 8. ed. São Paulo: Saraiva, 2019. p. 497.

Na presente subseção, afirmamos que as garantias fundamentais implícitas decorrentes são aquelas oriundas do artigo 5º, §2º, da CRFB, as quais não são confundidas com as garantias ampliadas ligadas ao âmbito de proteção dos direitos fundamentais. O desvelamento de uma garantia implícita decorre primordialmente de critérios objetivos que afastam a subjetividade do intérprete. Elas apenas são declaradas diante: (1) de uma competência imprópria, ou seja, um ato arbitrário; (2) das fontes enumeradas no artigo 5º, §2º, da CRFB; (3) da descrição (texto) das fontes na constituição; (4) da sua concretização pela metódica estruturante do Direito.

CONCLUSÃO

CIDADANIA PLENA

Terminamos nossas investigações com a pintura de Eugène Delacroix em mente. O seu título corrige a direção do subtítulo da introdução (cidadania partida), conduzindo-a no rumo de uma plena cidadania e sintetizando a ideia subjacente no presente estudo: *A Liberdade guiando o povo*.[371]

O Estado exerce poder limitado, ou seja, através das funções legislativa, executiva e jurisdicional, atua nas competências delimitadas pela constituição.

A primazia constitucional é a limitação e o controle do poder; e a Constituição brasileira de 1988 não se afasta dessa essência, porque petrifica os elementos destinados à descentralização, à alternância, à fragmentação e à resistência ao poder nos moldes indicados pelos incisos do artigo 60, §4º.

O direito fundamental estrito é um poder limitável, que impõe uma abstenção ao Estado até que ele justifique proporcionalmente o seu comportamento em face do direito fundamental (princípio distributivo e regra da proporcionalidade). Nesse contexto, o direito fundamental age na dimensão jurídico-objetiva, pois a perspectiva do cidadão independe de sua avocação.

O poder limitável e o poder limitado são duas faces da mesma moeda, visto que, em uma república federativa constituída em Estado Democrático de Direito, não existe poder ilimitado.

A seu turno, a garantia fundamental atua na dimensão jurídico-subjetiva; ela é o derradeiro direito subjetivo do cidadão contra o Estado em relação jurídica. A garantia fundamental existe no presente para

---

[371] Disponível: https://commons.wikimedia.org/w/index.php?curid=27539198.

combater uma arbitrariedade estatal futura, por isso é condicionada. Ademais, é autônoma, já que não é instrumento do direito fundamental, apesar de assegurá-lo indiretamente.

As garantias fundamentais se apresentam de modo expresso ou implícito. Na Constituição brasileira de 1988, as garantias implícitas em sentido estrito – por falta de outro comando constitucional – apenas podem ser aquelas enunciadas pelo artigo 5º, §2º, ou seja, as que decorrem do regime e dos princípios adotados. Esse preceito constitucional faz um corte e afasta a possibilidade de conceituarmos garantias implícitas estritas como sendo aquelas oriundas do âmbito de proteção dos próprios direitos fundamentais enquanto fonte. A ampliação do âmbito de proteção dos direitos fundamentais não conduz à assunção das garantias implícitas enquanto nova regra. É apenas um aumento da proteção de uma antiga regra por meio de critérios hermenêuticos. O que está velado é seu âmbito de proteção (âmbito normativo). Elas são garantias ampliadas, mas podendo ser consideradas espécie do gênero garantias implícitas. O dispositivo citado traz um rol taxativo de fontes, que inclui o regime e os princípios, pois os tratados internacionais dizem respeito às garantias expressas. Com isso, por disposição constitucional, as garantias fundamentais implícitas (estritas) são apenas aquelas decorrentes das fontes taxativas do artigo 5º, §2º.

No desvelamento de uma garantia implícita, está subjacente uma responsabilidade política. A criação de textos normativos, enquanto lei em sentido formal, decorre de um devido processo legislativo. O procedimento legiferante é rígido e formalizado na constituição. Nossa preocupação também parte desse pressuposto, por isso a referência exclusiva a critérios subjetivos para desvelar uma garantia fundamental é temerosa, uma vez que fica condicionada à posição exclusiva do intérprete. Não se trata de excluir os critérios subjetivos, mas observar antes deles os critérios objetivos que poderiam ser postos ao controle de todos, como se espera de uma teoria democrática.

O primeiro critério objetivo para desvelar uma garantia implícita é a identificação de uma competência imprópria. E, ressaltamos, é objetivo, pois independe do intérprete. Se a constituição é uma instituição de limitação, significa que o poder político foi concedido aos entes estatais constituídos para dirigir a sociedade, entretanto garantindo aos cidadãos os meios de controle quando o seu uso for em disfunção ou em usurpação. O equilíbrio dinâmico que se espera em uma república segue uma ordem: para todo poder político abusivo o cidadão terá a sua disposição a respectiva garantia contra-arbítrio. Dito de outro modo, as garantias contra-arbítrio implícitas surgem como um reforço para as garantias expressas do cidadão quando forem insuficientes para conferir o equilíbrio necessário para a nossa engenharia constitucional.

O segundo e o terceiro critérios objetivos dizem respeito às fontes das garantias implícitas. A indicação por nós proposta é que o artigo 5º, §2º, apresenta fontes taxativas e sustenta que elas devem ser expressas na Constituição brasileira. A objetividade decorre de uma determinação constitucional.

A referida literalidade textual é elemento imprescindível para o quarto critério objetivo: a concretização. A objetividade está na existência prévia de um método, e a trilha metodológica escolhida para averiguar a concretização do texto normativo até a norma jurídica/decisão é a teoria estruturante do Direito. O texto do regime e dos princípios é o início inexorável da concretização. Mas, durante esse procedimento, não se parte da regra que normalmente se encontra nos textos normativos densos. Quanto à concretização de textos rarefeitos, como um texto que dispõe do regime e dos princípios, a regra é desvelada ao lhe dar densidade. É justamente nessa densificação que se verificará a regra, que, no nosso estudo, é representada pela garantia implícita. Isso feito, prossegue a concretização até o seu desiderato.

Entendemos que os princípios não se aplicam diretamente na solução do caso concreto. Subjacente a um princípio sempre existe uma regra explícita ou implícita. E é o próprio artigo 5º, §2º, da CRFB que nos faz assim concluir. Indubitavelmente ele preceitua que o rol dos direitos fundamentais é exemplificativo. Mas qual seria a sua razão de ser se o sistema jurídico entender que os princípios são normas que podem ser aplicadas diretamente para as soluções de casos? Ora, certamente não precisaríamos nos preocupar com desvelar garantias fundamentais implícitas. Os princípios fariam as vezes de modo direto e o dispositivo constitucional em questão não teria utilidade.

As garantias fundamentais implícitas decorrentes da Constituição brasileira de 1988 são um reforço em prol da cidadania quando insuficientes aquelas expressamente consideradas. E forjar critérios objetivos estabelece balizas seguras para seu desvelamento controlável. Ademais, os critérios objetivos frente aos critérios subjetivos são um anteparo contra as pseudogarantias implícitas, que, ao contrário da contenção do arbítrio, criam subterfúgios para uma ação estatal escamoteada, a despeito de um devido processo legislativo.

A nossa obra pretendeu fortalecer o controle democrático e garantir a cidadania plena. Assim, afastou-se da liberdade positiva, que busca o autogoverno, cuja tendência inevitável é a centralização do poder. O estudo primou pela liberdade negativa (não interferência), que admite a participação no poder não para concentrar, mas para ser um mecanismo de controle. As garantias fundamentais implícitas decorrentes servem ao propósito de combater a arbitrariedade.

Alguns parâmetros nortearam nosso estudo, especialmente a indicação dele ter sido pautado pela dogmática dos direitos fundamentais de matriz liberal e ser desenvolvido a partir de uma leitura garantística da Constituição, pois baseado no constitucionalismo como fenômeno limitante do poder.

Aliás, de tudo o que foi exposto, sintetizando, poderíamos destacar articuladamente os seguintes tópicos:

1. A inspiração das garantias implícitas tem origem na Nona Emenda Norte-Americana, a qual declara que os direitos enumerados naquela Constituição não devem ser interpretados como negando ou menosprezando outros direitos retidos pelo povo. No Brasil, desde a primeira Constituição republicana, está presente a ideia das garantias fundamentais implícitas, mas não os critérios para desvendá-las.

2. A Constituição brasileira de 1988 é uma instituição de limitação do poder em sua essência. A demonstração dessa essencialidade está no art. 60, §4º, da CRFB, quando apresenta os limites materiais de reforma em relação à descentralização (federalismo), alternância (voto), fragmentação (poderes), resistência (direitos e garantias) ao poder.

3. A Constituição brasileira, sendo um limite, seria ineficaz sem os devidos controles. O Estado brasileiro se autocontrola (freios e contrapesos) e controla a sociedade. Todavia, ela também assegura controles aos indivíduos.

4. A chave da cidadania, portanto, é a possibilidade do controle exercido pelo indivíduo contra o Estado (controle por participação). Nesse sentido todos tornam-se iguais (legislador, administrador, juiz e cidadão), pois têm à disposição mecanismos de controle, apesar de o Estado deter o poder político.

5. Em uma república, todo poder deve ter seu respectivo limite/controle-garantia.

6. As garantias fundamentais podem ser distinguidas dos direitos fundamentais para determinar sua autonomia. E, assim sendo, as garantias fundamentais têm autonomia em relação aos direitos fundamentais, apesar de indiretamente assegurá-los. As garantias fundamentais são previstas no presente para combater um comportamento arbitrário no futuro.

CONCLUSÃO | 209

7. A identificação das garantias fundamentais implícitas na Constituição brasileira, por ausência de outro dispositivo constitucional, está situada unicamente no art. 5º, §2º. Elas decorrem do regime e dos princípios, apesar de o artigo 34, VII, "a", da CRFB afirmar que o "regime democrático" é um princípio constitucional.

8. O artigo 5º, §2º, da CRFB afirma que as garantias fundamentais expressas no texto constitucional são exemplificativas. Por outro lado, assegura que as garantias fundamentais implícitas decorrem de fontes taxativas (o regime e os princípios).

9. Ainda, o artigo 5º, §2º, da CRFB indica que o princípio deve ser concretizado para se extrair a regra que representará a garantia fundamental implícita. E, se as fontes são taxativas, as garantias fundamentais implícitas não decorrem, por exemplo, de direitos e de outras garantias fundamentais expressas, pois estas não estão indicadas no citado artigo constitucional. Na realidade, o que ocorre é a possibilidade de uma ampliação do âmbito de proteção de um direito ou de uma garantia fundamental expressa por um critério de interpretação que denominamos de garantia ampliada. Isso não se confunde com uma garantia fundamental implícita, apesar de unidas pelo mesmo gênero.

10. Os critérios objetivos para desvendar as garantias implícitas são a arbitrariedade, a taxatividade, a textualidade e a concretização.

Enfim, como dito, a constituição é uma instituição limitante do poder. Em uma República, o poder estatal se materializa através de competências, que são exercidas por funções. A limitação do poder em prol da cidadania equilibra o sistema constitucional. O equilíbrio constitucional significa que para todo poder estatal existe um controle. Um poder ilimitado gera o arbítrio. A arbitrariedade incontrolável proporciona um desequilíbrio na sistemática constitucional. As garantias fundamentais são espécies de controle, as quais contêm e dirigem a ação ou a omissão arbitrária. Então, se for constatável uma arbitrariedade sem o devido controle (garantia fundamental expressa), será admissível desvendar uma garantia fundamental implícita. A garantia implícita é uma forma de reequilibrar a engenharia constitucional.

A ideia da obra foi destacar e desenvolver as garantias implícitas e a primazia dos seus critérios objetivos, mas sem rejeitar os critérios subjetivos. A criteriologia defendida busca criar uma primazia de limites objetivos para o desvendamento das garantias fundamentais implícitas, justamente para afastar exclusivos critérios subjetivos, pois não sendo um princípio uma norma, a sua utilização direta no caso concreto revela-se inadequada.

Finalmente, de modo geral, colocamos que este era o problema a ser investigado: "na República Federativa do Brasil, como desvelar as garantias fundamentais implícitas?". Diante de todo o exposto, entendemos, salvo melhor juízo, exitosa a nossa hipótese preliminar, porquanto restou irrefutável que, "se a Constituição da República Federativa do Brasil de 1988 tem por essência a limitação do poder em prol da cidadania, então este equilíbrio constitucional é a base da admissão e da afirmação das garantias fundamentais implícitas como espécie de controle, a fim de contrastar poderes estatais arbitrários sem a devida contenção e direcionamento".

REFERÊNCIAS

ABBOUD, Georges; CARNIO, Henrique Garbellini; OLIVEIRA, Rafael Tomaz de. *Introdução ao direito:* teoria, filosofia e sociologia do direito. 5. ed. São Paulo: Revista dos Tribunais, 2020. 703 p.

ABBOUD, Georges; OLIVEIRA, Rafael Tomaz de. O Supremo Tribunal Federal e a nova separação de poderes: entre a interpretação da constituição e as modificações na engenharia constitucional. *Revista de Processo*, São Paulo, v. 233, p. 13, jul. 2014.

ALCORTA, Amancio. *Las garantías constitucionales.* Buenos Aires: Félix Lajoune, 1881. p. 34. 494 p.

ALEXY, Robert. *Teoria dos direitos fundamentais.* São Paulo: Malheiros, 2008. 669 p.

ALLIEZ, Éric. *Deleuze filosofia virtual.* São Paulo: 34, 1996. 80 p.

ANDRADE, José Carlos Vieira de. *Os direitos fundamentais na Constituição portuguesa de 1976.* 6. ed. Coimbra: Almedina, 2019. 386 p.

ARAGÓN, Manuel. El control como elemento inseparable del concepto de Constitución. *Revista Española de Derecho Constitucional*, Madrid, v. 19, n. 7, p. 52, abr. 1987.

ARAUJO, Cicero Romão Resende. *A forma da república:* da constituição mista ao Estado. São Paulo: WMF Martins Fontes, 2013. 353 p.

BARACHO, José Alfredo de Oliveira. *Direito processual constitucional.* Belo Horizonte. Fórum, 2008.

BARACHO, José Alfredo de Oliveira. *Teoria geral da cidadania:* a plenitude da cidadania e as garantias constitucionais e processuais. São Paulo: Saraiva, 1995. 68 p.

BARACHO, Jose Alfredo de Oliveira. Teoria geral do constitucionalismo. *Revista de Informação Legislativa*, Brasília, v. 23, ano 1986, n. 91, p. 5-52, jul./set. 1986.

BARBOSA, Ruy. *República:* teoria e prática. Brasília: Vozes, 1978. 344 p.

BARROSO, Luís Roberto. *Curso de direito constitucional:* conceitos fundamentais e a construção do novo modelo. São Paulo: Saraiva, 2009. 451 p.

BERCOVICI, Gilberto. *Soberania e constituição:* para uma crítica do constitucionalismo. 3. ed. São Paulo: Quartier Latin, 2020. 384 p.

BERLIN, Isaiah. *Quatro ensaios sobre a liberdade.* Tradução de Wamberto Hudson Ferreira. Brasília: UNB, 1981. 203 p.

BOBBIO, Norberto. *A teoria das formas de governo*. São Paulo: Edipro, 2002. 210 p.

BOBBIO, Norberto. *Thomas Hobbes*. Tradução de Carlos Nelson Coutinho. Rio de Janeiro: Campus, 1991.

BOBBIO, Norberto; MATTEUCCI, Nicola; PASQUINO, Gianfranco. *Dicionário de Política*. v. 2. 13. ed. Brasília: UNB, 2016. 1.300 p.

BÖCKENFÖRDE, Ernst-Wolfgang. Vorwort. *In: Recht, Staat, Freiheit*. Studien zur Rechtsphilosophie, Staatstheorie und Verfassungsgeschichte. Frankfurt am Main: Suhrkamp, 1991.

BODIN, Jean. *Os seis livros da república*. São Paulo: Icone, 2011. 329 p.

BONAVIDES, Paulo. *Ciência política*. 25. ed. São Paulo: Malheiros, 2018. 552 p.

BONAVIDES, Paulo. *Curso de direito constitucional*. 35. ed. São Paulo: Malheiros, 2020. 881 p.

BONAVIDES, Paulo; MIRANDA, Jorge; AGRA, Walber de Moura (coord.). *Comentários à Constituição Federal de 1988*. Rio de Janeiro: Forense, 2009.

BORNHOLDT, Rodrigo Meyer. *Métodos para resolução do conflito entre direitos fundamentais*. São Paulo: Revista dos Tribunais, 2005. 205 p.

BRAGA, Gustavo Haddad. *O Estado constituído*: um curso de direito constitucional. Rio de Janeiro: Lumen Juris, 2016. 440 p.

BRASIL. Supremo Tribunal Federal. *Ação de Descumprimento de Preceito Fundamental nº 132*. Brasília, DF, 5 de novembro de 2011.

BRASIL. Supremo Tribunal Federal. *Ação Direta de Inconstitucionalidade nº 939*. Brasília, DF, 15 de fevereiro de 1993.

BRASIL. Supremo Tribunal Federal. *Ação Direta de Inconstitucionalidade nº 4.277*. Brasília, DF, 5 de novembro de 2011.

BUNGE, Mário. *La investigación científica*: su estrategia y su filosofia. 3. ed. Barcelona: Ariel, 1973. 955 p.

BUZANELLO, José Carlos. *Direito de resistência constitucional*. 3. ed. Rio de Janeiro: Freitas Bastos, 2014. 542 p.

CÂMARA, Alexandre Freitas. *Manual de direito processual civil*. Barueri: Atlas, 2022. 1.008 p.

CAMPOS, Germán J. Bidart. *Manual de Historia Política*. Buenos Aires: Ediar Sociedad Anónima Editora, 1970.

CAMPOS, Ronaldo Benedicto Cunha. *Garantias constitucionais no processo civil no Brasil e na Itália*. Dissertação de Mestrado, Belo Horizonte, 1985. Faculdade de Direito da UFMG. 121 p.

REFERÊNCIAS | 213

CANOTILHO, José Joaquim Gomes *et al. Comentários à Constituição do Brasil.* 2. ed. São Paulo: Saraiva, 2018. 2.504 p.

CANOTILHO, José Joaquim Gomes. *Direito constitucional e teoria da constituição.* 7. ed. Coimbra: Almedina, 2003. 1.522 p.

CARNEIRO, Paulo Cezar Pinheiro. *Ministério Público no Processo Civil e Penal:* promotor Natural, atribuição e conflito com base na Constituição de 1988. 3. ed. Rio de Janeiro: Forense, 1990. 196 p.

CARVALHO FILHO, José dos Santos. *Manual de direito administrativo.* 31. ed. São Paulo: Atlas, 2017. 1.343 p.

CAVALCANTI, João Barbalho Uchôa. *Comentários à Constituição brasileira.* 2. ed. Rio de Janeiro: F. Briguiet, 1924. 568 p.

COSTA, Eduardo José da Fonseca. Garantia de limite e garantia de controle. *Contraditor,* 17 de novembro de 2021. Disponível em: https://www.contraditor.com/garantia-de-limite-e-garantia-de-controle/. Acesso em: 21 dez. 2022.

COSTA, Eduardo José da Fonseca. Garantia: dois sentidos, duas teorias. *Empório do Direito,* São Paulo, 23 dez. 2019. Disponível em: https://emporiododireito.com.br/leitura/44-garantia-dois-sentidos-duas-teorias. Acesso em: 6 jan. 2020.

COSTA, Eduardo José da Fonseca. Garantismo é textualismo? Disponível em: https://www.eduardojfcosta.com.br/artigos/GARANTISMO-e-TEXTUALISMO-/ Acesso em: 2 set. 2023.

COSTA, Eduardo José da Fonseca. Garantismo ou garantística?. *Empório do Direito,* São Paulo, 7 set. 2020. Disponível em https://emporiododireito.com.br/leitura/78-garantismo-ou-garantistica. Acesso em: 23 jan.2020.

COSTA, Eduardo José da Fonseca. Notas para uma garantística. *Empório do Direito,* São Paulo, 4 jul. 2018. Disponível em http://emporiododireito.com.br/leitura/abdpro-40-notas-para-uma-garantistica Acesso em: 5 dez. 2018.

COSTA, Eduardo José da Fonseca. Presunção de inocência civil: algumas reflexões no contexto brasileiro. *Revista Brasileira de Direito Processual – RBDPro,* Belo Horizonte, ano 25, n. 100, p. 129-144, out./dez. 2017.

COSTA, Eduardo José da Fonseca. Princípio não é norma (1ª parte). *Empório do Direito,* São Paulo, 2 jun. 2021. Disponível em https://emporiododireito.com.br/leitura/abdpro-179-principio-nao-e-norma-1-parte. Acesso em: 5 ago.2023.

COSTA, Eduardo José da Fonseca. *Processo e garantia.* Londrina: Thorth. 2021. 351 p.

COSTA, Wille Duarte. *Relação jurídica:* conceito e estrutura. Belo Horizonte: Del Rey, 1994. 91 p.

CRETELLA JÚNIOR, José. *Comentários à lei do mandado de segurança.* 10. ed. Rio de Janeiro: Forense, 1999. p. 112.

DALLA BARBA, Rafael Giorgio. Se o processo é uma garantia de liberdade, ele é um direito de defesa. *Revista Empório do Direito*. Disponível em: https://emporiododireito. com.br/leitura/46-se-o-processo-e-uma-garantia-de-liberdade-ele-e-um-direito-de-defesa. Acesso em: 9 out. 2023.

DALLA-BARBA, Rafael Giorgio (org./trad.). *Princípios jurídicos:* o debate metodológico entre Robert Alexy e Ralf Poscher. Belo Horizonte: Casa do Direito, 2022. 244 p.

DEL NEGRI, André. *Direito constitucional e teoria da constituição*. 4. ed. Belo Horizonte: D'Plácido, 2018. 825 p.

DELEUZE, Gilles. *Diferença e repetição*. 2. ed. Rio de Janeiro: Graal, 2006. 437 p.

DIMOULIS, Dimitri. *Manual de introdução ao estudo do direito*. 7. ed. São Paulo: Revista dos Tribunais, 2017. 300 p.

DIMOULIS, Dimitri. *Positivismo jurídico:* teoria da validade e da interpretação do direito. 2. ed. Porto Alegre: Livraria do Advogado, 2018. 213 p.

DIMOULIS, Dimitri; MARTINS, Leonardo. *Teoria geral dos direitos fundamentais*. 6. ed. São Paulo: Revista dos Tribunais, 2018. 319 p.

FERRAJOLI, Luigi. *Direito e Razão:* teoria do garantismo penal. Tradução de Ana Paula Zomer Sica e outros. São Paulo: Revista dos Tribunais, 2006.

FERRAJOLI, Luigi; STRECK, Lenio Luiz; TRINDADE, André Karam (org.). *Garantismo, hermenêutica e (neo)constitucionalismo:* um debate com Luigi Ferrajoli. Porto Alegre: Livraria do Advogado, 2012. 260 p.

FERRAZ JR., Tercio Sampaio. *Introdução ao estudo do direito:* técnica, decisão e dominação. São Paulo: Altas, 2003. 370 p.

FERREIRA FILHO, Manoel Gonçalves. *Curso de direito constitucional*. 41. ed. Rio de Janeiro: Forense, 2020. 374 p.

FIORAVANTI, Maurizio. *Constitución:* de la antigüedad a nuestros dias. Madrid: Editorial Trota, 2001. 170 p.

FRIEDRICH, Carl Joachim. *Limited government:* a comparison. Englewood Cliffs, N. J.: Prentice-Hall, 1974.

GARCIA, Maria. *Desobediência civil:* direito fundamental. 2. ed. São Paulo: Revista dos Tribunais, 2004. 336 p.

GOUVEIA, Jorge Barcelar. *Direitos fundamentais:* teoria geral dogmática da constituição portuguesa. Coimbra: Almedina, 2023. 424 p.

GOUVEIA, Jorge Barcelar. *Os direitos fundamentais atípicos*. Lisboa: Aequitas, 1995. 574 p.

GUERRA FILHO, Willis Santiago. Princípio da proporcionalidade e teoria do direito. *In:* GRAU, Eros Roberto; GUERRA FILHO, Willis Santiago (org.). *Direito constitucional: estudos em homenagem a Paulo Bonavides*. São Paulo: Malheiros, 2001. p. 268-283. p. 278.

REFERÊNCIAS | 215

HOBBES, Thomas. *Do cidadão*. 3. ed. São Paulo: Martins Fontes, 2002. 400 p.

HOBBES, Thomas. *Leviatã ou matéria, forma e poder de um estado eclesiástico e civil*. 4. ed. São Paulo: Martins Fontes, 2019. 736 p.

HOBBES, Thomas. *Leviatã ou matéria, forma e poder de um estado eclesiástico e civil*. São Paulo: Martins Fontes, 2003. 438 p.

HOLMES, Stephen; SUNSTEIN, Cass R. *O custo dos direitos:* por que a liberdade depende dos impostos. São Paulo: WMF Martins Fontes, 2019. 212 p.

HOUAISS, Antônio. *Pequeno dicionário Houaiss da língua portuguesa*. São Paulo: Moderna, 2015. 1.114 p.

LAURENTIIS, Lucas Catib De. *A proporcionalidade no direto constitucional:* origem, modelos e reconstrução dogmática. São Paulo: Malheiros, 2017. 302 p.

LEITE, George Salomão; SARLET, Ingo Wolfgang. *Direitos fundamentais e Estado constitucional:* estudos em homenagem a J.J. Gomes Canotilho. São Paulo: Revista dos Tribunais, 2009. 432 p.

LÉVY, Pierre. *O que é o virtual*. 2. ed. São Paulo: 34, 2011. 160 p.

LLORENTE, Francisco Rubio. *La democracia constitucional:* estudios en homenaje al profesor Francisco Rubio Llorente. vol. 1. Madri: Centro de Estudios Políticos y Constitucionales, 2002. 1.130 p.

LOEWENSTEIN, Karl. *Teoría de la Constitución*. 2. ed. Barcelona: Arial, 2018. 619 p.

MARCONI, Marina de Andrade; LAKATOS, Eva Maria. *Fundamentos de metodologia científica*. 8. ed. São Paulo, Atlas, 2019. 346 p.

MARTINS, Ives Gandra da Silva. *Conheça a Constituição:* comentários a Constituição Brasileira. vol. 1. Barueri: São Paulo, 2005. 126 p.

MARTINS, Leonardo. *Direitos fundamentais:* conceito permanente – novas funções. Rio de Janeiro: Marcial Pons, 2022. 406 p.

MARTINS, Leonardo. *Liberdade e Estado constitucional*. São Paulo: Atlas, 2012. 405 p.

MARTINS, Maria D'Oliveira. *Contributo para a compreensão da figura das garantias institucionais*. Coimbra: Almedina, 2007. 215 p.

McILWAIN, Charles Howard. *Constitutionalism and the changing world:* collected papers. 2. ed., Cambridge: Cambridge University Press, 1969.

MEIRELLES, Hely Lopes. *Direito administrativo brasileiro*. 42. ed. São Paulo: Malheiros, 2016. 968 p.

MENDES, Gilmar Ferreira; COELHO, Inocêncio Mártires; BRANCO, Paulo Gustavo Gonet. *Curso de direito constitucional*. 4. ed. São Paulo: Saraiva, 2009. 1.486 p.

MENDES, Gilmar Ferreira; MUDROVITSCH, Rodrigo de Bittencourt (coord.). *Assembleia Nacional Constituinte de 1987-1988:* análise crítica. São Paulo: Saraiva, 2017. 239 p.

MERQUIOR, José Guilherme. *O liberalismo:* antigo e moderno. São Paulo: É Realizações, 2016. 300 p.

MIOZZO, Pablo Castro. Direitos fundamentais sociais não são princípios. Uma crítica à recepção da teoria dos princípios de Robert Alexy no Brasil. *Revista de* Investigações Constitucionais, Curitiba, vol. 9, n. 3, p. 619-643, set./dez. 2022.

MIRANDA, Jorge. *Teoria da constituição.* Coimbra: Almedina, 2020. 354 p.

MORAES, Alexandre de [et al.] [organização Equipe Forense]. *Constituição Federal Comentada.* 1. ed. Rio de Janeiro: Forense, 2018. 2.966 p.

MOREIRA NETO, Diogo de Figueiredo. *Teoria do poder:* estudo juspolítico do poder – sistema de direito político. São Paulo: Revista dos Tribunais, 1992. 272 p.

MÜLLER, Friedrich. Democracia e República. *Revista Jurídica da Presidência da República,* Brasília, v. 7, n. 77, p. 1-7, fev./mar. 2008.

MÜLLER, Friedrich. *Metódica jurídica e sistema político.* Joinville: Bildung, 2014. 177 p.

MÜLLER, Friedrich. *Metodologia do direito constitucional.* 4. ed. São Paulo: Revista dos Tribunais, 2010. 160 p.

MÜLLER, Friedrich. *Métodos de trabalho do direito constitucional.* 3. ed. Rio de Janeiro: Renovar, 2005. 175 p.

MÜLLER, Friedrich. *O novo paradigma do direito:* introdução à teoria e metódica estruturantes. 3. ed. São Paulo: Revista dos Tribunais: Renovar, 2013. 272 p.

MÜLLER, Friedrich. *Quem é o povo?* A questão fundamental da democracia. 4. ed. São Paulo: Revista dos Tribunais, 2009. 111 p.

MÜLLER, Friedrich. *Teoria estruturante do direito.* 3. ed. São Paulo: Revista dos Tribunais, 2011. 300 p.

MÜLLER, Friedrich. Vinte anos da Constituição: reconstruções, perspectivas e desafios. *Revista da Escola Superior da Magistratura do Estado do Ceará,* Fortaleza, ano 2008, n. 2, p. 63-78, ago./dez. 2008.

NERY JUNIOR, Nelson; NERY, Rosa Maria de A. *Código civil comentado.* 1. ed. [em e-book baseado na 11ª edição impressa]. São Paulo: Revista dos Tribunais, 2014. 2.432 p.

OCHOA, Carla Huerta. *Mecanismos constitucionales para el control de poder político.* 3. ed. México: Universidad Nacional Autónoma de México, 2010. 186 p.

OLIVEIRA, Rafael Tomaz de. *Decisão judicial e o conceito de princípio.* Porto Alegre: Livraria do Advogado, 2008. 248 p.

OSTROWER, Fayga. *Criatividade e processos de criação.* 30. ed. Petrópolis, Vozes, 2014. 186 p.

REFERÊNCIAS | 217

OSTROWER, Fayga. *Universo da arte.* Campinas: Unicamp, 2013. 510 p.

PEREIRA, Rodolfo Viana. *Direito constitucional democrático:* controle e participação como elementos fundantes e garantidores da constitucionalidade. Rio de Janeiro: Lumen Juris, 2008. 328 p.

PIEROTH, Bodo; SCHLINK, Bernhard. *Direitos fundamentais.* 2. ed. São Paulo: Saraiva, 2019. 591 p.

PLATÃO. *A República.* 3. ed. São Paulo: Martin Claret, 2012. 321 p.

POLIBIO. *Historias:* libros V-XV. Madrid: Editoral Gredos, 1981. 627 p.

POPPER, Karl Raimund. *A lógica da pesquisa científica.* São Paulo: Cultrix, 2007. 567 p.

POPPER, Karl Raimund. *A sociedade aberta e seus inimigos.* t.1 Belo Horizonte: Itatiaia: São Paulo, 1998. 394 p.

POPPER, Karl Raimund. *Conhecimento objetivo:* uma abordagem evolucionária. Belo Horizonte: Itatiaia, 1999. 394 p.

POPPER, Karl Raimund. *Em busca de um mundo melhor.* São Paulo: Martins Fontes: São Paulo, 2006.

POSADA, Adolfo. *Tratado de Derecho Político:* Derecho Constitucional comparado de los principales Estados da Europa y América. Tomo segundo. 5. ed. Madrid: Librería General de Victoriano Suárez, 1935.

POSCHER, Ralf. Acertos, erros e equívocos de autocompreensão da teoria dos princípios. *Cadernos do Programa de Pós-Graduação em Direitos PPGDir./UFRGS,* Porto Alegre, v. 10, n. 3, p. 3-38, dez. 2015.

POSCHER, Ralf. *Grundrechte als Abwehrrechte.* Tübingen: Mohr Siebeck, 2003.

QUEIROZ, Cristina. *Direito constitucional:* as instituições do estado democrático e constitucional. São Paulo: Revista dos Tribunais, 2009. 472 p.

REVISTA DO MINISTÉRIO PÚBLICO DO RIO DE JANEIRO. Rio de Janeiro: MP, v. 1, n. 1, jan./jun. 1995.

SALDANHA, Nelson. Por uma constituição mista. *Revista de Informação Legislativa,* Brasília, ano 31, n. 212, p. 111-116, jan./mar. 1994.

SANT'ANNA, Lara Freire Bezerra de. *Judiciário como guardião da constituição:* democracia ou guardiania? Rio de Janeiro: Lumen Juris, 2014. 192 p.

SANTOS, Eduardo Rodrigues dos. *Direitos fundamentais atípicos:* análise da cláusula de abertura - art. 5º, §2º, CF/88. Salvador: Juspodivm, 2017. 318 p.

SANTOS, Mário Ferreira dos. *Filosofia concreta.* São Paulo: É Realizações, 2009. 637 p.

SARLET, Ingo Wolfgang; MARINONI, Luiz Guilherme; MITIDIERO, Daniel. *Curso de direito constitucional.* 8. ed. São Paulo: Saraiva, 2019. 2.269 p.

SARLET, Wolfgang Ingo. *A eficácia dos direitos fundamentais:* uma teoria geral dos direitos fundamentais na perspectiva constitucional. 10. ed. Porto Alegre: Livraria do Advogado, 2009. 493 p.

SCALIA, Antonin. *A matter of interpreation.* Princeton: Princeton University Press, 1997. 173 p.

SCHLINK, Bernhard. Freiheit durchEingriffsabwehr – Rekonstruktion der klassischen Grundrechtsfunktion. *EuGRZ*, Heft 17, p. 457-468, 1984 (tradução nossa).

SCHLINK, Bernhard. Liberdade mediante resistência à intervenção estatal: Reconstrução da função clássica dos direitos fundamentais. Tradução de Leonardo Martins. *Revista de Direito Civil Contemporâneo*, vol. 11, p. 261-297, abr./jun. 2017.

SCHMITT, Carl. *Teoría de la Constitución.* Madrid: Alianza Editorial, 1996. 377 p.

SGARBOSSA, Luís Fernando. *Direitos e garantias fundamentais extravagantes:* interpretação jusfundamental "pro homine". Porto Alegre: Sérgio Antônio Fabris Editor, 2008. 71 p.

SILVA, De Plácido e. *Vocabulário jurídico.* 32. ed. Rio de Janeiro: Forense, 2016. 1.514 p.

SILVA, José Afonso da. *Curso de direito constitucional positivo.* 43. ed. São Paulo: Malheiros, 2020. 936 p.

SILVA, José Afonso. *Comentário contextual à Constituição.* 2. ed. São Paulo: Malheiros, 2006. 1.023 p.

SILVA, Virgílio Afonso da. *Direito constitucional brasileiro.* São Paulo: USP, 2021. 705 p.

SILVA, Virgílio Afonso. O proporcional e o razoável. *Revista dos Tribunais*, São Paulo, n. 798, p. 23-53, 2002. p. 30.

SILVEIRA, Paulo Fernando. *Freios e contrapesos (check and balances).* Belo Horizonte: Del Rey, 1999. 200 p.

SKINNER, Quentin. *Hobbes e a liberdade republicana.* São Paulo: Unesp, 2010. 214 p.

SOUSA, Pedro; DUARTE, Evandro Piza. A teoria dos poderes implícitos na determinação das competências constitucionais (legislativas e materiais) no Estados Unidos e no Brasil: a trajetória constitucional para fundamentar os poderes de investigação do Ministério Público. *Revista da Academia Brasileira de Direito Constitucional*, Curitiba, vol. 13, n. 25, p. 210-232, ago./dez. 2021. p. 212.

SOUZA, Alexandre Araujo. *O Ministério Público como instituição de garantia:* as funções essenciais do Parquet nas modernas democracias. Rio de Janeiro: Lumen Juris, 2020. 208 p.

STERN, Klaus. *Das Staatsrecht der Bundesrepublik Deutschland* – Allgemeine Lehre der Grundrechte, vol. III/I. C.H. Beck, Munique, 1988.

STOLLEIS, Michael. Judicial Interpretation in Transition from the *Ancien* Régime to Constitutionalism. Tradução de Rafael Tomaz de Oliveira. *In:* YASUTOMO, Morigiwa;

REFERÊNCIAS | 219

STOLLEIS, Michael; HALPÉRIN, Jean-Louis (org.). *Interpretation of Law in the Age of Enlightenment*: From the Rule of King to the Rule of Law. Londres: Springer, 2011, Kindle Edition, pos. 144-320.

STRECK, Lenio Luiz. *Hermenêutica jurídica e(m) crise:* uma exploração hermenêutica da construção do Direito. 11. ed. Porto Alegre: Livraria do Advogado, 2014. 455 p.

STRECK, Lenio; OLIVEIRA, Rafael Tomaz de. *O que é isto:* as garantias processuais penais? 2. ed. Porto Alegre: Livraria do Advogado, 2019. 140 p.

TÁCITO, Caio. *O abuso de poder administrativo no Brasil*. Rio de Janeiro, DASP, 1959. 104 p.

UNIVERSIDADE FEDERAL DE MINAS GERAIS. Disponível em: https://www.fafich.ufmg.br/~luarnaut/const91.pdf. Acesso em: 3 out. 2022.

VALADÉS, Diego. *El control del poder*. México: Universidad Nacional Autónoma de México, 1988. 466 p.

WEBER, Max. *Die drei reinen Typpen der legitimem Herrschaft. In: Wirtschaft und Gesellschaft*, 4. ed. organizada e revisada por Johannes Winkelmann. Tubingen, J.C. B. Mohr (Paul Siebeck), 1956. v. II, p. 551-58. Trd. por Gabriel Cohn. *In:* WEBER, Max. *Sociologia*. Coleção grandes cientistas sociais, n. 13. São Paulo: Ática, 1979.

WINTERHOFF, Christian. *Verfassung – Verfassunggebung Verfassungsänderung:* zur Theorie der Verfassung und der Verfassungsrechtserzeugung. Tübingen: Mohr Siebeck, 2007.

Artigo 5º da CRFB: Todos são iguais perante a lei, sem distinção de qualquer natureza, garantindo-se aos brasileiros e aos estrangeiros residentes no País a inviolabilidade do direito à vida, à liberdade, à igualdade, à segurança e à propriedade, nos termos seguintes:							
Direitos fundamentais dispostos no *caput* do artigo 5º da CRFB	Incisos do artigo 5º da CRFB	Tempo verbal	Especificação dos direitos fundamentais do *caput* do artigo 5º da CRFB nos seus respectivos incisos	Ato arbitrário previsto ou subentendido nos incisos do artigo 5º da CRFB	Garantias contra-arbítrio pelas violações dos limites	Garantias compensatórias pelas violações dos direitos fundamentais por atos arbitrários	Garantias institucionais
Igualdade	I - homens e mulheres são iguais em direitos e obrigações, nos termos desta Constituição;	Presente	Direito de igualdade entre os gêneros				
	II - ninguém será obrigado a fazer ou deixar de fazer alguma coisa senão em virtude de lei;	Futuro		Obrigar a fazer ou deixar de fazer alguma coisa sem lei	Direito-garantia de legalidade		
	III - ninguém será submetido a tortura nem a tratamento desumano ou degradante;	Futuro		Submeter alguém tortura, bem como a tratamento desumano ou degradante	Direito-garantia de insubmissão tortura Direito-garantia de insubmissão a tratamento desumano ou degradante		

(continua)

Liberdade	IV - é livre a manifestação do pensamento, sendo vedado o anonimato;	Presente	Direito de manifestação do pensamento			
	V - é assegurado o direito de resposta, proporcional ao agravo, além da indenização por dano material, moral ou à imagem;	Presente indicando segurança Presente assegurando indenização		Ofender alguém	Direito-garantia de resposta proporcional	Direito-garantia de indenização
Liberdade	VI - é inviolável a liberdade de consciência e de crença, sendo assegurado o livre exercício dos cultos religiosos e garantida, na forma da lei, a proteção aos locais de culto e a suas liturgias;	Presente Presente indicando segurança	Direito de consciência Direito de crença	Interferir no exercício dos cultos religiosos Negligenciar quanto à proteção aos locais de culto e a suas liturgias	Direito-garantia de exercício de cultos religiosos Direito-garantia de proteção a locais de culto e suas liturgias	
	VII - é assegurada, nos termos da lei, a prestação de assistência religiosa nas entidades civis e militares de internação coletiva;	Presente indicando segurança		Omitir na prestação de assistência religiosa nas entidades civis e militares de internação coletiva	Direito-garantia de prestação de assistência religiosa em entidades civis e militares de internação coletiva	

(continua)

	VIII - ninguém <u>será</u> privado de direitos por motivo de crença religiosa ou de convicção filosófica ou política, salvo se as invocar para eximir-se de obrigação legal a todos imposta e recusar-se a cumprir prestação alternativa, fixada em lei;	Futuro		Privar alguém do exercício de direitos por motivo de crença religiosa ou de convicção filosófica ou política	Direito-garantia incondicionado ao exercício de crença religiosa/convicção filosófica/política	
Liberdade	IX - <u>é</u> livre a expressão da atividade intelectual, artística, científica e de comunicação, independentemente de censura ou licença;	Presente	• Direito de expressão intelectual • Direito de expressão artística • Direito de expressão científica • Direito de expressão comunicativa			
Liberdade	X - <u>são</u> invioláveis a intimidade, a vida privada, a honra e a imagem das pessoas, <u>assegurado</u> o direito a indenização pelo dano material ou moral decorrente de sua violação;	Presente Presente assegurando indenização	• Direito de intimidade • Direito de vida privada • Direito de honra • Direito de imagem		Direito-garantia de indenização	

(continua)

Liberdade Propriedade	XI - a casa é asilo inviolável do indivíduo, ninguém nela podendo penetrar sem consentimento do morador, salvo em caso de flagrante delito ou desastre, ou para prestar socorro, ou, durante o dia, por determinação judicial;	Presente	Direito de inviolabilidade do domicílio		
Liberdade Propriedade	XII - é inviolável o sigilo da correspondência e das comunicações telegráficas, de dados e das comunicações telefônicas, salvo, no último caso, por ordem judicial, nas hipóteses e na forma que a lei estabelecer para fins de investigação criminal ou instrução processual penal;	Presente	Direito de sigilo de correspondência e das comunicações		
Liberdade	XIII - é livre o exercício de qualquer trabalho, ofício ou profissão, atendidas as qualificações profissionais que a lei estabelecer;	Presente	Direito de trabalho, ofício ou profissão		

(continua)

	XIV - é <u>assegurado</u> a todos o acesso à informação e resguardado o sigilo da fonte, quando necessário ao exercício profissional;	Presente indicando segurança		Impedir alguém de acessar a informação para exercício profissional Desrespeitar o sigilo da fonte da informação	Direito-garantia de acesso a informação Direito-garantia de sigilo da fonte		
Liberdade Propriedade	XV - é livre a locomoção no território nacional em tempo de paz, podendo qualquer pessoa, nos termos da lei, nele entrar, permanecer ou dele sair com seus bens;	Presente	Direito de locomoção				
Liberdade	XVI - todos <u>podem</u> reunir-se pacificamente, sem armas, em locais abertos ao público, independentemente de autorização, desde que não frustrem outra reunião anteriormente convocada para o mesmo local, sendo apenas exigido prévio aviso à autoridade competente;	Presente	Direito de reunião				

(continua)

Liberdade	XVII - é plena a liberdade de associação para fins lícitos, vedada a de caráter paramilitar;	Presente	Direito de associação				
Liberdade	XVIII - a criação de associações e, na forma da lei, a de cooperativas independem de autorização, sendo vedada a interferência estatal em seu funcionamento;	Presente	Direito de criação de associações e de cooperativas				
	XIX - as associações só poderão ser compulsoriamente dissolvidas ou ter suas atividades suspensas por decisão judicial, exigindo-se, no primeiro caso, o trânsito em julgado;	Futuro		Dissolver compulsoriamente associações sem o trânsito em julgado da decisão judicial Suspender as atividades das associações sem decisão judicial	Direito-garantia de indissolubilidade de associações Direito-garantia de suspensão das atividades associativas apenas por decisão judicial		
	XX - ninguém poderá ser compelido a associar-se ou a permanecer associado;	Futuro		Obrigar alguém a se associar Obrigar alguém a permanecer associado	Direito-garantia de não associação ou não associação permanente		

(continua)

Segurança						
XXI - as entidades associativas, quando expressamente autorizadas, têm legitimidade para representar seus filiados judicial ou extrajudicialmente;	Presente	Direito de representatividade associativa				
XXII - é garantido o direito de propriedade;	Presente indicando segurança		Apropriar da propriedade			Garantia institucional da propriedade
XXIII - a propriedade atenderá a sua função social;	Futuro		Desatender a função social do bem, enquanto considerando uma propriedade	Direito-garantia de função social da propriedade		
XXIV - a lei estabelecerá o procedimento para desapropriação por necessidade ou utilidade pública, ou por interesse social, mediante justa e prévia indenização em dinheiro, ressalvados os casos previstos nesta Constituição;	Futuro; Futuro assegurando indenização		Desapropriar sem o procedimento próprio, indicando a necessidade, a utilidade pública ou o interesse social, bem com sem a justa e prévia indenização em dinheiro	Direito-garantia de procedimento desapropriatório	Direito-garantia de indenização	

	XXV - no caso de iminente perigo público, a autoridade competente poderá usar de propriedade particular, assegurada ao proprietário indenização ulterior, se houver dano;	Futuro Presente assegurando indenização		Requisitar o uso da propriedade particular sem iminente perigo público	Direito-garantia de ser requisitado apenas diante de perigo público	Direito-garantia de indenização	
	XXVI - a pequena propriedade rural, assim definida em lei, desde que trabalhada pela família, não será objeto de penhora para pagamento de débitos decorrentes de sua atividade produtiva, dispondo a lei sobre os meios de financiar o seu desenvolvimento;	Futuro		Penhorar a pequena propriedade rural familiar para pagamento de débitos decorrentes de sua atividade produtiva	Direito-garantia de impenhorabilidade da pequena propriedade rural		
Propriedade	XXVII - aos autores pertence o direito exclusivo de utilização, publicação ou reprodução de suas obras, transmissível aos herdeiros pelo tempo que a lei fixar;	Presente	Direito autoral				

(continua)

XXVIII - são assegura-dos, nos termos da lei: a) a proteção às participações individuais em obras coletivas e à reprodução da imagem e voz humanas, inclusive nas atividades desportivas; b) o direito de fiscalização do aproveitamento econômico das obras que criarem ou de que participarem aos criadores, aos intérpretes e às respectivas representações sindicais e associativas;	Presente indicando segurança		Impedir as participações individuais em obras coletivas e a reprodução da imagem e voz humanas, inclusive nas atividades desportivas Impedir a fiscalização do aproveitamento econômico das obras que criarem ou de que participarem aos criadores, aos intérpretes e às respectivas representações sindicais e associativas	Direito-garantia de proteção a participação individual em obras coletivas Direito-garantia de reprodução de imagem e voz humana Direito-garantia de fiscalização do aproveitamento econômico das obras		
XXIX - a lei assegurará aos autores de inventos industriais privilégio temporário para sua utilização, bem como proteção às criações industriais, à propriedade das marcas, aos nomes de empresas e a outros signos distintivos, tendo em vista o interesse social e o desenvolvimento tecnológico e econômico do País;	Futuro		Desrespeitar o privilégio temporário dos autores para a utilização de inventos industriais Desproteger as criações industriais, a propriedade das marcas, os nomes de empresas e outros signos distintivos	Direito-garantia de marca e patente		

	XXX - é garantido o direito de herança;	Presente indicando segurança		Apropriar da herança	Direito-garantia de herança		Garantia institucional da herança
	XXXI - a sucessão de bens de estrangeiros situados no País será regulada pela lei brasileira em benefício do cônjuge ou dos filhos brasileiros, sempre que não lhes seja mais favorável a lei pessoal do "de cujus";	Futuro			Direito-garantia de herança de bens de estrangeiros com benefícios determinados		
	XXXII - o Estado promoverá, na forma da lei, a defesa do consumidor;	Futuro			Direito-garantia de defesa do consumidor		
Segurança	XXXIII - todos têm direito a receber dos órgãos públicos informações de seu interesse particular, ou de interesse coletivo ou geral, que serão prestadas no prazo da lei, sob pena de responsabilidade, ressalvadas aquelas cujo sigilo seja imprescindível à segurança da sociedade e do Estado;	Presente	Direito de informação			Direito-garantia de responsabilização	

XXXIV - são a todos assegurados, independentemente do pagamento de taxas: a) o direito de petição aos Poderes Públicos em defesa de direitos ou contra ilegalidade ou abuso de poder; b) a obtenção de certidões em repartições públicas, para defesa de direitos e esclarecimento de situações de interesse pessoal;	Presente indicando segurança		Exigir o pagamento de taxas para o exercício do direito de petição Impedir o direito de petição (defesa de direitos contra ilegalidade ou abuso de poder) Exigir o pagamento de taxas para obtenção de certidões em repartições públicas Impedir a obtenção de certidões em repartições públicas (defesa de direitos e esclarecimento de situações de interesse pessoal)	Direito-garantia de petição Direito-garantia de obtenção de certidões		
XXXV - a lei não excluirá da apreciação do Poder Judiciário lesão ou ameaça a direito;	Futuro		Criar lei que exclua lesão ou ameaça a direito da apreciação do Poder Judiciário Impedir que o Poder Judiciário aprecie lesão ou ameaça a direito	Direito-garantia de inafastabilidade de jurisdição		

	XXXVI - a lei não prejudicará o direito adquirido, o ato jurídico perfeito e a coisa julgada;	Futuro		Criar lei retroativa para prejudicar o direito adquirido, o ato jurídico perfeito e a coisa julgada	Direito-garantia de relações jurídicas	
	XXXVII - não haverá juízo ou tribunal de exceção;	Futuro		Criar juízo ou tribunal de exceção	Direito-garantia de juiz natural	
	XXXVIII - é reconhecida a instituição do júri, com a organização que lhe der a lei, assegurados: a) a plenitude de defesa; b) o sigilo das votações; c) a soberania dos veredictos; d) a competência para o julgamento dos crimes dolosos contra a vida;	Presente indicando segurança		Impedir que a instituição do júri tenha a plenitude de defesa, o sigilo das votações, a soberania dos veredictos e a competência para o julgamento dos crimes dolosos contra a vida	Direito-garantia de plenitude de defesa Direito-garantia de sigilo em votações Direito-garantia de soberania de veredictos Direito-garantia de competência para o julgamento dos crimes dolosos contra a vida	Garantia institucional do júri
Vida Liberdade Igualdade Segurança	XXXIX - não há crime sem lei anterior que o defina, nem pena sem prévia cominação legal;	Presente	Direito à anterioridade da lei			
	XL - a lei penal não retroagirá, salvo para beneficiar o réu;	Futuro		Criar lei penal retroativa sem beneficiar o réu	Direito-garantia de irretroatividade da lei penal	

(continua)

	XLI - a lei punirá qualquer discriminação atentatória dos direitos e liberdades fundamentais;	Futuro		Discriminar de modo atentatório os direitos e liberdades fundamentais	Direito-garantia contradiscriminação de modo atentatório aos direitos e liberdades fundamentais		
Igualdade	XLII - a prática do racismo constitui crime inafiançável e imprescritível, sujeito à pena de reclusão, nos termos da lei;	Presente	Direito contrarra-cismo como crime inafiançável e im-prescritível				
	XLIII - a lei considerará crimes inafiançáveis e insuscetíveis de graça ou anistia a prática da tortura, o tráfico ilícito de entorpecentes e drogas afins, o terrorismo e os definidos como crimes hediondos, por eles respondendo os mandantes, os executo-res e os que, podendo evitá-los, se omitirem;	Futuro		Permitir a fiança, a graça ou a anistia para os crimes de tortura, de tráfico ilícito de entorpecentes e drogas afins, de terrorismo e os hediondos	Direito-garantia de punição de crimes sem fiança		
Vida Liberdade Segurança Propriedade	XLIV - constitui crime inafiançável e imprescritível a ação de grupos armados, civis ou militares, contra a ordem constitucional e o Estado Democrático;	Presente	Direito de punição de crimes inafiançáveis				

	XLV - nenhuma pena passará da pessoa do condenado, podendo a obrigação de reparar o dano e a decretação do perdimento de bens ser, nos termos da lei, estendidas aos sucessores e contra eles executadas, até o limite do valor do patrimônio transferido;	Futuro		Transferir a pena da pessoa do condenado para outrem	Direito-garantia de intranscendência da pena	Direito-garantia de extensão da reparação do dano e do perdimento de bens aos sucessores	
	XLVI - a lei regulará a individualização da pena e adotará, entre outras, as seguintes: a) privação ou restrição da liberdade; b) perda de bens; c) multa; d) prestação social alternativa; e) suspensão ou interdição de direitos;	Futuro			Direito-garantia de individualização da pena		
	XLVII - não haverá penas: a) de morte, salvo em caso de guerra declarada, nos termos do art. 84, XIX; b) de caráter perpétuo; c) de trabalhos forçados; d) de banimento; e) cruéis;	Futuro		Instituir penas de morte, de caráter perpétuo, de trabalhos forçados, de banimento e cruéis	Direito-garantia de inexistência de penas de morte, perpétua, de trabalhos forçados, de banimento e cruéis		

(continua)

XLVIII - a pena será cumprida em estabelecimentos distintos, de acordo com a natureza do delito, a idade e o sexo do apenado;	Futuro		Determinar o cumprimento da pena no mesmo estabelecimento, independente da natureza do delito, da idade e do sexo do apenado	Direito-garantia de cumprimento de pena em estabelecimentos distintos conforme a natureza		
XLIX - é assegurado aos presos o respeito à integridade física e moral;	Presente indicando segurança		Desrespeitar a integridade física e moral dos presos	Direito-garantia de integridade física e moral do preso		
L - às presidiárias serão asseguradas condições para que possam permanecer com seus filhos durante o período de amamentação;	Futuro		Impedir que as presidiárias tenham condições de permanecerem com seus filhos durante o período de amamentação	Direito-garantia de presidiárias conviverem com filhos durante a respectiva amamentação deles		
LI - nenhum brasileiro será extraditado, salvo o naturalizado, em caso de crime comum, praticado antes da naturalização, ou de comprovado envolvimento em tráfico ilícito de entorpecentes e drogas afins, na forma da lei;	Futuro		Extraditar brasileiro	Direito-garantia de não extradição		

(continua)

	LII - não será concedida extradição de estrangeiro por crime político ou de opinião;	Futuro		Extraditar estrangeiro por crime político ou de opinião	Direito-garantia de não extradição de estrangeiro	
	LIII - ninguém será processado nem sentenciado senão pela autoridade competente;	Futuro		Processar e sentenciar alguém através de uma autoridade incompetente	Direito-garantia de juiz natural	
	LIV - ninguém será privado da liberdade ou de seus bens sem o devido processo legal;	Futuro		Privar alguém de sua liberdade ou de seus bens sem o devido processo legal	Direito-garantia de devido processo legal	Garantia institucional do devido processo legal
	LV - aos litigantes, em processo judicial ou administrativo, e aos acusados em geral são assegurados o contraditório e ampla defesa, com os meios e recursos a ela inerentes;	Presente indicando segurança		Impedir o contraditório e ampla defesa aos litigantes, em processo judicial ou administrativo, e aos acusados em geral	Direito-garantia de contraditório / Direito-garantia de ampla defesa	
Vida Liberdade Igualdade Segurança Propriedade	LVI - são inadmissíveis, no processo, as provas obtidas por meios ilícitos;	Presente	Direito de provas lícitas			
	LVII - ninguém será considerado culpado até o trânsito em julgado de sentença penal condenatória;	Futuro		Considerar alguém culpado antes do trânsito em julgado de sentença penal condenatória	Direito-garantia de presunção de inocência	

(continua)

	LVIII - o civilmente identificado não será submetido a identificação criminal, salvo nas hipóteses previstas em lei;	Futuro		Submeter o civilmente identificado a identificação criminal	Direito-garantia de insubmissão a identificação criminal		
	LIX - será admitida ação privada nos crimes de ação pública, se esta não for intentada no prazo legal;	Futuro		Inadmitir ação privada nos crimes de ação pública quando esta não foi intentada no prazo legal	Direito-garantia de ação privada		
	LX - a lei só poderá restringir a publicidade dos atos processuais quando a defesa da intimidade ou o interesse social o exigirem;	Futuro		Restringir por meio de lei a publicidade dos atos processuais independentemente da defesa da intimidade ou do interesse social	Direito-garantia de publicidade de atos processuais		
	LXI - ninguém será preso senão em flagrante delito ou por ordem escrita e fundamentada de autoridade judiciária competente, salvo nos casos de transgressão militar ou crime propriamente militar, definidos em lei;	Futuro		Prender alguém sem o flagrante delito ou sem ordem escrita e fundamentada de autoridade judiciária competente	Direito-garantia de não ser preso		

Tema	Dispositivo	Tempo					
	LXII - a prisão de qualquer pessoa e o local onde se encontre serão comunicados imediatamente ao juiz competente e à família do preso ou à pessoa por ele indicada;	Futuro		Não comunicar imediatamente a prisão de qualquer pessoa e o local onde se encontre ao juiz competente e à família do preso ou à pessoa por ele indicada	Direito-garantia de comunicação imediata da prisão		
	LXIII - o preso será informado de seus direitos, entre os quais o de permanecer calado, sendo-lhe assegurada a assistência da família e de advogado;	Futuro		Não informar ao preso os seus direitos. Não permitir ao preso a assistência da família e de advogado	Direito-garantia de não produzir prova contra si mesmo		
Vida Liberdade Igualdade Segurança	LXIV - o preso tem direito à identificação dos responsáveis por sua prisão ou por seu interrogatório policial;	Presente	Direito de acesso a identidade da autoridade policial				
	LXV - a prisão ilegal será imediatamente relaxada pela autoridade judiciária;	Futuro		Não relaxar imediatamente a prisão ilegal por meio da autoridade judiciária	Direito-garantia de relaxamento da prisão ilegal		
	LXVI - ninguém será levado à prisão ou nela mantido, quando a lei admitir a liberdade provisória, com ou sem fiança;	Futuro		Levar alguém a prisão ou nela mantido, quando a lei admitir a liberdade provisória, com ou sem fiança	Direito-garantia de liberdade provisória		

(continua)

	LXVII - não haverá prisão civil por dívida, salvo a do responsável pelo inadimplemento voluntário e inescusável de obrigação alimentícia e a do depositário infiel;	Futuro		Prender alguém por dívida civil sem respeitar as exceções constitucionais	Direito-garantia de ausência de prisão civil por dívida		
	LXVIII - conceder-se-á "habeas-corpus" sempre que alguém sofrer ou se achar ameaçado de sofrer violência ou coação em sua liberdade de locomoção, por ilegalidade ou abuso de poder;	Futuro		Violentar a liberdade de locomoção de alguém de modo ilegal ou por abuso de poder; Ameaçar violentar a liberdade de locomoção de alguém de modo ilegal ou por abuso de poder; Coagir a liberdade de locomoção de alguém de modo ilegal ou por abuso de poder.	Direito-garantia de habeas-corpus		

	LXIX - conceder-se-á mandado de segurança para proteger direito líquido e certo, não amparado por "habeas-corpus" ou "habeas-data", quando o responsável pela ilegalidade ou abuso de poder for autoridade pública ou agente de pessoa jurídica no exercício de atribuições do Poder Público;	Futuro		Agir de modo ilegal ou com abuso de poder prejudicando direito líquido e certo de alguém	Direito-garantia de mandado de segurança individual	
	LXX - o mandado de segurança coletivo pode ser impetrado por: a) partido político com representação no Congresso Nacional; b) organização sindical, entidade de classe ou associação legalmente constituída e em funcionamento há pelo menos um ano, em defesa dos interesses de seus membros ou associados;	Presente representando ideia de Futuro		Agir de modo ilegal ou com abuso de poder prejudicando direito líquido e certo de uma coletividade	Direito-garantia de mandado de segurança coletivo	

	LXXI - conceder-se-á mandado de injunção sempre que a falta de norma regulamentadora torne inviável o exercício dos direitos e liberdades constitucionais e das prerrogativas inerentes à nacionalidade, à soberania e à cidadania;	Futuro		Omitir quanto à criação de norma regulamentadora, que torne viável o exercício dos direitos e liberdades constitucionais e das prerrogativas inerentes à nacionalidade, à soberania e à cidadania	Direito-garantia de mandado de injunção		
	LXXII - conceder-se-á "habeas-data": a) para assegurar o conhecimento de informações relativas à pessoa do impetrante, constantes de registros ou bancos de dados de entidades governamentais ou de caráter público; b) para a retificação de dados, quando não se prefira fazê-lo por processo sigiloso, judicial ou administrativo;	Futuro		Impedir alguém ao conhecimento de informações relativas a ela, constantes de registros ou bancos de dados de entidades governamentais ou de caráter público; Impedir a retificação de dados	Direito-garantia de habeas-data		

Vida Liberdade Igualdade Segurança Propriedade	LXXIII - qualquer cidadão é parte legítima para propor ação popular que vise a anular ato lesivo ao patrimônio público ou de entidade de que o Estado participe, à moralidade administrativa, ao meio ambiente e ao patrimônio histórico e cultural, ficando o autor, salvo comprovada má-fé, isento de custas judiciais e do ônus da sucumbência;	Verbo no infinitivo, não possui ideia de passado, presente ou futuro. Indica finalidade. Verbo no presente do subjuntivo. Indica ação no plano da possibilidade, da incerteza.	Direito de propositura da ação popular	Lesar o patrimônio público ou de entidade de que o Estado participe, à moralidade administrativa, ao meio ambiente e ao patrimônio histórico e cultural Cobrar custas judiciais e sucumbência na ação popular;	Direito-garantia a ação popular		
	LXXIV - o Estado prestará assistência jurídica integral e gratuita aos que comprovarem insuficiência de recursos;	Futuro		Desassistir jurídica e gratuitamente aos que tiverem insuficiência de recursos	Direito-garantia de assistência jurídica integral e gratuita		
	LXXV - o Estado indenizará o condenado por erro judiciário, assim como o que ficar preso além do tempo fixado na sentença;	Futuro		Condenar ou manter preso além da pena do julgamento		Direito-garantia de indenização	

Vida Liberdade Igualdade Segurança Propriedade	LXXVI - são gratuitos para os reconhecida-mente pobres, na forma da lei: a) o registro civil de nascimento; b) a certidão de óbito;	Presente	Direito de gratuidade de certidões			
Vida Liberdade Igualdade Segurança Propriedade	LXXVII - são gratuitas as ações de "habeas-corpus" e "habeas-da-ta", e, na forma da lei, os atos necessários ao exercício da cidadania.	Presente	Direito de gratuidade aos atos de cidadania			
	LXXVIII - a todos, no âmbito judicial e administrativo, são assegurados a razoável duração do processo e os meios que garantam a celeridade de sua tramitação.	Presente indicando segurança		Não assegurar o exercício do processo no âmbito judicial e administrativo em uma duração razoável Não assegurar meios de tramitação célere para o exercício do processamento e julgamento da de-manda	Direito-garantia de razoável duração do processo	
	LXXIX - é assegurado, nos termos da lei, o direito à proteção dos dados pessoais, inclusive nos meios digitais.	Presente indicando segurança		Desproteger os dados pessoais, inclusive nos meios digitais	Direito-garantia de proteção dos dados pessoais	

APÊNDICE II

(continua)

AMOSTRAGEM DE GARANTIAS FUNDAMENTAIS HETEROTÓPICAS

Textos normativos das garantias heterotópicas da CRFB	Tempo verbal	Ato arbitrário previsto ou subentendido nos textos normativos das garantias heterotópicas da CRFB	Garantias contra-arbítrio pelas violações dos limites	Garantias compensatórias pelas violações dos direitos fundamentais por atos arbitrários	Garantias institucionais
Art. 6º [...] Parágrafo único. Todo brasileiro em situação de vulnerabilidade social terá direito a uma renda básica familiar, garantida pelo poder público em programa permanente de transferência de renda, cujas normas e requisitos de acesso serão determinados em lei, observada a legislação fiscal e orçamentária.	Futuro	Não conceder uma renda básica a todo brasileiro socialmente vulneravelmente	Direito-garantia a renda básica aos vulneráveis		
Art. 7º [...] Parágrafo único. São assegurados à categoria dos trabalhadores domésticos os direitos previstos nos incisos IV, VI, VII, VIII, X, XIII, XV, XVI, XVII, XVIII, XIX, XXI, XXII, XXIV, XXVI, XXX, XXXI e XXXIII e, atendidas as condições estabelecidas em lei e observada a simplificação do cumprimento das obrigações tributárias, principais e acessórias, decorrentes da relação de trabalho e suas peculiaridades, os previstos nos incisos I, II, III, IX, XII, XXV e XXVIII, bem como a sua integração à previdência social.	Presente indicando segurança	Não observar o mínimo de direitos à categoria dos trabalhadores domésticos	Direito-garantia mínimo aos trabalhadores domésticos		
Art. 9º É assegurado o direito de greve, competindo aos trabalhadores decidir sobre a oportunidade de exercê-lo e sobre os interesses que devam por meio dele defender.	Presente indicando segurança	Desrespeitar direitos trabalhistas d um coletivo de trabalhadores	Direito-garantia de greve		

Dispositivo			
Art. 10. É assegurada a participação dos trabalhadores e empregadores nos colegiados dos órgãos públicos em que seus interesses profissionais ou previdenciários sejam objeto de discussão e deliberação.	Presente indicando segurança	Não incluir trabalhadores e empregadores nos colegiados dos órgãos públicos em que seus interesses profissionais ou previdenciários sejam objeto de discussão e deliberação	Direito-garantia de participação dos trabalhadores/empregados em colegiados de órgãos públicos
Art. 17 [...] §1º É assegurada aos partidos políticos autonomia para definir sua estrutura interna e estabelecer regras sobre escolha, formação e duração de seus órgãos permanentes e provisórios e sobre sua organização e funcionamento e para adotar os critérios de escolha e o regime de suas coligações nas eleições majoritárias, vedada a sua celebração nas eleições proporcionais, sem obrigatoriedade de vinculação entre as candidaturas em âmbito nacional, estadual, distrital ou municipal, devendo seus estatutos estabelecer normas de disciplina e fidelidade partidária.	Presente indicando segurança	Interferir nos partidos políticos para definir sua estrutura interna e estabelecer regras sobre escolha, formação e duração de seus órgãos permanentes e provisórios e sobre sua organização e funcionamento e para adotar os critérios de escolha e o regime de suas coligações nas eleições majoritárias	Direito-garantia de autônoma dos partidos políticos
Art. 37 [...] §6º As pessoas jurídicas de direito público e as de direito privado prestadoras de serviços públicos responderão pelos danos que seus agentes, nessa qualidade, causarem a terceiros, assegurado o direito de regresso contra o responsável nos casos de dolo ou culpa.	Presente indicando segurança		Direito-garantia de indenização

(continua)

Art. 150. Sem prejuízo de outras garantias <u>assegura-das</u> ao contribuinte, é vedado à União, aos Estados, ao Distrito Federal e aos Municípios: I - exigir ou aumentar tributo sem lei que o estabeleça; II - instituir tratamento desigual entre contribuintes que se encontrem em situação equivalente, proibida qualquer distinção em razão de ocupação profissional ou função por eles exercida, independentemente da denominação jurídica dos rendimentos, títulos ou direitos; III - cobrar tribu-tos: [...] b) no mesmo exercício financeiro em que haja sido publicada a lei que os instituiu ou aumentou;	Presente indicando segurança	Exigir ou aumentar tributo sem lei que o estabeleça Instituir tratamento desigual entre con-tribuintes que se encontrem em situação equivalente Cobrar tributos no mesmo exercício finan-ceiro em que haja sido publicada a lei que os instituiu ou aumentou	Direito-garantia de reserva legal Direito-garantia de tratamento tributário isonômico Direito-garantia de anterioridade tributária		
	Presente indicando segurança				
Art. 170. [...] Parágrafo único. É <u>assegurado</u> a todos o livre exercício de qualquer atividade econômica, independentemente de autorização de órgãos públicos, salvo nos casos previstos em lei.	Presente indicando segurança	Impedir o livre exercício de qualquer atividade econômica	Direito-garantia do livre exercício da atividade econômica		
Art. 186 [...] III - desapropriação com pagamento mediante títulos da dívida pública de emissão previa-mente aprovada pelo Senado Federal, com prazo de resgate de até dez anos, em parcelas anuais, iguais e sucessivas, <u>assegurados</u> o valor real da indenização e os juros legais.	Presente indicando segurança	Desapropriar imóvel urbano sem pagamento		Direito-garantia de indenização	

(conclusão)

Art. 227. É dever da família, da sociedade e do Estado assegurar à criança, ao adolescente e ao jovem, com absoluta prioridade, o direito à vida, à saúde, à alimentação, à educação, ao lazer, à profissionalização, à cultura, à dignidade, ao respeito, à liberdade e à convivência familiar e comunitária, além de colocá-los a salvo de toda forma de negligência, discriminação, exploração, violência, crueldade e opressão.	Presente indicando segurança	Violar o direito à vida, à saúde, à alimentação, à educação, ao lazer, à profissionalização, à cultura, à dignidade, ao respeito, à liberdade e à convivência familiar e comunitária	Direito-garantia da criança/adolescente/jovem		
Art. 230 [...] §2º Aos maiores de sessenta e cinco anos é garantida a gratuidade dos transportes coletivos urbanos.	Presente indicando segurança	Não permitir o transporte coletivo urbano dos maiores de sessenta e cinco anos de modo gratuito	Direito-garantia a gratuidade dos transportes		

APÊNDICE III

CONSTITUIÇÕES BRASILEIRAS

1891	1934	1937	1946	1967	1969 (EC nº 1)	1988
Art. 78	**Art. 114**	**Art. 123**	**Art. 144**	**Art. 150, §35**	**Art. 153, §36**	**Art. 5º, §2º**
A especificação das garantias e direitos expressos na Constituição não exclui outras garantias e direitos não enumerados, mas resultantes da forma de governo que ela estabelece e dos princípios que consigna. (g. n.)	A especificação dos direitos e garantias expressos nesta Constituição não exclui outros, resultantes do regime e dos princípios que ela adota. (g. n.)	A especificação das garantias e direitos acima enumerados não exclui outras garantias e direitos, resultantes da forma de governo e dos princípios consignados na Constituição. O uso desses direitos e garantias terá por limite o bem público, as necessidades da defesa, do bem-estar, da paz e da ordem coletiva, bem como as exigências da segurança da Nação e do Estado em nome dela constituído e organizado nesta Constituição. (g. n.)	A especificação, dos direitos e garantias expressas nesta Constituição não exclui outros direitos e garantias decorrentes do regime e dos princípios que ela adota. (g. n.)	A especificação dos direitos e garantias expressos nesta Constituição não exclui outros direitos e garantias decorrentes do regime e dos princípios que ela adota. (g. n.)	A especificação dos direitos e garantias expressos nesta Constituição não exclui outros direitos e garantias decorrentes do regime e dos princípios que ela adota. (g. n.)	Os direitos e garantias expressos nesta Constituição não excluem outros decorrentes do regime e dos princípios por ela adotados, ou dos tratados internacionais em que a República Federativa do Brasil seja parte. (g. n.)

Esta obra foi composta em fonte Palatino Linotype, corpo 10
e impressa em papel Pólen Bold 70g (miolo) e Supremo 250g (capa)
pela Gráfica Star7.